학교폭력, 법이 다스리다

[따돌림에서 딥페이크까지]

행인출판사

학교폭력, 법이 다스리다: 따돌림에서 딥페이크까지

머리말

사람이 시행착오 하듯 제도도 시행착오를 겪는다. 지구 반대편 어디선가는 태어나자마자 걸었다는 이야기도 있던데, 학교폭력예방법은 다른 분야에 비해 너무 이른 성장통을 몇 번이나 치르며 이제 20년 너머의 문턱을 지나가고 있다.

제도 초기에는 학교폭력예방법이 너무 더딘 거 아닌가, 시대는 변하고 있는데 여전히 그 상태인가 싶기도 했다. 그러나 지나 보니 꼭 그것만도 아니었다. 하나의 법·제도로 마주하는 학교폭력의 성장세나 그 탈바꿈의 진폭이 예상보다 빨랐다. 그리고 종종 먼저 달아나 있기도 했다.

학교폭력은 늘 그래왔다. 어쩌면 우리 사회는 그것을 놓치고 있었는지 모른다. 제도의 예측과 다르게 범주를 벗어나고, 시대의 대응보다 순식간에 변하는 것에만 놀랄 일이 아니었다. 애초부터 학교폭력은 그런 속성일 수밖에 없다는 것을 세상에 없던 학교폭력의 모습들을 만나서야 깨닫게 된 것이다.

학교폭력 시대의 변화, 그 제도의 대응

어느덧 학교폭력예방법이 제도로 우리 사회에 등장한 지 스무 해가 더 지나갔다. 사회 변화와 조우하며 다른 것과 마찬가지로 법·제도의 면모를 갖추며 변화해 왔다. 그 변화의 중심은 결국 새로운 학교폭력의 등장에 따른 대응과 예방이었다. 이를 위해 학교폭력이 되는 세부적 요건과 효과 그리고 이를 유효 적절히 다루는 절차가 퇴보와 진보를 거듭했다. 그러면서 채근하며 공동체는 조금씩 나아갔다.

학교폭력예방법은 제정 이후 크게 세 차례 변화했다.

이 중 새로운 폭력에 대응하는 두 차례, 그 나머지가 절차 시스템의 정비다. 결국 법은 학교폭력의 세대 현상과 맞물려 진화한 것이다.

먼저 1세대 학교폭력의 등장과 학교폭력예방법의 제정이다. 이 당시도 학교 내에서 학교폭력이 새로운 현상은 아니었다. 다만, 2004년 학교폭력예방법을 제정하며 학교 내에서 싸우거나 폭력을 행사하는 것을 이제 별도로 구분해 독립적인 제도로 다루기 시작했다.

그러다 학교폭력예방법이 지금의 체제로 변모하는 결정적 계기를 맞이한다. 2010년 전후, 전에 없던 새로운 형태의 제2세대 학교폭력이 대거 등장했고, 이를 위한 대책으로 현행의 틀을 갖춘 2012년 개정 입법이 이뤄졌다. 당시 소위 빵셔틀과 따돌림으로 대표되던 괴롭힘 현상이 그것이었다. 급기야 피해를 입던 학생들의 극단적 선택이 이어지자, 심부름을 법상 용어로 쓰며 학교폭력으로 금지하고, 따돌림의 법적 정의를 만들면서 이를 예방하고자 하였다.

그리고 다시 한번 또 다른 도전으로 내홍을 겪고 있다. 바로 제3세대, 스마트폰과 SNS로 양산되는 정보통신망 기반의 사이버폭력이다. 매체의 발달 인터넷 환경만으로도 충분한데, 때마침 팬데믹의 온라인 수업이 불을 지펴 사이버폭력이 폭발적으로 증가했다. 이제 학교폭력의 생태계는 사이버세상이 주도한다. 2024년 학교폭력예방법은 서둘러 사이버폭력 규정을 마련하고, 사이버폭력 피해학생의 보호를 입법화했다. 2025년 개정 입법은 이에 한발 더 나아가 아예 딥페이크(deepfake)를 사이버폭력의 한 유형으로 선언했다.

이 외에도 크고 작은 변화가 있었지만, 그것이 좀 더 치밀한 학교폭력의 정의에 관한 것이건 가해학생을 보다 선도·교육하려는 것이건 당사자의 절차 보장을 강화하려는 것이건 종국에는 모두 법명 그대로 학교폭력의 예방과 대책에 맞닿아있다.

전에 없던 시대 현상, 새로운 학교폭력에 정체불명 팬데믹에 내가 속한 공동체는 산통을 겪는다. 하지만 지나 보면 거기에만 머물지 않고, 분명 성장했음을 확인하게 된다.

법도 그렇다. 누가 말했듯이 법은 사회와 국가를 유지하기 위한 일련의 규칙이자 질서이며, 일상의 표준이자 시금석이므로, 시대 위기에 대처하고 이를 극복할 수 있는 기준으로 작용한다.

이러한 이유로 이 책에서는 학교폭력이 되는 요건과 그에 따른 효과 및 하나의 학교폭력 사태가 발생하여 사안처리의 결과로 이르기까지 절차를 조망하면서, 처벌과 훈계만이 아닌 피해학생의 보호와 가해학생의 선도·교육에 이르는 길에 대해서 고민하고 살펴보았다.

학교폭력, 법이 다스리다: 따돌림에서 딥페이크까지
기획의도

시간이 약이 되지 않는다. 적어도 학교폭력에 있어서는 그렇다. 오히려 성장기의 폭력은 세월의 골만큼이나 트라우마로 내 안에 잠재된다.

학교폭력은 이 시대의 화두다. 폭력의 피해는 당장 오늘의 교육 현장에서 피해학생을 무력화시키고 가해학생의 선도를 방해하는 것에 그치지 않는다. 성인이 된 후에도 기억만으로 남을 줄 알았던 유년 시절의 행적이 벼락같이 다가와 현재의 그에게 혹독한 쓴소리를 한다. 때로는 이제까지의 성공을 송두리째 가져가 버리는 일도 우리는 적지 않게 보고 있다. 학교폭력은 그런 것이 되었다.

그러다 문득, 오랜 기간 마주하던 이 시대의 학교폭력에 일성(一聲)하고, 법률가로 법조인으로서 학교폭력예방제도의 구축에 함께했던 그간의 인연과 시간을 내놓아야 할 때가 되었음을 알게 되었다.

이 책은 그런 과제의 일환이었다. 시·도교육청 제1호 변호사로 제도를 시행하며 겪었던 시행착오, 이후 가·피해 학생을 조력했던 경험 나아가 행정심판위원으로 사안을 심사하던 고민 모두를 담아보는 것은 어떨까? 지금 당장 학교폭력 현장에 달려가 직접 이를 달랠 수는 없지만, 제도의 고찰과 입법 개선을 모색해서라도 피해학생을 보호하고 가해학생을 선도하는 법·제도의 발걸음을 도울 수 있지 않을까?

먼저, 이해의 배경으로 현행 교육과정과 학교의 종류 및 연간 수업일수는 어떠한지? 교육법적 전 체계의 핵심 근간인 교육활동의 의미와 교육 현장에서 문제 되는 폭력의 유형은 무엇인지? 이러한 궁금증을 살펴보았다.

또, 폭력 인정에 있어 일반 형사법의 그것보다 범주가 넓어질 수밖에 없는 현실적 필요와 학교폭력의 특수성을 설명하며, 장난이 학교폭력이 되는 경계에 왜 따돌림이 판단의 준거로 등장하는지에 대한 법적 고찰을 했다. 학교폭력 인정 효과로서 피해학생에 있어서는 보호조치가 강조되는 추세임을 가해학생에 있어서는 조치 결정에 이르기까지 어느 기준이 어떤 지점에서 작동하는지를 설명했다.

한편, 학교폭력 사태에 있어 조사, 심의, 조치의 이행이라는 일련의 과정이 어떻게 조우하며 절차로 기능하는지 살피면서, 특히 최근 도입된 '학교장 자체해결'에 따른 절차의 조기 종결 효과 그리고 '학교폭력 전담 조사관' 조사라는 새로운 방식이 전담기구의 조사와 구별되어, 어떻게 안착하는지도 가늠해 보았다.

더불어 대학입시 의무화 선언으로 세간의 시선이 더욱 쏠리는 '학교폭력 조치사항'의 학교생활기록부 기재와 삭제 요건 및 연한에 대해 세밀한 검토를 했다.

마지막으로 불복절차의 하나인 행정심판과 행정소송에서 '집행정지 특칙'과 '가해학생과 피해학생 분리 규정', 그리고 최근 2020년과 2024년 및 2025년의 주요 입법 개정은 어느 정도인지 등 학교폭력예방법이 가고자 하는 길을 두루 살펴 나섰다.

그것이 어둠을 밝히는 등대가 될지 아니면 아직 어둡기만 한 골목 모퉁이에 머물러 있을지 모르지만, 불빛 하나가 소중한 이때 부싯돌이 젖어 있다고 이를 마냥 탓하고만 있을 수는 없지 않은가?

학교폭력이 우리 사회를 멀찌감치 따돌리고 혼자 달아나지 않도록 법·제도가 지금에 머무르지 말고, 부단히 변화·발전하여 학교폭력의 예방과 대책에 든든한 버팀목이 되어야 할 것이다. 그 역경의 과정에 조금이나마 무게를 덜어낼 수 있기를 바라며, 이 기획의 시작을 마친다.

2025년 3월

이 희 관

Epilogue

　포부가 있었다. 적어도 학교폭력에 관한 글을 쓰리라 마음먹을 당시는 그랬다. 그러나 그것이 실행에 옮겨지기까지는 그 결연함으로만 가능하지 않음을 또다시 삶의 경험으로 깨닫는다. 먼저, 이 지난한 글쓰기에 들어서는 용기는 '언제나 별'인 우리 아이임을 밝힌다. 백절불굴(百折不屈), 터널 같은 과정에 미소로 지켜봐 준 가족에게 감사한다. 그리고 터널을 지나 세상에 모습을 드러내기까지 초지일관 제언을 아끼지 않으신 출판사 대표 및 관계자분과 교학상장으로 이끌어주시는 차강진 박사님께 감사드린다.

　결국 이 책은 우리 사회가 겪은 학교폭력예방법의 성장통에 대한 고찰이자 한편으로 필자 스스로의 소회이다. 부디 본서가 학교폭력 그 고유의 속성을 극복하는 작은 호미라도 되길 바란다.

2025년 3월

이 희 관

학교폭력, 법이 다스리다: 따돌림에서 딥페이크까지

추천글

  이희관 변호사와 같은 586 세대들이 자라날 때 학교 폭력은 비교적 단순했고 대응 역시 단순했다. 학교 폭력이 주로 눈에 뻔히 보이는 주먹에서 나왔기 때문이다. 하지만 지금 학교 폭력은 주로 손가락 끝에서 나온다. 사이버상 학교폭력은 그 익명성과 확산성, 잔혹성이 상상을 초월하는데, 최근엔 딥페이크까지 가세하면서 대응하기 더 어려워졌다. 이희관 변호사의 신간은 학교폭력예방제도가 시대에 맞게 정교하게 설계돼야 한다는 점을 강조하고 있다. 이 시대 학교폭력의 해법을 제시한 이 책이 우리 아이들이 신체적·정신적으로 건강하고 행복하게 '함께' 살아갈 환경을 조성하는데 큰 도움이 될 것이라고 믿는다.

  _ KBS 1라디오 〈뉴스레터K〉 앵커, 前 KBS 워싱턴특파원·미주지국장

전 종 철

서울행정법원에 따르면 학교폭력 관련 사건은 매년 증가하는 추세이며 집단따돌림에서부터 딥페이크 기술을 이용한 사이버폭력까지 그 양상도 다변하고 있습니다.

이희관 변호사님의 「학교폭력, 법이 다스리다: 따돌림에서 딥페이크까지」는 학교폭력예방법의 법리 해석과 실무적 적용을 균형 있게 다루어 내고 있습니다. 이 책이 다른 딱딱한 법해설서와 다른 점은, 교육청 1호 변호사로서 치열한 현장에서 얻은 경험을 바탕으로 학교폭력이라는 복잡한 문제를 법의 언어로 명료하게 풀어냄과 동시에 교실에서 벌어지는 갈등과 아픔을 보듬는 따뜻한 시선이 느껴진다는 것입니다.

저는 이 책이 학교 현장에서 길을 잃은 이들에게 분명한 방향을 제시할 수 있을 것이라 믿습니다. 학교폭력 문제 해결을 위해 노력하는 모든 분에게 이 책을 추천합니다. 이 책을 통해 학생, 교사, 학부모 등 모든 당사자가 상처를 치유하며 함께 성장할 수 있는 지혜를 발견하게 되기를 바랍니다.

_ 대한변호사협회 협회장
김 정 욱

학교폭력, 법이 다스리다: 따돌림에서 딥페이크까지

참고문헌

송덕수, 신민법강의, 제13판, 박영사, 2020
이시윤, 신민사소송법, 제12판, 박영사, 2018
이재상, 신형사소송법, 제2판, 박영사, 2008
이재상·장영민·강동범, 형법총론 제12판, 2024
정하중, 행정법개론, 제8판, 법문사, 2014
정하중·김광수, 행정법개론, 제19판, 법문사, 2025
차강진, 헌법강의, 제11판, 청출어람, 2012
이희관 외 7인 공저, 일상이 법 in 코로나시대, 행인출판사, 2020
교육부·이화여자대학교 학교폭력예방연구소, 학교폭력 사안처리
　　가이드북, 2024
교육부·이화여자대학교 학교폭력예방연구소, 학교폭력 사안처리
　　가이드북, 2025
대한변호사협회, "학교폭력예방법 개선방안 심포지엄(재심제도를
　　중심으로)", 2014
대한변호사협회, "2024년도 인권보고대회(딥페이크 규제 및 처벌의
　　적정성)", 2025

학교폭력, 법이 다스리다: 따돌림에서 딥페이크까지

목 차

제 1 편 개 관

I. 교육과정 및 시·도교육청 ·· 3
II. 학교의 종류 및 연간 수업일수 ································· 4
III. 교육활동 ··· 7
IV. 교육 현장에서 폭력이 문제 되는 경우(주체에 따라) ····· 10
V. 학생에 대한 불이익 조치(제재 조치) ························ 16

제 2 편 학교폭력의 처음과 끝

I. 학교폭력예방제도 ·· 27
II. 학교폭력 사안의 3대 지주(요건 효과 절차) ············· 30
III. 학교폭력 관련 법규 및 주요 조문 ·························· 45
IV. 별표 ··· 49

제 3 편 학교폭력이란(요건론)

I. 서 ··· 57
II. 학교폭력의 개념 ··· 59

Ⅲ. 학교폭력의 유형 ··· 65
　Ⅳ. 학교폭력의 요건 ··· 73
　Ⅴ. 따돌림 ··· 79
　Ⅵ. 사이버폭력 ·· 79
　Ⅶ. 장난이 학교폭력이 되는 경우 ····························· 82

제 4 편 학교폭력 인정의 효과

제1장 피해학생에 대한 조치 ······································ 87
　Ⅰ. 피해학생 보호조치 ··· 87
　Ⅱ. 조치의 심의 및 집행 ··· 101
　Ⅲ. 장애학생의 보호 ··· 103
　Ⅳ. 피해학생 지원 조력인 제도 ······························· 105
　Ⅴ. 사이버폭력 피해자 지원 제도 ···························· 108

제2장 가해학생에 대한 조치 ···································· 113
　Ⅰ. 가해학생 선도조치 ··· 113
　Ⅱ. 교내 선도 ·· 133
　Ⅲ. 외부기관 연계선도 ··· 143
　Ⅳ. 교육환경 변화 ·· 147
　Ⅴ. 강제전학 ·· 156
　Ⅵ. 가해학생 및 보호자의 특별교육이수 ················· 163
　Ⅶ. 가해학생에 대한 긴급조치 ································ 170

제3장 학교생활기록부 ··· 187
Ⅰ. 가해학생에 대한 조치사항 학교생활기록부 기재 ········ 187
Ⅱ. 학교생활기록부 기재의 삭제 ···································· 199
Ⅲ. 학교생활기록부 활용의 제한 ···································· 206

제 5 편 학교폭력 사안처리 절차

제1장 절차의 개관 ··· 211
Ⅰ. 의의 ··· 211
Ⅱ. 사안처리 절차의 흐름 ··· 213
Ⅲ. 학교장 자체해결 절차 ··· 215
Ⅳ. 불복절차 ··· 217
Ⅴ. 사안처리 절차에 있어 양식 ····································· 217
Ⅵ. 학교폭력예방법상의 기구 ·· 221
Ⅶ. 교육감 · 교육장 · 학교의 장의 책무 및 권한 ············· 221

제2장 신고 및 접수 ··· 225
Ⅰ. 학교폭력의 인지 ··· 225
Ⅱ. 학교폭력의 신고 ··· 227
Ⅲ. 학교폭력의 접수 ··· 233

제3장 조사절차 ··· 246
Ⅰ. 조사절차의 성격 ··· 247
Ⅱ. 조사 ·· 270
Ⅲ. 전담기구 ·· 285
Ⅳ. 조사관 제도(학교폭력 전담 조사관) ························· 298

 Ⅴ. 가해자와 피해학생 분리제도 ······················· 307
 Ⅵ. 학교장 자체해결 제도 ······························· 312
 Ⅶ. 관계회복 ·· 334
 Ⅷ. 분쟁조정 ·· 335

제4장 심의절차 ·· 342
 Ⅰ. 심의의 주체(심의위원회) ····························· 342
 Ⅱ. 심의(조치의 판단) ··· 362
 Ⅲ. 심의절차 ·· 369
 Ⅳ. 가해학생에 대한 조치의 결정 ····················· 380
 Ⅴ. 처분권자 ·· 384

제5장 조치의 이행 ·· 386
 Ⅰ. 조치결정의 통보 ·· 386
 Ⅱ. 조치의 이행강제 ·· 388

제 6 편 불복절차

 Ⅰ. 개관(조치 → 행정심판 → 행정소송) ········· 393
 Ⅱ. 행정심판 ·· 394
 Ⅲ. 행정소송 ·· 407

제 7 편　학교폭력예방법 개정 현황

제1장 2020년 개정 ···································· 419
　Ⅰ. 개정 취지 및 배경 ····························· 419
　Ⅱ. 개정의 주요 부분 ····························· 419
　Ⅲ. 개정 전후 주요 절차의 비교 ··············· 424

제2장 2024년 개정 ···································· 426
　Ⅰ. 개정 취지 및 배경 ····························· 426
　Ⅱ. 개정의 주요 부분 ····························· 426

제3장 2025년 개정 ···································· 436
　Ⅰ. 개정 취지 및 배경 ····························· 436
　Ⅱ. 개정의 주요 부분 ····························· 437
　Ⅲ. 개정 전후 주요 절차의 비교 ··············· 439

부록　판례색인 ··· 440

학교폭력, 법이 다스리다:
따돌림에서 딥페이크까지

제**1**편
개 관

Ⅰ 교육과정 및 시·도교육청

1. 교육과정

편제	단위학교	적용법규	
초등교육	초등학교	초·중등교육법	교육기본법
중등교육	중학교	초·중등교육법	
	고등학교	초·중등교육법	
고등교육	대학교	고등교육법	

우리 교육과정은 크게 초등교육, 중등교육, 고등교육으로 나뉜다. 즉, 우리나라 국민이 학교를 통하여 접하는 교육과정은 초등, 중등 그리고 고등과정이 순차적으로 진행하게 된다.

이러한 각 순차적 단계에는 상응하는 각 해당 학교가 있는데, 초등교육과정에는 초등학교 중등교육과정에는 중학교와 고등학교 고등교육과정에는 대학교가 있게 된다.

결국 우리 학교 교육체제에는 초·중·고 세 가지의 교육과정이 존재하고 그 과정에 따라 초등학교, 중·고등학교, 대학교 네 개의 단위 학교가 있는 것이다.

그리고 위 표에서 보아 알 수 있듯이 교육법제는 초등학교, 중학교, 고등학교, 대학교의 각 단위 학교별로 존재하는 것이 아니라 교육과정에 상응하여 초등교육과 중등교육을 하나로 묶어 초·중등교육법 고등교육은 고등교육법의 형태로 존재하고 있다.

2. 시·도교육청

전국의 시·도교육청과 교육지원청의 현황은 다음과 같다.

구분		서울	부산	대구	인천	광주	대전	울산	세종	경기	강원	충북	충남	전북	전남	경북	경남	제주
기구	본청	1	1	1	1	1	1	1	1	1	1	1	1	1	1	1	1	1
	지원청	11	5	5	5	2	2	2	0	25	17	10	14	14	22	22	18	2

Ⅲ 학교의 종류 및 연간 수업일수

1. 종류(초·중등교육법의 적용 여부에 그 의의가 있다)

학교	초		초등학교
	중		일반중학교
			특성화중학교
	고		일반고
			특수목적고(과고, 외고/국제고, 예고/체고)
			특성화고(비즈니스고)
			자율(사립/공립)고
각종학교	특수학교		
	학력인정 각종학교		대안학교
			외국인학교
	학력불인정 각종학교		※ 학교와 유사한 이름 사용 금지

※ 초·중등교육법상의 학교에 해당하지 않는다면, 학교폭력이 발생하여도 「학교폭력예방 및 대책에 관한 법률」(이하 "학교폭력예방법")[1]이 적용되지 않는다.

2. 연간 수업일수

> **초·중등교육법 제24조(수업 등)**
> ① 학교의 학년도는 3월 1일부터 시작하여 다음 해 2월 말일까지로 한다.
> ④ 학교의 학기·수업일수·학급편성·휴업일과 반의 편성·운영, 그 밖에 수업에 필요한 사항은 대통령령으로 정한다.
>
> **초·중등교육법 시행령 제45조(수업일수)**
> ① 법 제24조 제3항에 따른 학교의 수업일수는 다음 각 호의 기준에 따라 학교의 장이 정한다. 다만, 학교의 장은 천재지변, 연구학교의 운영 또는 제105조에 따른 자율학교의 운영 등 교육과정의 운영상 필요한 경우에는 다음 각 호의 기준의 10분의 1의 범위에서 수업일수를 줄일 수 있으며, 이 경우 다음 학년도 개시 30일 전까지 관할청에 보고하여야 한다.
> 1. 초등학교·중학교·고등학교·고등기술학교 및 특수학교(유치부는 제외한다): 매 학년 **190일** 이상
> 2. 공민학교 및 고등공민학교: 매 학년 170일 이상
>
> **초·중등교육법 시행령 제50조(수료 및 졸업 등)**
> ① 학교의 장은 학생의 교육과정의 이수정도 등을 평가하여 학생의 각 학년과정의 수료 또는 졸업을 인정한다.
> ② 학생의 각 학년과정의 수료에 필요한 출석일수는 제45조의 규정에 의한 수업일수의 3분의 2이상으로 한다.

---

1) 이하에서 특별한 법 명칭 없이 '법'이라고 표기하는 것은 "학교폭력예방법"을 의미하고, '시행령'이라고 표기하는 것은 "학교폭력예방법 시행령"을 의미한다.

(1) **수업일수 법정주의**

　기본적으로 초등학교, 중학교, 고등학교의 연간 수업일수는 190일 이상으로 법정화되어 있다. 다만, 교육과정상 필요한 경우 학교장이 10분의 1의 범위에서 이를 줄일 수 있을 뿐이다.

(2) **연간 수업일수의 의의**

　학생 입장에서 연간 수업일수는 교육과정상 보장되는 학습권의 연 단위 측면의 보장이고, 동시에 해당 학년의 수료 요건의 전제이기도 하다.

(3) **수료일수 법정주의**

　다음 학년으로 올라가기 위한 수료 요건 역시 법정 되어 있다. 초·중등교육법 시행령 제50조에 따르면 각 학년 과정의 수료에 필요한 출석일수는 수업일수의 3분의 2 이상으로 수업일수 190일을 기준, 127일을 출석해야 한다. 즉, 63일 초과하여 결석하면 수료 요건을 충족하지 못하고 유급을 당할 수 있다.

(4) **출석정지와 유급**

　그런데 출석정지에 따른 기간은 출석일수에 산입되지 않는다. 예를 들어, 학교폭력에 대한 책임으로 출석정지를 10일 받았다면, 해당 학생은 그 기간만큼 수업일수를 채울 수 없게 된다.

　징계의 일환인 출석정지는 발생 원인 측면에서 현재 세 가지가 있다. 첫째, 초·중등교육법상 일반적 징계 중 하나로 '출석정지', 둘째, 학교폭력을 행사한 경우 가해학생 조치로 '출석정지(제6호 처분)', 셋째, 교육활동 침해(소위 '교권침해')에 대한 침해학생 조치의 '출석정지(제4호 처분)'이다. 원래는 초·중등교육법상의 출석정지만 있었으나, 학교폭력예방법의 제정과 「교원의 지위 향상 및 교육활동 보호를 위한 특별법」(이하 "교원지위법")의 개정으로 이제는 세 가지 법률을 통해 출석정지가 가능해졌다.

다만, 초·중등교육법상의 출석정지는 법령상 기한의 한계가 연간 30일로 한정된 데 반해 학교폭력이나 교육활동 침해에 있어서는 이러한 제한이 없다. 이론적으로 6개월 이상도 가능하여 이 두 경우는 그 자체로 해당 학생을 유급시킬 수도 있다.

III 교육활동

1. 의의

교육활동은 교육법 체계의 중핵을 이루는 것으로 국민의 교육을 받을 권리 등을 정한 헌법 제31조[2])에 그 기반을 두고 있다.

교육활동은 의무교육 과정을 포함한 초·중등 교육과정과 맞

---

2) 제31조 ① 모든 국민은 능력에 따라 균등하게 교육을 받을 권리를 가진다.
② 모든 국민은 그 보호하는 자녀에게 적어도 초등교육과 법률이 정하는 교육을 받게 할 의무를 진다.
③ 의무교육은 무상으로 한다.
④ 교육의 자주성·전문성·정치적 중립성 및 대학의 자율성은 법률이 정하는 바에 의하여 보장된다.
⑤ 국가는 평생교육을 진흥하여야 한다.
⑥ 학교교육 및 평생교육을 포함한 교육제도와 그 운영, 교육재정 및 교원의 지위에 관한 기본적인 사항은 법률로 정한다.

닿아 있다. 학생은 물론 학부모, 교사도 교육활동의 주체이다.

그러나 아직 우리 법체제에 '교육활동'에 대한 단언적 법적 정의가 없다. 다만 교육활동의 예시가 『학교안전사고 예방 및 보상에 관한 법률(이하 "학교안전법")』에 나와 있을 뿐이다.3)

한편, 교육활동은 표현에도 드러나 있듯이 그 자체로 권리는 아니나 정당한 교육활동은 일응 보호의 대상이다.

2. 교육활동의 예시(지표)

> 학교안전사고 예방 및 보상에 관한 법률 제2조(정의)
> 이 법에서 사용하는 용어의 정의는 다음과 같다
> 4. **"교육활동"이라 함은** 다음 각 목의 어느 하나에 해당하는 활동을 말한다.
>   가. 학교의 교육과정 또는 학교의 장(이하 "학교장"이라 한다)이 정하는 교육계획 및 교육방침에 따라 학교의 안팎에서 학교장의 관리·감독하에 행하여지는 수업·특별활동·재량활동·과외활동·수련활동·수학여행 등 현장체험활동 또는 체육대회 등의 활동
>   나. 등·하교 및 학교장이 인정하는 각종 행사 또는 대회 등에 참가하여 행하는 활동
>   다. 그 밖에 대통령령4)으로 정하는 시간 중의 활동으로서 가목 및 나목과 관련된 활동

---

3) 결국 교육활동은 가르치고 배우는 것 자체 및 그와 밀접 불가분 관계의 여러 활동을 의미하는 것으로 보아야 할 것이다.
4) 제2조(교육활동과 관련된 시간) 「학교안전사고 예방 및 보상에 관한 법률」 제2조 제4호 다목에서 "대통령령이 정하는 시간"이란 다음 각 호의 어느 하나에 해당하는 시간을 말한다.
　 1. 통상적인 경로 및 방법에 의한 등·하교 시간

전술했듯이 우리 법체제에, 교육활동에 대한 직접적 개념 정의가 마련되지 않아 교육활동이 예시되어 있는 법 문언을 통해 그 개념 표지를 역으로 추단해 볼 수밖에 없을 것이다.

학교안전법은 먼저, 수업을 교육활동으로 보면서 그에 준하는 것을 이에 포함하고 있다. 즉, 특수활동, 수학여행 등 현장체험활동, 재량활동, 과외활동, 수련활동, 체육대회 등을 수업과 비슷한 성격으로 본다. 그리고 여기에 등하교와 학교장 인정의 각종 행사 및 대회를 추가한다. 즉, ① 학교에 오가는 '등하교', ② '수업과 이에 준하는 활동', ③ '각종 행사 및 대회 참가 활동'을 대표적인 축으로 하면서 이 세 가지와 관련된 특정 시간의 부가 활동까지를 교육활동으로 확장하는 것이다.

2. 휴식시간 및 교육활동 전후의 통상적인 학교체류시간
3. 학교의 장(이하 "학교장"이라 한다)의 지시에 의하여 학교에 있는 시간
4. 학교장이 인정하는 직업체험, 직장견학 및 현장실습 등의 시간
5. 기숙사에서 생활하는 시간
6. 학교 외의 장소에서 교육활동이 실시될 경우 집합 및 해산 장소와 집 또는 기숙사 간의 합리적 경로와 방법에 의한 왕복 시간.

Ⅳ 교육 현장에서 폭력이 문제 되는 경우(주체에 따라)

1. 유형

유형	관련주체 및 폭력의 방향	적용법규	
		일반형사법	교육관련 법령
학교폭력	학생 → 학생5)	○	학교폭력예방법
교육활동 침해	학생·학부모 → 교원	○	교원지위법
체벌	교원 → 학생	○	초·중등교육법
직장 내 폭력	교원 → 교원	○	×

교육 현장에서 폭력이 문제 되는 일은 주체(등장인물)에 따라 달라지고 그 경우의 수가 학생이 학생, 학생이 교원, 교원이 학생, 그리고 교원이 교원 이렇게 네 가지로 상정된다.

이 네 가지는 폭력의 가해자·피해자만 다를 뿐 상대방에 대한 폭력이 발생했다는 것은 동일하기에 기본적으로 그 어느 경우에나 일반형법의 폭행죄 등이 적용되게 된다.

그런데 교원의 다른 교원에 대한 폭력은 형법상 폭행죄가 문제 됨에 그치지만,6) 이를 제외한 나머지 세 가지 유형은 형법상 폭행죄 적용에 더하여 교육제도 별도의 법령으로 각각 다루고 있다. 학생의 학생에 대한 폭력을 '학교폭력'으로 학생(또는 학부모)의 교원에 대한 폭력을 '교육활동 침해'로 교원의 학생에 대한 폭력을 '체벌'의 문제로 규율하는 것이 그렇다.

---

5) 피해학생이 학생이면 가해자가 학생이 아닌 일반인이어도 이를 학교폭력으로 정의하고 있으나, 편의상 실무에서 주로 문제 되는 학생이 학생에 대한 폭력으로 좁혀 살펴보았다.
6) 공무원법 위반 등은 별론.

2. 학교폭력(학교폭력예방법의 적용)

> 사례: 딱밤 사례
>
> P중학교 3학년 재학 중인 A는 같은 반 친구 T를 수 차례 팔을 때리고 딱밤 때리고, T가 미술 작품을 제출하려 하자 제출하지 못하게 하였으며, PC방에 같이 가자고 할 때 T가 돈이 없다고 하면 "왜 돈이 없냐?"고 때리기도 한 사안에서 T의 아버지가 A를 ○○경찰서에 학교폭력으로 신고하였다. 이에 P중학교장은 A에게 전학(강제전학) 조치하였고, A 측은 강제전학의 부당함을 다투며 법원에 소를 제기하였다.

(1) 개요

> 학교폭력예방법 제2조(정의)
> 1. "학교폭력"이란 학교 내외에서 학생을 대상으로 발생한 상해, 폭행, 감금, 협박, 약취·유인, 명예훼손·모욕, 공갈, 강요·강제적인 심부름 및 성폭력, 따돌림, 사이버폭력 등에 의하여 신체·정신 또는 재산상의 피해를 수반하는 행위를 말한다.

학교폭력이란 사회적 관점에서는 학교에서 발생한 폭력을 말하는 것으로 그 유형과 종류는 무궁무진할 것이다. 학교 행사에 참여한 일반인들 사이에서 발생한 폭력도 어찌 보면 학교폭력일 수 있지만, 법상 학교폭력은 이를 일정 범위로 한정하고 있다.

즉, 학교폭력예방법상 학교폭력은 "학교 내외에서 학생을 대상으로 발생한 상해, 폭행, 성폭력, 따돌림, 사이버폭력 등 여러 신체·정신 또는 재산상의 피해를 수반하는 행위를 말한다."

학교폭력예방법 제정 전에도 학교폭력 사안에 대해서 이를 규율하는 법이 없었던 것은 아니다. 일반적 형법은 물론 폭력을 행사한 학생에 대해서 초·중등교육법을 적용해 징계하거나 훈계하는 조치가 가능했다. 다만, 이후 특별법처럼 학교폭력예방법이 제정되어 학교폭력 사안만을 떼어내 독자적 요건과 효과로 규율하고 있다. 마치 성폭력에 대해서 형법으로 규율할 수 있음에도 이에 대한 특별법으로 「성폭력범죄의 처벌 등에 관한 특례법」을 만들어 성폭력 사안을 규율하는 것과 비슷한 맥락이다.

학교폭력예방법상의 학교폭력 정의를 보면 "학교 내외에서 학생을 대상으로"라고 하고 있어서, 피해자와 달리 가해자는 학생으로 국한하고 있지 않다. 예전에는 '학생 간의 폭력'만을 학교폭력으로 보았는데, 현재는 피해자가 학생이기만 하면 가해자가 학생이든 교원이든 일반인이든 모두 학교폭력에 해당하게 된다.

(2) 학교폭력예방법의 핵심 요소

학교폭력에 있어 가장 중요한 핵심은 요건, 효과 및 절차 이 세 가지로 귀결된다. ① '무엇이 학교폭력인지?', ② '학교폭력으로 인정되면 어떻게 되는지?', ③ '학교폭력이 발생하면 어떠한 단계와 절차를 거치게 되는지?'를 그 요소로 가지는 것이다.

그리고 학교폭력예방법은 일반적인 폭력 사안과 구별되는 여러 특징을 가지고 있다. 예를 들어, '강제적인 심부름' 또는 '따돌림'을 폭력이라고 보고 이를 학교폭력으로 다루고 있다.

> **딱밤 사례의 해결**
>
> 딱밤 사례에서 P중학교는 학교폭력대책자치위원회(현재의 학교폭력대책심의위원회[7]) 회의를 거쳐 딱밤을 때린 A에게 전학을 내렸고, 이에 대해 A가 다투었으나 재판부는 ① A와 T의 같은 반 급우들은 이 사건 학교폭력과 관련하여 학교 측의 조사를 받으면서 A가 이따금 T를 괴롭히고 때렸다는 취지로 진술한 점, ② 담임교사도 이 사건 처분에 관한 재심사건에서 A가 수차례에 걸쳐 T를 때리고 괴롭혔다는 취지로 진술한 점, ③ A도 수차에 걸쳐 T의 팔을 때리거나 딱밤을 때린 사실을 인정하고 있는 점, ④ T가 학교 폭력으로 인한 학교 부적응 문제로 인한 심리치료를 받은 점, ⑤ T의 부가 ○○경찰서에 한 학교폭력 신고와 관련하여 검사가 A에 대하여 폭행 및 강요죄로 소년보호사건 송치 처분을 한 점 등에 비추어 보면, 학교폭력 가해자인 T에 대한 전학처분은 적절한 조치였던 것으로 판단된다"고 판시하였다.[8]

3. 교육활동 침해(교원지위법의 적용)

(1) 교원의 교육활동 보호의 의의

교원지위법에서는 특별히 교원의 교육활동을 그 보호 대상으로 하여 정당한 교육활동을 보호하기 위한 제도를 마련하고 있는데, 교육활동의 침해에 대한 대책이 그 주를 이루고 있다. 교육활동은 사실 누구의 전유물이 아니라 교육 당사자인 학생 및

---

[7] 이하 "심의위원회"라고 한다.
[8] 대전지방법원 2012. 11. 28. 선고 2012구합3479 판결.

학부모, 교원 모두에게 인정되는 것으로 교원의 교육활동을 보호하는 것은 결국 헌법재판소도 밝혔듯이 헌법상 보장받는 기본권으로서 헌법적 권리인 학생의 교육 받을 권리 즉, 수학권을 종국에 있어 보장하려는 것이다.

교원의 교육활동 보호제도의 핵심은 크게 네 가지로 ① '교육활동 침해행위'의 정의, ② 교육활동 보호에 관한 사항을 심의하는 '교권보호위원회의 설치·운영', ③ '교육활동 피해 교원에 대한 보호조치', ④ '교육활동 침해학생에 대한 조치'가 그것이다.

(2) 교육활동 침해란

'교육활동 침해행위'란 고등학교 이하 각급학교에 소속된 학생 또는 그 보호자 등이 교육활동 중인 교원에 대하여 폭행 등 법에서 금지하는 어느 하나에 해당하는 행위를 하는 것을 말한다.

(3) 교육활동 침해의 요건

① 주체 요건 : 학생 또는 보호자 등
② 대상 요건 : 교육활동 중인 교원
③ 행위 요건 : 침해행위
   a. 형법상 상해 폭행 등(무고 신설)
   b. 성폭력범죄
   c. 불법정보유통행위
   d. 형사처벌 대상으로 규정한 범죄 행위(신설)
   e. 교원의 교육활동 부당하게 간섭·제한하는 행위(신설)

(4) 교권보호위원회

교원의 교육활동 보호에 관한 사항을 심의하는 기구로 교원지위법에 근거하는 위원회이다. 교권보호위원회가 처음 도입되었을 당시는 학교마다 설치되어 있었으나,[9] 2024년 법 개정을 통해 교육지원청으로 상향 이관되어 이제는 교육활동 침해 여부와 침해에 따른 조치결정의 1차 판단을 해당 지역 교육지원청에 설치되어있는 '지역교권보호위원회'에서 담당하고 있다.[10]

4. 체벌(초·중등교육법의 적용)

> 초·중등교육법 시행령 제40조의3(학생생활지도)
> ① 학교의 장과 교원은 법 제20조의2에 따라 다음 각 호의 어느 하나에 해당하는 분야와 관련하여 조언, 상담, 주의, 훈육·훈계 등의 방법으로 학생을 지도할 수 있다. 이 경우 도구, 신체 등을 이용하여 학생의 신체에 고통을 가하는 방법을 사용해서는 안 된다.
> 1. 학업 및 진로
> 2. 보건 및 안전
> 3. 인성 및 대인관계
> 4. 그 밖에 학생생활과 관련되는 분야

교원의 학생의 대한 체벌은 형법상 폭행(또는 상해)의 구성요건에 해당하지만, 사회 상규 등에 비추어 그 위법성이 조각되어 처벌받지 않았던 적이 있었다. 즉, 체벌도 사실의 관점에서는 폭행이나 교육상 훈계이기에 그 한도 내에서 불처벌했다.

---

9) 「교원 예우에 관한 규정」(대통령령 제24346호, 2013. 2. 5. 일부개정(2013. 5. 6. 시행)).
10) 법률 제19735호, 2023. 9. 27. 일부개정(2024. 3. 28. 시행).

그러나 2011년 초·중등교육법 시행령의 개정으로 일체의 체벌이 전면 금지되었다.11)12) 이후 시행령의 변화가 일부 있었으나 체벌 금지는 현재도 견고하다. 따라서 설사 그것이 교육적 목적이라 하더라도 학생에 대한 소위 체벌은 그 자체로 위법이다.

Ⅴ 학생에 대한 불이익 조치(제재 조치)

학칙위반 등 일반적 일탈을 한 경우의 적용 법규 ▶ 초·중등교육법
다른 학생에게 폭력을 행사한 경우의 적용 법규 ▶ 학교폭력예방법
학생이 교원에게 폭력을 행사한 경우의 적용 법규 ▶ 교원지위법

1. 일반적 제재와 소속 구성원으로서의 특수한 제재

예를 들어, 회사원이나 공무원이 어떠한 잘못을 한 경우 사회 구성원으로서 그에 상응하는 불이익을 받고, 한편, 그 잘못이 해당 업무와 관련된 것이면 사회 구성원으로서 받게 되는 처벌 외에 자기가 속한 조직 내 징계 등의 제재를 별도로 받게 된다.

학생도 마찬가지이다. 학교생활 중 어떠한 잘못을 한 경우 사회 구성원의 일반적 처벌 외에 학교로부터 제재를 받는다. 다른 학생의 물건을 훔치면 형법상 절도죄로 처벌받는 외에 학생의

---

11) 대통령령 제22712호, 2011. 3. 18. 일부개정(2011. 3. 18. 시행).
12) 초·중등교육법 시행령 제31조(학생의 징계 등)
　⑧ 학교의 장은 법 제18조 제1항 본문에 따라 지도를 할 때에는 학칙으로 정하는 바에 따라 훈육·훈계 등의 방법으로 하되, 도구, 신체 등을 이용하여 학생의 신체에 고통을 가하는 방법을 사용해서는 아니 된다.

신분에서 출석정지(소위 정학) 등의 징계를 받는 경우이다.

2. 징계법정주의

> 초·중등교육법 제18조(학생의 징계)
> ① 학교의 장은 교육을 위하여 필요한 경우에는 법령과 학칙으로 정하는 바에 따라 학생을 징계할 수 있다. 다만, 의무교육을 받고 있는 학생은 퇴학시킬 수 없다.
> ② 학교의 장은 학생을 징계하려면 그 학생이나 보호자에게 의견을 진술할 기회를 주는 등 적정한 절차를 거쳐야 한다.

죄와 형은 법정 되어야 한다는 '죄형법정주의'와 마찬가지로 학생에 대한 징계 역시도 그 불이익의 크기나 학생 신분에 미치는 영향을 고려할 때, '징계법정주의'가 요구된다고 보아야 한다. 왜냐하면 지도, 훈계 등에 비해 학생의 신분 자체를 박탈하는 퇴학과 같은 징계는 아주 강력한 효과를 내포하기 때문이다.

이는 초·중등교육법상 '징계'뿐 아니라 표현만 다를 뿐 징계와 동일한 속성인 학교폭력예방법상 '가해학생에 대한 조치', 교원지위법상 '교육활동 침해학생에 대한 조치'에도 그렇다.

그래서 초·중등교육법은 징계의 사유와 요건을 법에서 정한 후, 그 종류를 시행령에서 다시 규율하고 있다. 학교폭력예방법은 가해학생에 대한 조치에 대해 교원지위법도 교육활동 침해학생에 대한 조치의 법적 근거를 역시 마련하고 있다.

3. 특징

학생의 잘못을 꾸짖는 여러 방법 중 가장 강력한 것이 징계인데(그건 회사나 공무원 조직에서도 마찬가지이다), 징계가 가장 강력한 건 그 수위도 높지만, 그 자체로 강제력을 가지고 있고 나아가 공적인 그 학생의 전력(前歷)으로 작용하기 때문이다.

(1) 징계의 연혁적 확대(일반징계 → 학교폭력 → 교육활동 침해)13)

학생에 대한 징계는 원래 초·중등교육법상의 학교봉사, 사회봉사, 특별교육이수, 출석정지, 퇴학처분 다섯 가지가 전부였다.

그런데 학교폭력이 사회적으로 이슈가 되고 중요한 교육 현안으로 부각되면서, 학교폭력만을 별도로 다루기 위해 '학교폭력예방법'이 제정되었다. 이 법을 제정하면서 학교폭력에 대해서는 아예 독자적인 요건과 효과의 징계 체계를 마련한 것이다.

그리고 두 번째가 교육활동 침해이다. 학교폭력의 경우처럼 교원에 대한 폭행 등 교육활동 침해인 경우에는 징계에 관한 일반법인 초·중등교육법이 아니라 교원지위법을 적용하게 된다.

결론적으로 우리 교육 법제에는 학생의 어떠한 잘못에 대한 징계 시 일반법으로 초·중등교육법을 특별법으로 학교폭력예방법과 교원지위법을 가지면서 그 사안이 학교폭력인지 교원에 대한 교육활동 침해인지를 구분하면서 달리 적용하고 있다.

---

13) 초·중등교육법상 '징계', 학교폭력예방법상 '가해학생에 대한 조치', 교원지위법상 '교육활동 침해학생에 대한 조치'로 각 명칭은 다르지만, 그 속성은 모두 징계이므로 편의상 징계로 놓고 설명한다.

이를 연혁적으로 살피면 다음과 같다.

	적용 법규		
	1세대 (~ 2004년 7월)	2세대 (2004년 7월 ~2013년 5월)	3세대 (2013년 5월 ~ 현재)
학칙 위반	초·중등교육법	초·중등교육법	초·중등교육법
학교폭력	초·중등교육법	학교폭력예방법	학교폭력예방법
교육활동 침해 (교사 폭행)	초·중등교육법	초·중등교육법	교원지위법

 징계라는 속성은 똑같지만, 그 명칭도 구분됐는데, 일반적 징계는 징계라고 부르지만, 학교폭력은 '가해학생 조치', 교육활동 침해는 '침해학생 조치'라고 칭하고 있다.

(2) **각자 고유의 근거 법령을 가지는 의의**

 근거 법령을 달리함에 따른 의의는 ① 제도의 취지나 법의 목적을 사회적 필요와 현실에 부합하게 별도로 정할 수 있는 점, ② 요건과 효과를 달리 규율할 수 있는 점, ③ 해당 절차를 그 특성에 맞게 설정할 수 있는 점 등이 있다.

(3) **위원회 중심주의**

 일반적 징계나 학교폭력이나 교육활동 침해에 의한 것이나 그 징계의 가부와 정도는 모두 이를 심의 결정하는 위원회에서 정하고 있다.

	학생의 불이익 조치 관련 위원회		
	선도위원회	심의위원회	교권보호위원회
사안	일반적 일탈	학교폭력	교육활동 침해
근거	직접 근거 없음	학교폭력예방법	교원지위법
설치	학교 (학교 내부 기구)	교육지원청 (학교 외부 기구)	교육지원청 (학교 외부 기구)
구성	학교 내부 인사	교육지원청 내·외부 인사 및 학부모	교육지원청 내·외부 인사 및 학부모
성격	심의기구	심의기구	심의기구
기능	일반적 징계 심의	학교폭력 심의	교육활동보호 심의
징계관련 결정	징계 여부 및 양정	가해학생 선도조치	침해학생 조치
처분권자	학교장	교육장	교육장
처분권자의 위원회 심의 기속 여부	무기속	무기속	무기속
행정심판 및 행정소송의 당사자	학교장	교육장	교육장
집행	학교장	학교장	학교장

4. 퇴학처분의 신중성

자퇴와 퇴학은 구별된다. 자발적 퇴사와 해고가(또는 해임 및 파면) 구별되는 것과 같다. 의지와 무관하게 강제적으로 학생 지위 전체를 박탈하는 것으로 불이익 조치 중 가장 강력하다.

퇴학은 일반적 징계뿐 아니라 학교폭력의 가해학생 조치, 교육활동 침해의 침해학생 조치 모두에 있어 가능하다.

(1) 대상의 신중성

퇴학은 의무교육 과정에 있는 학생에 대해서는 적용하지 않는다(초·중등교육법 제18조 제1항 단서, 학교폭력예방법 제17조 1항 단서, 교원지위법 제25조 제2항 단서). 따라서 초등학교나 중학교의 학생에 대해서는 퇴학처분 할 수 없다.

(2) 요건의 신중성(요건 한정)

일반적 징계인 초·중등교육법의 예를 보면, 법령상의 퇴학 요건은 '품행 불량', '정당한 이유없이 결석 잦은 자', '기타 학칙 위반' 세 가지로 한정된다(초·중등교육법 시행령 제31조 제5항). 즉, 이 세 가지 경우 외에는 절대 퇴학시킬 수 없는 것이다.

(3) 최후 수단성

퇴학은 다른 징계 수단으로는 그 징계의 목적 달성을 할 수 없는 경우에 예외적으로 이루어져야 한다. 이에 대해 법원도 "학생의 신분 관계를 소멸시키는 퇴학처분은 징계의 종류 중 가장 가혹한 처분으로서 학생의 학습권 및 직업선택의 가능성을 제한할 수 있는 중대한 처분이다. 따라서 객관적으로 학생 신분을 유지하게 하는 것이 교육상 필요와 학내질서 유지라는 징계목적에 비추어 현저히 부당하거나 불합리하다고 인정될 수 있을 정도로 중한 징계사유가 있을 뿐만 아니라 학생이 잘못을 뉘우치지 않고 행실을 고칠 가능성이 없어 다른 징계 수단으로는 징계의 목적을 달성할 수 없는 경우에 한하여 예외적으로 이루어져야 한다"(서울행정법원 2015. 11. 19. 선고 2015구합67250 판결)라고 밝힌 바 있다.

(4) 재심을 통한 구제 절차의 마련

초·중등교육법상 퇴학의 경우는 현재 재심이라는 별도의 독특한 절차로 한 번 더 구제받는 방편이 있다.

과거에는 일반 징계뿐만 아니라 학교폭력이나 교육활동 침해로 인한 퇴학 처분도 재심의 대상이 되었으나, 현재는 일반 징계에 의한 퇴학만이 재심 절차를 통해 다툴 수 있게 되었다.

5. 비교

지금까지 설명 한 학생에 대한 징계를 간략히 표로 정리하면 다음과 같다.

구분	요건	효과	절차(조 - 판 - 집)
일반 징계	교육상필요 (초·중등교육법)	학교봉사 사회봉사 특별교육 출석정지14) 퇴학처분	학생부 → 선도위원회15) → 학교장
특정 사안	학교폭력 (학교폭력예방법)	서면사과 보복금지16) 학교봉사 사회봉사 특별교육17) 출석정지 학급교체 전학 퇴학처분	전담기구 → 심의위원회18) → 학교장
	교육활동 침해 (교원지위법)	학교봉사 사회봉사 특별교육 출석정지 학급교체 전학 퇴학	담당 기구 → 교권보호위원회19) → 학교장

---

14) 법문상 '1회 10일 이내, 연가 30일 이내의 출석정지'이다(초·중등교육법 시행령 제31조 제1항 제3호). 이하에서도 편의상 '출석정지'라 한다.

15) 선도위원회는 학생 징계를 심의하는 기구로 조례 등에 근거하고 실무상 학교 내부조직으로 구성된다.

16) 법문상 '피해학생 및 신고·고발 학생에 대한 접촉, 협박 및 보복행위(정보통신망을 이용한 행위를 포함한다)의 금지'이다(학교폭력예방법 제17조 제1항 제2호). 편의상 '접촉금지' 또는 '보복금지'라고도 한다.

17) 법문상 '학내외 전문가, 교육감이 정한 기관에 의한 특별 교육이수 또는 심리치료'이다(학교폭력예방법 제17조 제1항 제5호). 편의상 '특별교육' 또는 '특별교

연혁적으로 초·중등교육법의 '학교봉사', '사회봉사', '특별교육이수', '출석정지', '퇴학처분'이 그 출발이었기에 이후 분화된 학교폭력이나 교육활동 침해도 이 다섯 가지 징계가 근간이다. 여기에 학교폭력의 경우는 네 가지를 더해 총 아홉 가지를 교육활동 침해는 두 가지를 더해 총 일곱 가지의 징계를 두고 있다.

(강제)전학은 학교폭력예방법에서 처음 도입되어 현재 교육활동 침해에도 조치의 하나로 두고 있는데, 이는 우리 교육 현장에 상당한 영향력을 끼쳤고 지금도 아주 중요한 이슈이다.

구분	초·중등교육법 징계	학교폭력예방법 학교폭력 가해학생 조치	교원지위법 교육활동 침해학생 조치
서면사과		○	
보복금지		○	
학교봉사	○	○	○
사회봉사	○	○	○
특별교육이수	○	○	○
출석정지	○	○	○
학급교체		○	○
전학		○	○
퇴학	○	○	○
	5종류	9종류	7종류

육이수'라고도 한다.
18) 학교폭력대책심의위원회.
19) 2024년 법 개정으로 학교폭력과 마찬가지로 교권보호위원회는 학교에서 교육지원청으로 상향 이관되었다.

학교폭력, 법이 다스리다:
따돌림에서 딥페이크까지

제**2**편
학교폭력의 처음과 끝

제2판

학교폭력의 잡음지 말

▌ 학교폭력예방제도

1. 학교폭력예방법 제정

⑴ 학교폭력예방법의 제정 경위

학교폭력은 일반 폭력과는 달리 대부분 가해학생과 피해학생이 공동으로 생활하는 학교라는 물리적 공간에서 발생하기 때문에 오랫동안 지속적으로 행해지는 경우가 많다. 그런데도 학교폭력 사안을 적발하기는 쉽지 않고, 다른 한편으로는 피해 현장 또는 피해 사실이 동급생들에게 그대로 노출되어 피해학생이 입는 정신적, 심리적 고통이 매우 심각한 것으로 지적되고 있다.[1]

학교폭력예방법은 심각한 사회문제로 대두하고 있는 학교폭력 문제에 효과적으로 대처하기 위한 전담기구[2]의 설치, 정기적인 학교폭력예방교육의 실시, 학교폭력 피해자의 보호와 가해자에 대한 선도·교육 등 학교폭력의 예방 및 대책을 위한 제도적 틀을 마련하려고 2004년 1월 29일 법률 제7119호로 제정되어 2004년 7월 30일 시행되었다.[3]

⑵ 2004년 제정 및 이후 개정

이후 시대의 변화와 사회현상을 반영하며 여러 차례 개정을

---

[1] 헌법재판소 2019. 4. 11. 선고 2017헌바140 결정.
[2] 여기의 전담기구는 표현형태로 제정법률에는 전담기구는 등장하지 않고, 시·도교육청에 설치되는 '전담부서'가 설치된다. 학교폭력예방법상 학교에 설치되는 법상 기구로 '전담기구'는 법률 제8887호(2008. 3. 14. 전부개정(2008. 9. 15. 시행))에 처음 등장한다.
[3] 제정이유 참조.

거쳐 왔고, 2012년 및 2020년 그리고 최근 2024년 모두 세 차례에 걸쳐 제도의 주요 부분이 변경되는 큰 폭의 개정이 있었다.

2. 제도의 목적

학교폭력예방법은 "피해학생의 보호, 가해학생의 선도·교육 및 피해학생과 가해학생 간의 분쟁조정을 통하여 학생의 인권을 보호하고 학생을 건전한 사회구성원으로 육성함을 목적으로 한다(법 제1조)."

학교폭력예방법은 학교폭력의 당사자가 청소년이라는 점을 감안하여 교육적 차원을 고려할 수 있게 함으로써 다른 폭력사안과는 다르게 다루어질 수 있는 여지를 열어주고, 피해학생은 물론 가해학생의 건전한 인격 형성을 방해하는 요소를 차단하며, 이를 위한 법제를 정비하고 정책을 실시하여야 하는 국가적 책무를 명확히 하기 위해 입법된 것이다.[4]

3. 제도의 성질 및 근간[5]

학교폭력예방법은 학교폭력의 규제, 피해학생의 보호 및 가해학생에 대한 조치에 관하여 다른 법률에 특별한 규정이 있는 경우를 제외하고는 우선 적용되는 법률이다(법 제5조 제1항). 다만, 성폭력에 있어서는 다른 법률에 규정이 있는 경우는 학교폭력예방법을 적용하지 않는다(동조 제2항).[6]

---

[4] 앞의 헌법재판소 결정 참조.
[5] 현행 학교폭력예방법 기준 설명.
[6] 학교폭력 중 성폭력은 해당 성폭력 관련 법률에 마련된 성폭력 고유의 독자적인

4. 제도의 주요 특징

(1) 학교폭력의 정의 마련

　이는 곧 학교폭력의 인정 요건이 되기도 한다.

(2) 순차적 구조의 위원회 체계

　[국무총리소속] 대책위원회 → [시·도] 지역위원회 → [시·군·구] 지역협의회

(3) 교육감의 임무

　교육감이 학교폭력 사안처리 전반의 최종 책무를 지며, 개별 사안에서는 교육장 및 학교장과 이를 분담해 역할을 수행한다.

(4) 교육감의 지위 및 역할(후술)

(5) 학교폭력을 위해 설치된 교육청의 전담부서 및 학교의 전담기구

(6) 심의기구로 심의위원회(후술)

(7) 학교장의 지위 및 역할(후술)

(8) 절차의 분절 및 절차 담당 기구의 구분

(9) 가·피해 구도의 사안처리

(10) 독자적인 효과 보유(피해학생 보호조치 5개, 가해학생 선도조치 9개)

(11) 학교폭력의 판단 및 양정기준 보유

(12) 자기 완결적인 불복절차 규정 마련(행정심판 및 행정소송)

　절차에 맡기겠다는 것이다(사견).

⒀ 피해학생 보호 제도의 점진적 강화(후술)

　피해학생에 대한 보호조치 규정이 별도로 존재하고, 가해학생 조치 시 피해학생의 보호가 법상 하나의 준거인 것 외에도 특히 2024년 3월 개정을 통해 피해학생 보호 방안 및 보호 절차가 대거 확장되었다.

⒁ 비밀누설금지, 회의의 비공개 및 예외적 공개

⒂ 벌칙 및 과태료 규정(법 제22조 및 제23조)

Ⅱ 학교폭력 사안의 3대 지주(요건 효과 절차)

〈요건〉	[절차]	〈효과〉
학교폭력	조사 - 심의 - 집행	보호조치 (조치) 선도조치

　학교폭력 사건은 복잡·다양한 양상으로 나타나지만, 결국 모든 사안은 세 가지 핵심 사항으로 귀결된다. 이는 학교폭력 여부를 판단하는 '요건', 학교폭력으로 인정될 경우 그 정도에 따라 내려지는 '효과', 그리고 이러한 결론에 이르기까지의 '절차'이다.

　학교폭력예방제도에서 이 세 가지 요소는 매우 중요한 역할을 한다. 그중에서도 '효과'가 가장 핵심적이라고 할 수 있다. 왜냐하면, 학교폭력 사안처리의 최종 결과물은 피해학생 보호조치와 가해학생 선도조치라는 두 가지로 나타나기 때문이다.

즉, 학교폭력 사건의 처리 과정에서 '요건'과 '절차'는 '효과'라는 최종 결론을 도출하기 위한 필수적인 경로라 볼 수 있다. 이렇게 요건과 절차라는 두 단계를 거쳐 최종적으로 도출되는 것이 바로 피해학생을 보호하고 가해학생을 선도하기 위한 조치, 즉 '효과'인 것이다. 따라서 학교폭력 사안을 다루는 데 있어 '효과'를 중심으로 '요건'과 '절차'가 유기적으로 연결되어 작동하는 것이 무엇보다 중요하다고 할 수 있다.

1. 학교폭력예방법의 요건상 특징

> 학교폭력예방법 제2조(정의)
> 1. "학교폭력"이란 학교 내외에서 학생을 대상으로 발생한 상해, 폭행, 감금, 협박, 약취·유인, 명예훼손·모욕, 공갈, 강요·강제적인 심부름 및 성폭력, 따돌림, 사이버폭력 등에 의하여 신체·정신 또는 재산상의 피해를 수반하는 행위를 말한다.
> 1의2. "따돌림"이란 학교 내외에서 2명 이상의 학생들이 특정인이나 특정집단의 학생들을 대상으로 지속적이거나 반복적으로 신체적 또는 심리적 공격을 가하여 상대방이 고통을 느끼도록 하는 모든 행위를 말한다.
> 1의3. "사이버폭력"이란 정보통신망(「정보통신망 이용촉진 및 정보보호 등에 관한 법률」 제2조 제1항 제1호의 정보통신망을 말한다)을 이용하여 학생을 대상으로 발생한 따돌림과 그 밖에 신체·정신 또는 재산상의 피해를 수반하는 행위를 말한다.[7]

---

[7] 2025년 8월 1일 부터는 사이버폭력 정의 규정에 '딥페이크 영상 등을 제작·반포하는 행위'가 추가된다(법률 제20724호 2025. 1. 31. 일부개정).

(1) 학교폭력은 신체·정신 또는 재산상 피해를 주는 행위이다

학교폭력은 학생을 대상으로 발생한 신체·정신 또는 재산상 피해를 수반하는 행위를 말한다. 이 행위는 구체적으로 열세 가지의 유형으로 제시되어 있다. 따라서 학교폭력 여부를 판단하는 데 그 행위가 어떠한 유형이든지 간에 상대 학생에게 신체나 정신 또는 재산상의 피해가 있었는지를 살피게 되고, 이러한 신체·정신 또는 재산상 피해 여부는 학교의 장의 자체해결[8] 사안에서도 판단 기준으로도 작용하게 된다.

종류	해당 법령	내용
학교폭력 인정 요건	법 제2조	"학교폭력"이란 학교 내외에서 학생을 대상으로 발생한 상해, 폭행 … 등에 의하여 신체·정신 또는 재산상의 피해를 수반하는 행위를 말한다.
학교장 자체해결 되는 경미한 학교폭력의 기준	법 제13조의2	① 2주 이상의 신체적·정신적 치료가 필요한 진단서를 발급받지 않은 경우 ② 재산상 피해가 없는 경우 또는 재산상 피해가 즉각 복구되거나 복구 약속이 있는 경우 ③ 학교폭력이 지속적이지 않은 경우 ④ 학교폭력에 대한 신고, 진술, 자료제공 등에 대한 보복행위(정보통신망을 이용한 행위를 포함한다)가 아닌 경우
우선 출석정지 등 사유	시행령 제21조	가해학생이 학교폭력을 행사하여 전치 2주 이상의 상해를 입힌 경우 학교장은 출석정지나 학급교체를 심의위원회 개최 전에 우선적으로 조치할 수 있다.

---

8) 이하 "학교장 자체해결"이라고 한다.

(2) 괴롭힘을 학교폭력 범주에 포함하고 있다

총 열세 가지의 학교폭력 유형에는 기존 형사법적인 폭력 열 가지 이외에도 괴롭힘에 해당하는 세 가지를 포함하고 있다. 즉, 우리의 학교폭력에는 엄밀한 의미의 폭력(violence)에 더해 이와 별도로 괴롭힘(bullying)까지도 그 폭력 범주로 하고 있다.

구분		근원	구체적 유형(13종)	
학교폭력	Violence (10종)	일반 형사법의 차용	상해	
			폭행	
			감금	
			협박	
			약취	
			유인	
			명예훼손	
			모욕	
			공갈	
			성폭력	
	Bullying (3종)	학교폭력예방법 창설	강요·강제적 심부름	
			따돌림	
			사이버폭력	사이버 따돌림 (정보통신망상 따돌림)
				정보통신망 이용 신체·정신·재산상 피해행위
				딥페이크 영상 등 제작·반포 행위 ※ 2025. 8. 1. 부터

(3) 독자적인 폭력 개념을 가지고 있다.

학교폭력의 폭력 유형은 대부분 폭행, 상해 등 형사법상의 행위 유형을 그대로 차용한 것이나 이와 별도로 학교폭력예방법에서 독자적으로 만들어낸 폭력행위 개념이 있다. 대표적으로 따돌림과 사이버폭력이 그것이다.

따돌림이란 "학교 내외에서 2명 이상의 학생들이 특정인이나 특정집단의 학생들을 대상으로 지속적이거나 반복적으로 신체적 또는 심리적 공격을 가하여 상대방이 고통을 느끼도록 하는 일체의 행위"라고 자체적으로 정의하고 있고, 사이버폭력에 대한 정의 개념도 가지고 있다.

(4) 피해자만 학생이면 학교폭력이다(편면적 요구)

학교폭력예방법 초기에는 '학생 간'에 발생한 사건만을 학교폭력으로 보았다. 즉, 가해자, 피해자 양쪽 모두 학생이어야 학교폭력으로 인정되었다. 그래서 학생이 폭력을 당한 경우에도 그 가해자가 학생인지 여부에 따라서 학교폭력이 되기도 하고 그렇지 않기도 했다. 그러다 보니 예를 들어, 학교 밖 청소년에 의한 폭력행사의 경우 학교폭력이 아니어서 피해학생이 학교폭력예방법의 여러 지원을 받을 수 없게 되는 문제가 발생하였다.

그런 이유로 학교폭력 피해학생을 두텁게 보호하기 위하여 이후 법 개정을 통하여 학교폭력의 주체 요건을 양 당사자 모두 학생을 요구하는 '학생 간'에서 피해자만 학생이면 되는 '학생에 대하여'로 변경하였고, 지금까지 이어져 오고 있다.[9]

---

9) 법률 제11388호, 2012. 3. 21. 일부개정, 2012. 5. 1. 시행, 참고로 제11388호

학교폭력 해당성(가 · 피해 당사자)		
	학생 간 (2012년 4월 1일 이전)	학생에 대하여 (2012년 4월 1일 이후 ~ 현재)
학생 → 학생	○	○
학교 밖 청소년 → 학생	×	○
교원 → 학생	×	○
일반인 → 학생	×	○

(5) **피해자는 반드시 초 · 중등교육법상 학생이어야 한다.**

다음과 같은 경우는 피해자(피해학생)가 초 · 중등교육법상 학생이 아니기에 학교폭력예방법에 의한 사안처리가 불가능하다.

① 학교 밖 청소년이 피해자인 경우
② 초 · 중등교육법상의 '학교'에 해당하지 않는 교육시설의 학생이 피해자인 경우
③ 어린이집 · 유치원 원아가 피해자인 경우

(6) **장소를 가리지 않는다(학교뿐 아니라 학교 이외의 장소에서 발생해도 학교폭력이다)**

예를 들어, 방과 후 학원에서 발생한 폭력도 학교폭력이고 방학 중에 발생한 학생에 대한 폭력 역시도 학교폭력예방법상의 학교폭력이다.

개정법률은 부칙을 통해 시행일을 2012. 4. 1.과 2012. 5. 1. 두 차례로 나누어 정하고 있다. 이는 비슷한 시기인 2012. 1. 26. 개정된 법률 제11223호도 그 시행 시기를 세 차례 즉, 2012. 1. 26. 2012. 4. 1. 2012. 5. 1.로 나누어 역시 그러한 형태를 띠고 있음을 알 수 있다.

2. 학교폭력예방법의 효과상 특징(보호·선도조치 양대 체제)

(1) 독자적인 피해학생 보호조치의 마련

학교폭력예방법은 학교폭력 사안처리의 최종적인 결과물로 가해학생에 대한 선도조치10)뿐 아니라 피해학생에 대한 보호조치11)도 마련하고 있다. 피해학생 보호조치는 가해학생에 대한 조치와 마찬가지로 법적 조치로서의 성격을 가진다.

피해학생 보호조치는 공적 절차인 심의위원회의 심의절차를 통해 결정된다. 또한 피해학생 보호조치는 처분성을 가지는 구속력 있는 조치다. 아울러 피해학생은 자신에 대한 보호조치의 적절성에 대해 법적으로 이의를 제기할 수 있다.

(2) 학교폭력예방법상 가해학생에 대한 조치의 법적 성격

학교폭력예방법은 가해학생에 대한 조치의 종류와 내용을 독자적으로 규정하고 있다. 이는 가해학생에 대한 조치가 단순한 권고나 지도가 아니라 법률상 정해진 요건을 충족할 때 비로소 효력을 발생하는 법적 조치라는 것을 의미한다.

이러한 점에서 가해학생 선도조치는 앞서 언급한 피해학생 보호조치와 마찬가지로 그 자체로 처분성을 가진다. 또한 가해학생에 대한 조치의 결정은 법률이 정한 절차에 따라, 법률이 규정

---

10) 그 속성은 초·중등교육법상의 징계와 동일하나 학교폭력에서는 징계라고 부르기보다는 법문 그대로 '가해학생에 대한 조치' 또는 '가해학생 조치'라고 부르거나, 보호조치와 대비해서 '가해학생 선도조치' 또는 '선도조치' 등으로 부른다.
11) '피해학생 조치', '피해학생 보호조치' 또는 '피해학생에 대한 조치' 등으로도 부른다.

한 기준에 부합하게 이루어져야 한다.

현재 학교폭력 사안에서 가해학생에게 내려질 수 있는 조치는 초·중등교육법상 징계에서 가져온 다섯 가지에 서면사과, 접촉 및 보복행위 금지, 학급교체, 전학을 추가하여 총 아홉 가지이다. 이는 학교폭력의 심각성을 반영하고, 가해학생에 대한 선도를 보다 세분화·구체화하려는 입법적 노력의 결과라 할 수 있다.

(3) 가해학생에 대한 조치에 있어 가중 및 병과의 근거 마련

어떠한 불이익 조치를 함에 있어 행동에 상응하는 조치를 좀 더 가중하거나 또는 두 개 이상의 조치를 동시에 부과하려고 할 때는 법치주의 관점에서 이에 대한 법적 근거가 필요하다.

학교폭력예방법은 일정한 경우 가해학생에 대해 그 조치를 가중하거나 병과하는 법적 근거와 사유를 마련하고 있다.

다만, 실무에서 병과나 가중의 사유에 해당하지 않음에도 불구하고 도식적으로 병과하는 사례가 종종 있어 여전히 법적인 다툼의 우려가 있는 현실이다.

(4) 긴급조치[12] 제도(가해학생 긴급조치, 피해학생 긴급조치)

학교장의 긴급조치 제도는 학교폭력 사안의 특성상 신속한 대

---

[12] 예를 들어, 학교폭력예방법 제17조 제4항부터 제6항까지 총 세 종류의 긴급조치가 있다. 그 법적 성격은 심의위원회 심의 이전에 우선하여 내리는 예외적 조치이다. 우선조치하는 이유가 제4항은 법정 사유로 제5항은 선도·교육의 긴급성 때문에, 제6항은 피해학생의 요청 때문이다. 따라서 우선조치라고 하는 것이 타당하나 사안처리 가이드북(교육부·이화여자대학교 학교폭력예방연구소, 학교폭력 사안처리 가이드북, 2025(이하 "가이드북"))에서는 이를 모두 '긴급조치'라고 명명하고 있다. 따라서 저자도 편의상 긴급조치라 칭하고 서술한다.

응이 필요한 경우를 위해 마련된 예외적 절차이다.

일반적으로 학교폭력이 발생하면 먼저 사안을 조사하고, 그 결과를 바탕으로 심의위원회 심의를 거쳐 교육장이 가해학생에 대한 조치를 내린다. 그리고 학교장은 그 조치를 시행하게 된다.

그러나 피해학생 보호나 가해학생 선도를 위해 신속한 조치가 필요한 경우, 예를 들어 가해학생과 피해학생을 즉시 격리하거나 보복 행위를 예방해야 하는 상황 등은 심의위원회 결정을 기다리기 어려울 수 있다. 이런 경우를 대비해 일정 요건 하에 학교장에게 선제적 조치 권한을 부여하고, 추후 심의위원회의 추인을 받도록 한 것이 긴급조치이다. 이를 통해 학교장은 심의위원회 결정에 앞서 필요한 조치를 신속히 시행할 수 있게 되었다.

이 중 가해학생에 대한 긴급조치는 최근 법 개정[13])을 통해서 확대 개편되어, 현재는 총 세 가지 유형의 긴급조치가 존재한다.

(5) 피해학생 요청에 의한 가해학생에 대한 긴급조치 도입

앞서 언급한 세 가지 유형에는 2024년 3월 법 개정을 통해 도입된 '피해학생 요청에 의한 긴급조치'가 있다(법 제17조 제6항). 가해학생에게 특정 조치를 해달라는 요청을 피해학생이 학교의 장에게 함으로써 가해학생에 대해 내려지는 긴급조치이다.

다만 피해학생이나 그 보호자의 요청이 있다고 해서 자동으로 이 긴급조치가 시행되는 것은 아니다. 긴급조치가 내려지기 위해서는 별도 전담기구의 심의를 거쳐야 하며, 최종적인 시행 여부

---

13) 법률 제19741호(2023. 10. 24. 일부개정(2024. 3. 1. 시행)).

는 학교장의 재량에 달려 있다. 즉, 법 개정을 통해 피해학생 측에 긴급조치 요청권을 부여한 것이지만, 긴급조치의 처분적 성격상 시행에 관한 결정권은 여전히 학교장에게 있다고 할 수 있다.

(6) 가해학생 보호자의 필수적 특별교육이수(실효성 확보 수단으로의 과태료)

가해학생이 특별교육을 이수해야 하는 경우가 있다. 총 두 가지 형태의 특별교육이 있는데, 어느 형태의 특별교육이건 그 보호자는 자녀인 가해학생과 함께 특별교육을 이수해야만 한다(법 제17조 제13항). 만약, 보호자가 특별교육을 미이수하면 300만원 이하의 과태료를 부과한다(법 제23조 제1항). 과태료를 통해서라도 가해학생 보호자의 특별교육이수를 강제하겠다는 것이다.

3. 학교폭력예방법의 사안처리 절차상 특징

(1) 공·사립 학교를 구분하지 않는다

원래 사립학교에 있어 학교와 학생 간의 관계는 공·사법 이분론상 원칙적으로 사적(私的) 관계이다. 예를 들어, 교칙 위반 학생에 대한 징계의 부당함을 다투려고 할 때 행정소송이 아닌 민사소송으로 그 당부를 가려야 하는 것이다.14)

그런데 학교폭력 사안에 있어서는 이러한 공·사립학교의 구분이 거의 발생하지 않는다. 이렇게 된 주된 원인은 크게 세 가

---

14) 물론, 사립학교에 있어서도 일정 부분 초·중등교육법의 규율을 받기는 하나 학교와 학생 간의 신분 관계는 국·공 학교와 달리 고권적 관계가 아니어서 이에 대한 법적 분쟁은 행정절차가 아닌 일반 민사절차로 다투어야 하는 것이다.

지 관점에서 살펴볼 수 있다.

① 학교폭력예방법상 초·중등교육법상 학교이기만 하면 요건, 효과 및 사안처리 절차를 달리하지 않음

② 공·사립학교 모두 학교폭력 사안의 심의기관이 교육지원청의 심의위원회로 동일하고, 조치의 처분권자도 행정청인 교육장으로 동일

③ 학교폭력예방법상 마련된 행정심판 및 행정소송 조항은 조치를 다툼에 있어 공·사립학교를 따로 구분하지 않고 모두 그 심판의 청구나 소송의 제기를 가능하게 함

결국 학교폭력 사안에 있어 공·사립학교는 그 인정 요건과 효과에서나 불복절차에 있어서 모두 같은 규율을 받게 된다.

(2) 절차의 분절 및 담당 기구의 분화

학교폭력예방법은 학교폭력 사안처리에 대한 절차를 비교적 잘 마련하고 있다. 폭력 행위가 신고되거나 인지되어 사건화되면, 먼저 학교의 전담기구에서 가·피해행위 대한 조사가 이루어진다.15) 이후 교육지원청의 심의위원회가 이 조사를 바탕으로 해당 사건의 학교폭력 여부를 판단하고 그에 따른 가해학생 조치와 피해학생 조치를 심의·결정한다. 교육장에 의해서 내려진 조치는 각 학교에서 이를 이행하게 된다. 결국 조사, 심의. 조치의 이행(집행) 절차로 사안은 처리되는데 각 절차는 분절된 고유 절차로 기능하고, 해당 절차의 담당 기구도 법정 되어 있다.

---

15) 최근 2023년 3월부터는 교육(지원)청 소속 조사관에 의한 조사도 시행 중이다.

학교폭력 사안처리 절차			
신고 or 인지	조사	판단	집행 (조치의 이행)
신고자 제한 없음 신고자 불이익금지	전담기구(학교) 조사관(교육지원청)	심의위원회 (교육지원청)	학교장(학교)
	가·피해사실 조사	학교폭력 여부 결정 가·피해학생 조치결정	피해학생 보호조치 가해학생 선도조치

(3) **절차의 핵심은 심의위원회의 심의절차**

학교폭력 사안은 심의위원회의 심의를 통해 불확실하고 유동적인 사안의 결론이 비로소 확정된다. 물론 법률상 '심의' 절차이므로 최종 처분권자인 교육장이 심의 결과에 구속되지는 않는다. 그러나 법·제도의 취지와 연혁적 배경을 고려할 때, 실무상 심의위원회의 판단과 다른 결정을 내리는 경우는 매우 드물다.

전담기구의 가·피해 사실 조사 역시 심의위원회의 판단 기준인 학교폭력 행위의 고의성, 지속성, 심각성과 더불어 가해학생의 선도 가능성, 반성 정도, 그리고 당사자 간 화해 정도 등 여섯 가지 지표를 중심으로 이루어진다.

(4) **피해학생 보호 방안의 강화**

① 학교폭력사건을 인지한 경우 지체 없이 가해자(교사 포함)와 피해학생을 분리(법 제16조 제1항)
② 학교장 자체해결 시 피해학생과 그 보호자 의사의 서면을 통한 필수적 확인 절차 요구(법 제13조의2)

③ 심의위원회 소집 시 피해학생 및 그 보호자에게 필수적 통지(법 제13조 제4항)
④ 피해학생 긴급 보호조치에 제3호를 추가하여 제1호, 제2호, 제3호, 제6호까지 가능(법 제16조 제1항)
⑤ 피해학생 지원 조력인 제도 도입(법 제16조의3)
⑥ 사이버폭력 피해자 지원 제도 도입(법 제16조의4)
⑦ 피해학생에 대한 보복행위 시 강화된 조치 부과 및 무관용(법 제13조의2 제1항 제4호, 제17조 제2항. 시행령 제21조 제1항 제3호)
⑧ 학교폭력을 인지한 경우 지체 없이 가해학생에 대해 필수적 긴급조치 시행(법 제17조 제4항)
⑨ 피해학생 요청에 의한 긴급조치 제도 도입(법 제17조 제6항)
⑩ 가해학생 조치의 지연·미이행에 대한 교육감 신고 제도(법 제17조 제16항)
⑪ 가해학생 조치에 대한 행정심판 청구적격 인정(법 제17조의2 제1항)
⑫ 행정심판 청구 사실 통지 및 심판참가에 대한 안내(법 제17조의2 제3항)16)
⑬ 가해학생 조치에 대한 행정소송 대상적격 인정(법 제17조의3 제1항)
⑭ 행정소송 제기 사실 통지 및 심판참가에 대한 안내(법 제17조의3 제3항)17)
⑮ 집행정지 결정에 있어 피해학생 측 의견의 필수적 청취(법

---

16) 가해학생 조치에 대해 가해학생 측이 제기한 행정심판에 있어서.
17) 가해학생 조치에 대해 가해학생 측이 제기한 행정소송에 있어서.

제17조의4 제1항)
⑯ 집행정지 신청 사실 및 결과 통보(법 제17조의4 제2항)
⑰ 집행정지 신청 인용 시 가해학생과의 분리 요청권 및 필수적 분리제도(법 제17조의4 제3항)
⑱ 재판기간 특칙 신설(법 제17조의5)

(5) 학교의 장에게 학교장 자체해결 결정 권한 부여[18]

학교장 자체해결에 관한 조항을 신설하여 2019년 9월 1일부터 시행 중이다(법 제13조의2).

학교장 자체해결로 사안이 종결된다는 것은 한 마디로 심의위원회 심의 단계로 나가지 않고 절차가 학교 단계에서 종결된다는 것이다. 학교폭력 사안이지만, 가·피해 행위에 대한 어떠한 확정적 조치를 내리지 않고서 사건이 마무리되는 것이다.[19]

이렇게 심의절차로 나가지 않고 조기 종결하는 것은 이례적인 경우이기에 아주 제한적인 요건 하에서만 허용하고 있다.

사안이 경미해야 하고, 피해학생 측의 심의위원회 개최 불원 의사가 있어야 한다. 사안의 경미성은 총 네 가지의 사유를 동시에 모두 만족해야 하며, 불원 의사는 반드시 서면으로 피해학생 및 보호자 모두에게 확인되어야 한다.

---

18) 법률 제16441호, 2010. 9. 1. 시행, 참고로 법률 제16441호는 부칙에 의해 시행일이 2019. 9. 1.과 2020. 3. 1.로 나뉜다.
19) 학교폭력 사안의 법상 조치는 심의위원회의 심의를 거쳐야 가능한데, 이러한 심의위원회의 심의절차가 개시되지 않아 그 자체로 조치의 적법 요건을 갖추지 못한 것이 되기 때문이기도 하다.

4. 불복절차의 특징

(1) 독자적인 행정심판 및 행정소송 규정 마련

학교폭력예방법은 별도의 조문을 두어 행정심판과 행정소송을 규정하고 있다. 공·사립학교 가릴 것 없이 피해학생 조치나 가해학생 조치 모두 교육장이 처분권자로 이미 처분성을 획득하고 있어, 이러한 조문이 없더라도 여타의 처분과 마찬가지로 행정심판과 행정소송을 청구하고 제기할 수 있음은 물론이다.

오히려 학교폭력예방법은 심판 청구나 소송 제기를 넘어 다음과 같은 행정심판·행정소송의 특칙 부분을 마련하고자 하였다.

① 피해학생 및 가해학생 각 보호자에게도 원고적격 인정(원고적격의 확대), ② 처분의 당사자가 아닌 피해학생에게 가해학생 조치에 대한 당사자적격 인정 ③ 처분의 이해관계자에게 행정심판 및 행정소송 절차 진행의 통지 규정 마련, ④ 집행정지제도의 특칙 마련, ⑤ 재판기간에 관한 규정 마련 등이다.

(2) 불복절차에 있어 피해학생 보호 요소의 도입

집행정지 결정에 있어 피해학생 측의 의견을 필수로 청취해야 하고(법 제17조의4 제1항), 집행정지 신청이 인용된 경우 가해학생과의 분리 요청을 할 수 있도록 하고 있다(법 제17조의4 제3항).

Ⅲ 학교폭력 관련 법규 및 주요 조문

1. 법체계 개요

법령
학교폭력예방 및 대책에 관한 법률
학교폭력예방 및 대책에 관한 법률 시행령
학교폭력 가해학생 조치별 적용 세부기준 고시

　학교폭력을 규율하는 단행법령으로「학교폭력예방 및 대책에 관한 법률」과 그 시행령(학교폭력예방 및 대책에 관한 법률 시행령) 및 고시(학교폭력 가해학생 조치별 적용 세부기준 고시)가 있다.

2. 주요 조문

법명	법형식	조문	규정 내용
학교폭력예방법	법률	§1	목적
		§2	정의
		§11의2	학교폭력 조사·상담
		§12	심의위원회의 설치·기능
		§13	심의위원회의 구성·운영
		§13의2	학교의 장의 자체해결
		§14	전문상담교사 배치 및 전담기구 구성
		§16	피해학생의 보호
		§16의4	사이버폭력의 피해자 지원
		§17	가해학생에 대한 조치
		§17의2	행정심판
		§17의3	행정소송

법명	법형식	조문	규정 내용
학교폭력예방법	법률	§17의4	집행정지
		§19	학교의 장의 의무
		§20	학교폭력의 신고의무
		§21	비밀누설금지 등
		§22	벌칙
		§23	과태료
학교폭력예방법 시행령	대통령령 (시행령)	§14	심의위원회의 구성·운영
		§14의2	소위원회
		§16	전담기구 운영 등
		§18	피해학생의 지원범위 등
		§18의3	사이버폭력 피해학생의 지원 내용 및 방법 등
		§19	가해학생에 대한 조치별 적용 기준
		§20	가해학생에 대한 전학 조치
		§21	가해학생에 대한 우선 출석정지 등
		§22	가해학생의 조치 거부·기피에 대한 추가 조치
		§24	피해학생 진술권 보장
		§33	비밀의 범위
		§35	과태료의 부과기준
학교폭력 가해학생 조치별 적용 세부기준 고시	교육부 고시	§2	조치의 결정
		※별표	

학교폭력예방법은 제1조부터 제23조로 구성되어 있고, 이 중 가장 핵심은 학교폭력의 정의와 요건을 규정한 법 제2조, 효과로서 피해학생 보호조치를 정한 법 제16조 및 가해학생 선도조치를 정한 법 제17조 세 조문이다.

학교폭력예방법 시행령은 제1조부터 제35조까지 구성되어 있으며, 가해학생 조치별 적용 기준을 정한 제19조가 핵심 조문 중 하나이다.

3. 조치별 적용 세부 기준 고시

(1) 고시 내용

> 제1조(목적) 이 고시는 「학교폭력예방 및 대책에 관한 법률」(이하 "법"이라 한다) 제17조 및 「학교폭력예방 및 대책에 관한 법률 시행령」 제19조에서 위임된 가해학생 조치별 적용 세부 기준을 정함을 목적으로 한다.
>
> 제2조(조치의 결정) ① 학교폭력대책심의위원회(이하 "심의위원회"라 한다)는 가해학생이 행사한 학교폭력의 심각성, 지속성, 고의성의 정도와 가해학생의 반성 정도, 해당 조치로 인한 가해학생의 선도 가능성, 가해학생 및 보호자와 피해학생 및 보호자 간의 화해의 정도, 피해학생이 장애학생인지의 여부 등을 고려하여 [별표]에 따라 법 제17조 제1항 각 호의 조치 중 가해학생별로 선도가능성이 높은 조치(수개의 조치를 병과하는 경우를 포함한다)를 할 것을 교육장(교육장이 없는 경우 법 제12조 제1항에 따라 조례로 정하는 기관의 장으로 한다.)에게 요청하여야 한다.
> ② 심의위원회는 피해학생 및 신고·고발 학생의 보호가 필요하다고 판단되는 경우 일정기간 가해학생이 피해학생과 접촉하는 것을 금지하고, 가해학생 스스로 자신의 잘못을 되돌아 볼 수 있는 기회를 주기 위해 법 제17조 제1항 제2호 조치를 기간을 정하여 부과할 수 있다.
> ③ 심의위원회는 가해학생이 학내외 전문가의 도움을 받아 폭력에 대한 인식을 개선하고 행동을 반성하게 하기 위해 법 제17조 제1항 제5호 조치를 기간을 정하여 부과할 수 있다.
> ④ 심의위원회는 법 제17조 제9항에 따라 가해학생이 특별교육을

> 이수할 경우 해당 학생의 보호자도 별도의 특별교육을 기간을 정하여 함께 교육을 받게 하여야 한다.
>
> **제3조(장애학생 관련 고려 사항)** ① 가해학생 또는 피해학생이 장애학생일 경우 법 제14조 제3항에 따른 전담기구 및 심의위원회에 특수교육 교원, 특수교육 전문직, 특수교육지원센터 전담인력, 특수교육 관련 교수 등 특수교육전문가를 참여시켜 의견을 청취할 수 있다.
>
> ② 법 제17조 제1항 제5호 또는 제17조 제3항에 의한 특별교육을 실시할 때 피해학생이 장애학생일 경우 장애인식개선 교육내용을 포함하여야 한다.
>
> **제4조(재검토기한)** 교육부장관은 이 고시에 대하여 「훈령·예규 등의 발령 및 관리에 관한 규정」에 따라 2020년 5월 1일 기준으로 매3년이 되는 시점(매 3년째의 4월 30일까지를 말한다)마다 그 타당성을 검토하여 개선 등의 조치를 하여야 한다.

(2) 별표(점수 산정표)

학교폭력 가해학생 조치별 적용 세부 기준 별표가 2016년 9월 1일부터 시행 중이고, 이에 따라 가해학생에 대한 조치를 결정할 때는 이 별표에 따르고 있다.

별표는 학교폭력에 대해 최대 4점인 각 항목 5개 항목을 점수화해서 총 20점(5개 항목×4=20점)까지를 기준으로 그 점수에 상응하는 조치를 내리는 것이다.[20]

결국 가해학생 조치는 최종 단계에서 별표에 따른 산정 점수로 제1호부터 제9호 중 어느 하나가 결정된다.

---

20) 점수제의 정량적 지표 방식으로 별표가 시행되기 전에는 시행령에 나와 있는 5개 항목을 고려해서 정성적으로 판단했다.

IV 별표

1. 별표

[별표] 학교폭력 가해학생 조치별 적용 세부 기준

				기본 판단 요소				부가적 판단요소	
				학교폭력의 심각성	학교폭력의 지속성	학교폭력의 고의성	가해학생의 반성 정도	화해 정도	해당 조치로 인한 가해학생의 선도가능성	피해학생이 장애학생인지 여부
판정점수			4점	매우 높음	매우 높음	매우 높음	없음	없음	해당점수에 따른 조치에도 불구하고 가해학생의 선도가능성 및 피해학생의 보호를 고려하여 시행령제14조 제5항에 따라 학교폭력대책 심의위원회 출석위원 과반수의 찬성으로 가해학생에 대한 조치를 가중 또는 경감할 수 있음	피해학생이 장애학생인 경우 가해학생에 대한 조치를 가중할 수 있음
			3점	높음	높음	높음	낮음	낮음		
			2점	보통	보통	보통	보통	보통		
			1점	낮음	낮음	낮음	높음	높음		
			0점	없음	없음	없음	매우 높음	매우 높음		
가해학생에 대한 조치	교내선도		1호	피해학생에 대한 서면사과	1~3점					
			2호	피해학생 및 신고·고발학생에 대한 접촉, 협박 및 보복행위의 금지	피해학생 및 신고·고발학생의 보호에 필요하다고 심의위원회가 의결할 경우					
			3호	학교에서의 봉사	4~6점					
	외부기관 연계 선도		4호	사회봉사	7~9점					
			5호	학내외 전문가에 의한 특별 교육이수 또는 심리치료	가해학생 선도·교육에 필요하다고 심의위원회가 의결할 경우					
	교육환경 변화	교내	6호	출석정지	10~12점					
			7호	학급교체	13~15점					
		교외	8호	전학	16~20점					
			9호	퇴학처분	16~20점					

2. 특징

(1) 가해학생 조치별 적용 기준을 구체화

> 학교폭력예방법 시행령 제19조(가해학생에 대한 조치별 적용 기준)
> 법 제17조 제1항의 조치별 적용 기준은 다음 각 호의 사항을 고려하여 결정하고, 그 세부적인 기준은 교육부장관이 정하여 고시한다.
> 1. 가해학생이 행사한 학교폭력의 **심각성 · 지속성 · 고의성**
> 2. 가해학생의 **반성** 정도
> 3. 해당 조치로 인한 가해학생의 **선도** 가능성
> 4. 가해학생 및 보호자와 피해학생 및 보호자 간의 **화해**의 정도
> 5. 피해학생이 장애학생인지 여부

시행령 제19조는 가해학생에 대한 조치를 정하는 기준으로 총 일곱 가지를 제시하고 있고, 그중에서 여섯 가지는 예외 없이 항상 적용되는 항목이다.

별표의 상단에 이 일곱 가지 항목이 나와 있다. 즉, 최종 결과가 나오기까지 총 일곱 번 판단한다는 것이다.

(2) 일곱 가지 지표를 크게 두 단계로 구분

별표 상단의 일곱 가지 항목은 기본 판단 요소와 부가적 판단 요소로 양분되어 있다. 기본적 판단 요소로 '고의성', '지속성', '심각성', '반성 정도', '화해 정도' 다섯이 부가적 판단 요소에 나머지 '선도가능성', '피해학생의 장애학생 여부'가 배치되어 있다. 기본적 판단 요소와 부가적 판단 요소의 차이는 전자의 경우 점수 산정을 하나 후자의 경우는 점수 산정은 하지 않고, 말 그대로 가감 요소로만 부가적으로 사용한다.

(3) 행위 요소와 정상 요소를 대등한 기본 판단 요소로

기본 판단 요소에 있는 다섯 가지 항목 중 고의성, 지속성, 심각성은 행위 자체를 표지하는 것이고, 반성 정도와 화해 정도는 정상 참작 사유로 많이 접하는 정황(정상)을 표지하는 것이다. 보통은 행위 지표는 구성요건 요소로 사실관계의 실체 판단에 정황(정상) 지표는 그 이후 양정을 위한 참작 사유인 것과 대비된다.

(4) 부가적 판단 요소의 활용

일곱 가지 지표 중 다섯 가지를 기본적 판단 요소로 점수 산정에 활용한 후 나머지 두 가지를 부가적 판단 요소로 활용한다. 선도가능성은 가중·감경의 사후 보정 기능으로 작동한다.[21] 피해학생이 장애학생인지 여부는 선도가능성과 달리 언제나 적용되는 것은 아니고 해당 시만 적용되고 가중 사유로만 쓰인다.[22]

---

[21] 선도가능성은 언제나 부가적 판단 요소로 등장하나, 그렇다고 해서 언제나 가중 또는 감경되는 것은 아니다. 언제나 고려되지만 결과에 가중·감경의 형태로 영향을 미칠 수도 있고, 아닐 수도 있다.

[22] 현행 학교폭력예방법은 가해학생에 대한 조치를 결정할 때, 기본적 요소 판단 이후에 선도가능성과 피해학생의 장애학생 여부 등의 부가적 요소를 고려하도록 정하고 있다. 그러나 이러한 부가적 요소들을 어떤 순서로 적용해야 하는지, 또는 함께 고려해야 하는지에 대한 명확한 규정은 마련되어 있지 않다. 이러한 규정의 불명확성으로 인해 평가 대상의 불일치 문제가 발생할 수 있다. 예를 들어, 기본 판단 결과 제6호 출석정지 처분이 내려진 경우, 두 가지 부가적 요소를 독립적으로 고려한다면 선도가능성은 제6호를 기준으로, 피해학생의 장애학생 여부는 선도가능성 판단에 따라 조정된 처분(제5호, 제6호 또는 제7호)을 기준으로 판단하게 된다. 반면, 두 요소를 함께 고려할 경우에는 제6호만이 평가 대상이 된다. 이 문제를 해결하기 위해서는 법률 개정이 필요하다. 다음과 같은 이유로 선도가능성을 먼저 평가하여 조치를 가중 또는 감경한 후, 그 결과를 토대로 피해학생의 장애학생 여부를 고려해 추가 가중 여부를 결정하는 방안이 타당하다. ① 선도가능성은 가중과 감경이 모두 가능한 반면, 피해학생의 장애 여

3. 점수 산정

가해학생 조치는 점수 산정 방식을 따르고 있다. 이는 별표를 통해서 이루어진다. 점수는 0점에서 20점 사이에서 결정되는데, 다섯 가지 항목의 총점으로 합산한다. 점수가 높을수록 조치가 강해진다(가해학생에게 불리해진다).

(1) 1단계: 평가 항목별 점수 산정

고의성, 지속성, 심각성, 반성 정도, 화해 정도 각 항목에 대해 0점에서 4점 사이의 점수를 부여한다. 각 항목의 점수가 높을수록(4점에 가까울수록) 가해학생에게 불리한 평가를 의미한다.

(2) 2단계: 총점 산출

1단계에서 산정된 다섯 가지 항목의 점수를 합산하여 총점을 도출한다. 총점은 0점에서 20점 사이의 값을 가지게 된다.

(3) 3단계: 조치 선택

산출된 총점에 해당하는 조치를 선택한다.

(4) 4단계: 조치의 가중, 감경, 또는 유지 결정

가해학생의 선도 가능성과 피해학생의 보호 필요성을 고려하여 선택된 조치에 대한 가중, 감경, 또는 유지 여부를 결정한다.

부는 가중만 가능하므로 두 요소의 조치 조정 방식이 상이한 점, ② 선도가능성은 가해학생의 교화를, 피해학생의 장애학생 여부는 피해학생 보호를 목적으로 하는 등 각 요소가 지향하는 바가 다른 점이다.

(5) 5단계: 피해학생이 장애학생인 경우

만약 피해학생이 장애학생이라면, 4단계에서 선택된 조치에 대해 가중 여부만을 추가로 결정한다.

피해학생이 장애학생이 아닌 경우, 조치는 4단계에서 최종 확정된다. 반면, 피해학생이 장애학생인 경우에는 5단계까지 진행하여 조치가 확정된다.

▌항목별 점수

판정점수	기본 판단 요소				
	학교폭력의 심각성	학교폭력의 지속성	학교폭력의 고의성	가해학생의 반성 정도	화해정도
4점	매우 높음	매우 높음	매우 높음	없음	없음
3점	높음	높음	높음	낮음	낮음
2점	보통	보통	보통	보통	보통
1점	낮음	낮음	낮음	높음	높음
0점	없음	없음	없음	매우 높음	매우 높음

▌각 조치별 대응점수

조치	1호	2호	3호	4호	5호	6호	7호	8호	9호
	서면사과	접촉금지	학교봉사	사회봉사	특별교육 이수	출석정지	학급교체	전학	퇴학처분
합산점수	0~3점	심의위원회 의결	4~6점	7~9점	심의위원회 의결	10~12점	13~15점	16~20점	16~20점

참고: 조치 산정의 단계별 진행과 예시

단계	내용	예시
1단계: 평가 항목별 점수 산정	고의성, 지속성, 심각성, 반성 정도, 화해 정도 각 항목에 대해 0점에서 4점 사이의 점수를 부여 ※ 각 항목의 점수가 높을수록 가해학생에게 불리한 평가를 의미	고의성 ▶2점 지속성 ▶0점 심각성 ▶3점 반성 정도 ▶1점 화해 정도 ▶2점
2단계: 총점 산출	1단계에서 산정된 다섯 가지 항목의 점수를 합산하여 총점을 도출 ※ 총점은 0점에서 20점 사이의 값을 가짐	합산총점 ▶8점
3단계: 조치 선택	산출된 총점에 해당하는 조치를 선택 ※ 점수가 높을수록 더 강력한 조치가 적용됨	8점 → 제4호 조치
기본적 판단 과정	1단계에서 3단계까지가 학교폭력 사안에 대한 기본적인 판단 과정에 해당함	제4호 조치
4단계: 조치의 가중, 감경 또는 유지	가해학생의 선도 가능성과 피해학생의 보호 필요성을 고려하여 선택된 조치에 대한 가중, 감경, 또는 유지 여부를 결정	if, 가중 → 제5호 조치 if, 감경 → 제3호 조치 가·감(×) → 제4호 조치
여기서 일반적으로 종료	피해학생이 장애학생인 경우만 다음 단계로	최종 제4호 조치 확정
5단계: 피해학생이 장애학생인 경우만	피해학생이 장애학생이면, 4단계에서 선택된 조치에 대해 가중 여부만을 추가로 결정	가중하면 한 단계 상승

학교폭력, 법이 다스리다:
따돌림에서 딥페이크까지

제**3**편

학교폭력이란(요건론)

제3판

한국폭력이론(형사정책)

I 서

1. 학교폭력의 정의 및 요건

학교폭력예방제도는 학교폭력예방법을 그 근간으로 학교폭력을 법적으로 규율하는 제도이다. 즉, 이 법이 규율하고자 하는 것은 세상의 모든 폭력이 아니라 학교폭력이고 그렇다면 그 적용의 전제로 학교폭력이 무엇인지를 먼저 정의하여 그 범주 내의 폭력만 학교폭력예방법의 적용 대상으로 할 필요가 있다.

또한, 학교폭력의 정의는 이 법의 적용 범위를 정하는 기준일 뿐 아니라 구체적인 효과를 발생시키는 요건으로 기능한다. 학교폭력에 해당하고 이를 충족해야지만 법이 마련한 효과로 나아갈 수 있기 때문이다.

결국 학교폭력의 정의는 학교폭력의 실체를 명확히 하는 개념 표지이자 학교폭력예방제도를 다른 제도와 구별되어 독자적 의의가 있게 하는 제도의 근간이라 할 수 있다.

학교폭력예방법은 제2조 정의 규정에서 학교폭력의 개념을 창설하여 "학교 내외에서 피해학생에게 신체·정신 또는 재산상의 피해를 수반하는 일련의 폭력적 행위를 의미한다"고 하고 있다.

2. 학교폭력의 심의

학교폭력 사건이 발생하면 법은 마련되어 있다 하더라도 누가 어떠한 방법으로 학교폭력을 판단할지가 문제 된다. 누군가는 그 일련의 사태가 학교폭력인지 아닌지, 만약 학교폭력이라면 어느 정도의 폭력이고 이에 대한 적절한 조치는 무엇인지를 결정해야만 하나의 사건이 사안으로 마무리될 수 있다.

학교폭력예방법은 그래서 발생한 학교폭력 사태를 판단하는 기구인 심의위원회를 독자적으로 마련하고 별도의 심의절차로 이를 수행하도록 하고 있다. 마치 범죄의 성립 여부와 성립된 범죄에 대해서 형량을 판단하는 법원이 재판이라는 재판절차를 통해서 이를 심사하듯이 말이다.

심의위원회는 사안의 간단·복잡, 쉽고·어려움과 관계없이 결국 세 가지를 판단한다.

① 발생한 학교폭력 사태의 사실관계 : (상대방에게 돈을 받았는지)

② 이에 대한 규범적 평가 : (받았다면 강제로 뺏은 것인지 아니면 빌려준 돈을 받은 것인지)

③ 마지막으로 여러 정상 요소 : (강제로 뺏은 것이라면, 이제라도 반성하는지, 돈은 돌려주고 사과했는지)

이 세 가지 판단 과정을 통해 해당 폭력행위의 경중을 따져 그에 상응하는 조치를 내린다.

Ⅱ 학교폭력의 개념

1. 학교폭력의 개념(제2조)[1]

> 학교폭력예방법 제2조(정의)
> 이 법에서 사용하는 용어의 정의는 다음 각 호와 같다.
> 1. "학교폭력"이란 학교 내외에서 학생을 대상으로 발생한 상해, 폭행, 감금, 협박, 약취·유인, 명예훼손·모욕, 공갈, 강요·강제적인 심부름 및 성폭력, 따돌림, 사이버폭력 등에 의하여 신체·정신 또는 재산상의 피해를 수반하는 행위를 말한다.
> 1의2. "따돌림"이란 학교 내외에서 2명 이상의 학생들이 특정인이나 특정집단의 학생들을 대상으로 지속적이거나 반복적으로 신체적 또는 심리적 공격을 가하여 상대방이 고통을 느끼도록 하는 모든 행위를 말한다.
> 1의3. "사이버폭력"이란 정보통신망(「정보통신망 이용촉진 및 정보보호 등에 관한 법률」 제2조 제1항 제1호의 정보통신망을 말한다)을 이용하여 학생을 대상으로 발생한 따돌림과 그 밖에 신체·정신 또는 재산상의 피해를 수반하는 행위를 말한다.

▶ 2025. 8. 1. 이후[2]

> 학교폭력예방법 제2조(정의)
> 이 법에서 사용하는 용어의 정의는 다음 각 호와 같다.
> 1. "학교폭력"이란 학교 내외에서 학생을 대상으로 발생한 상해, 폭행, 감금, 협박, 약취·유인, 명예훼손·모욕, 공갈, 강요·강제적인 심부름 및 성폭력, 따돌림, 사이버폭력 등에 의하여 신체·정신 또는 재산상의 피해를 수반하는 행위를 말한다.
> 1의2. "따돌림"이란 학교 내외에서 2명 이상의 학생들이 특정인이나 특정집단의 학생들을 대상으로 지속적이거나 반복적으로 신체적 또는 심리적 공격을 가하여 상대방이 고통을 느끼

---

[1] 2025년 8월 1일부터는 사이버폭력의 정의에 '딥페이크 영상 등을 제작·반포하는 행위'가 추가된다(법률 제20724호, 2025. 1. 31. 일부개정(2025. 8. 1. 시행)).

> 도록 하는 모든 행위를 말한다.
> 1의3. "사이버폭력"이란 정보통신망(「정보통신망 이용촉진 및 정보보호 등에 관한 법률」 제2조 제1항 제1호의 정보통신망을 말한다)을 이용하여 학생을 대상으로 발생한 따돌림, 딥페이크 영상 등(인공지능 기술 등을 이용하여 학생의 얼굴·신체 또는 음성을 대상으로 성적 욕망 또는 불쾌감을 유발할 수 있는 형태로 편집·합성·가공한 촬영물·영상물 또는 음성물을 말한다)을 제작·반포하는 행위 및 그 밖에 신체·정신 또는 재산상의 피해를 수반하는 행위를 말한다.

(1) 학교폭력의 개념

학교 내외에서 학생을 대상으로 발생한 상해, 폭행, 감금, 협박, 약취·유인, 명예훼손·모욕, 공갈, 강요·강제적인 심부름 및 성폭력, 따돌림, 사이버폭력 등에 의하여 신체·정신 또는 재산상의 피해를 수반하는 행위를 말한다(법 제2조 제1호).

(2) '학교 내외'에서 발생

학교폭력예방법상 학교폭력이란 '학교 내외'에서라고 규정하고 있다. 학교를 지칭하지만 '내외'이므로 그 인정 요건 상 시간·장소의 한계를 학교 내에 두지 않는다.

(3) '학생을 대상'으로 발생

학교폭력의 성립에 학교 내에서 발생해야 한다는 제한을 두고 있지 않으면서도, 피해학생이 학생일 것은 분명히 요구하고 있

---

2) 2025년 8월 1일부터 제2조 제1의3호가 다음과 같이 개정된다.

다. 예전에는 가해학생마저도 학생이어야 학교폭력으로 인정되었으나 현재는 피해학생만 학생이면 된다.

'학생을 대상'으로 발생해야 한다는 것이 어느 지점에서 의의가 있을까? 피해자가 미성년임에도 학생이 아닌 경우가 있을 수 있다. 예를 들어, 학교 밖 청소년인 경우나 아직 미취학인 어린이나 유아인 경우이다. 이때는 학교폭력예방법을 적용하지 않는다. 학교폭력의 문제로 풀어가지 않겠다는 것이다.

2. 일반폭력과 학교폭력의 차이[3]

(1) 사전예방의 어려움 및 장기적 지속성

일반 폭력과는 달리 대부분 가해학생과 피해학생이 공동으로 생활하는 학교라는 물리적 공간에서 발생하기 때문에 피해학생이 피하려고 하여도 피할 수 없는 경우가 많아 이를 사전에 예방할 수 있는 방법이 많지 않고, 장기적으로 지속되는 경향이 있다.

(2) 가해학생의 의도나 기분에 따른 폭력 행사

학교 공동체 생활의 특성상 언제라도 학교폭력이 행사될 수 있고, 피해학생의 행동과 관계없이 가해학생의 의도나 기분에 따라 폭력이 행사되는 경우도 많다.

---

[3] 헌법재판소 2019. 4. 11. 선고 2017헌마140 결정 참조.

(3) 피해현장 또는 피해사실의 노출

학교폭력 사안을 적발하기는 쉽지 않고, 피해현장 또는 피해사실이 동급생들에게도 그대로 노출되어 피해학생이 입는 정신적, 심리적 고통이 매우 심각하다.

(4) 피해학생 스스로 가해자가 되는 경우

보복심리와 두려움으로 피해학생 스스로 가해자가 되어 다른 학생을 학교폭력의 피해자로 만드는 경우도 있다.

3. 3세대 학교폭력의 등장과 제도 변화의 추이

▶1세대〈일반폭력〉→ 2세대〈심부름 · 따돌림〉→ 3세대〈사이버폭력(정보통신망 이용 폭력)〉

(1) 1세대 학교폭력(↔학교폭력예방법 등장)

학교폭력이란 결코 새로운 현상이 아니다. 과거에도 학교 내에서 싸우거나 폭력을 행사하는 행위를 절도 등 다른 문제와 마찬가지로 징계 대상으로 처리해 왔다. 그러다 2004년 학교폭력예방법이 제정되면서, 학교폭력을 별도로 구분해 독립적인 법과 제도로 다루기 시작했다. 비록 새로운 법·제도가 출범했지만, 당시까지도 학교폭력의 주된 모습은 여전히 전통적인 물리적 충돌 형태가 대부분이었다.

(2) 새로운 2세대 학교폭력의 등장(↔학교폭력예방제도의 기본 틀 완성)

2004년도에 처음 만들어진 학교폭력예방법이 지금의 체제로 대폭 변하게 된 결정적인 계기가 있었다. 2010년 전후 우리 사회에, 전에 없던 새로운 형태의 학교폭력이 대거 발생했기 때문이다. 지금은 어느 정도 우리 사회가 경험한 부분인데, 당시 소위 빵셔틀과 따돌림이 사회적 문제로 등장하게 된다. 강요에 의한 심부름, 용돈 상납 등 힘의 우위에 따른 강자·약자 구도의 괴롭힘이 학교 사회에 등장했고, 여기에 또 하나 '왕따'라는 집단 따돌림 현상까지 더해지면서 피해를 입거나 괴롭힘을 당하던 학생들이 연이어 극단적인 선택을 하게 된다. 이에 대한 사회 일반의 우려 목소리가 커졌고. 마침내 이를 위한 대책의 일환으로 현행 제도로 변모하며 정비 구축되었다.

제도의 모습 중 하나로 일상에서 사용하는 심부름이라는 말이 학교폭력예방법에 등장했다. 셔틀 "2천 원 주고, 5천 원어치 사와라", 최근 "와이파이 셔틀" 등, 이를 방지하기 위해서 '강요·강제적인 심부름'을 학교폭력의 한 유형으로 금지한 것이다. 나아가 따돌림의 법적 정의를 내려 이를 예방하고자 하였다.

이 시기 이후 지금까지 학교폭력의 문제가 이제는 단순히 학교 내부의 해결 과제에 그치지 않고 사회 전반의 주요 현안으로 대두되었다. 학교폭력은 학생 개인의 진학과 진로에 지대한 영향을 미칠 뿐만 아니라, 그 파장이 학교를 넘어 우리 사회 전반으로 확산해 왔다. 이는 교육계의 최우선 과제일 뿐만 아니라, 우리 공동체가 시간과 노력을 들여 해결해야 할 시대적 화두로 자리매김한 것이다.

(3) 최근 3세대 학교폭력의 추세(↔사이버폭력 대응 강화, 피해학생의 절차 참여 확대)

스마트폰(정보통신망) 환경과 팬데믹 시절 온라인 수업의 한창으로 사이버폭력이 폭발적으로 증가해 왔다. 학교폭력의 생태계가 거의 모두 사이버세상으로 옮겨갔다고 보아도 무방하다.

이에 대비하여 2024년 3월 1일 법 개정을 통해 ① 기존의 사이버 따돌림과 정보통신망을 이용한 행위를 하나로 묶어 '사이버폭력'이라 규정하였고, ② 피해학생에 대한 접촉금지에 정보통신망을 이용한 접촉을 포함했으며, ③ 정보통신망을 이용한 피해학생에 대한 보복행위의 경우 가중 조치할 수 있도록 했다.

또한, 사이버폭력을 통한 각종 영상물을 정보통신망에서 삭제하는 것을 지원하는 법적 근거를 마련하였다(법 제16조의4(사이버폭력의 피해자 지원)).4)

사이버폭력 정의 규정과 촬영물 삭제 지원 대상 규정에 딥페이크 영상을 포함하도록 하였다.5)

---

4) 혹시라도 이러한 피해를 입은 경우 이 제도를 적극 활용하기를 바라고, 새로운 제도의 시행 초기이지만 교육 당국과 일선 실무에서 이에 대한 방법과 절차 마련에 관심을 더욱 가져야 할 것이다.
5) 2025년 8월 1일부터 시행된다.

Ⅲ 학교폭력의 유형

1. 분류

> 학교폭력예방법 제2조(정의)
> 1. "학교폭력"이란 학교 내외에서 학생을 대상으로 발생한 상해, 폭행, 감금, 협박, 약취·유인, 명예훼손·모욕, 공갈, 강요·강제적인 심부름 및 성폭력, 따돌림, 사이버폭력 등에 의하여 신체·정신 또는 재산상의 피해를 수반하는 행위를 말한다.

(1) 열세 가지 유형의 학교폭력

학교폭력으로 제시되고 있는 열세 가지 행위는 "신체·정신 또는 재산상 피해를 수반하는 행위"에 관한 것이다. 문제는 여기에 제시된 행위 이외에도 신체·정신 또는 재산상 피해를 수반한다면 그 다른 행위 유형도 학교폭력이 될 수 있는가이다. 즉, 위 규정이 학교폭력이 되는 행위 유형에 관한 열거 규정인지 아니면 예시 규정인지의 문제인데, 법원과 헌법재판소는 이를 예시 규정으로 보고 있다.

법원은 "법 제2조 제1호 학교폭력을 '학교 내외에서 학생을 대상으로 발생한 상해, 폭행, 감금, 협박, 약취·유인, 명예훼손·모욕, 공갈, 강요·강제적인 심부름 및 성폭력, 따돌림, 사이버따돌림, 정보통신망을 이용한 음란·폭력 정보 등에 의하여 신체·정신 또는 재산상의 피해를 수반하는 행위'라고 정의하고 있다. 학교폭력예방법의 목적 및 위와 같은 문언을 고려할 때, 학교폭력은 위에서 나열한 폭행, 명예훼손·모욕, 따돌림 등에 한정되지 아니하고, 이와 유사하거나 동질의 행위로서 학생의 신체·정신 또는 재산상의 피해를 수반하는 모든 행위를 포함한다고 봄이 타당하다"(서울행정법원 2023. 4. 6. 선고 2022구합80640 판결 등 다수)라고 하고 있다.

헌법재판소도 "학교폭력예방법은 학교폭력을 유형적 폭력에 한정하지 아니하고 그 행위 태양을 상당히 넓게 규정하고 있고, '등에 의하여'라는 표현을 사용함으로써 위와 같이 열거된 유형에 한정하지 않고 이에 준하는 행위도 학교폭력의 유형에 포함될 수 있도록 하고 있다"(헌법재판소 2019. 4. 11. 선고 2017헌마140 결정)라고 하여 형사법적인 폭력에 엄밀히 해당하지 않더라도 학교폭력이 될 수 있음을 인정하는 태도이다.

다만, 이렇게 학교폭력의 유형을 확대하는 경향과 별개로 개별 행위에 대한 학교폭력 인정의 판단 기준을 엄격하게 보는 시각도 상당히 존재하는데, 이는 학교폭력의 개념 확대해석으로 인하여 지나치게 많은 학교폭력 가해자를 양산하는 것을 방지하기 위한(서울행정법원 2018. 5. 3. 선고 2017구합67186 판결) 또 다른 관점의 고려이다.

(2) 유형적 분류

최근 학교나 교육(지원)청 등 교육 현장 실무에서는 상해, 폭행 등 학교폭력 행위를 다음과 같이 유형적으로 분류하여 지칭하는 추세에 있다.[6][7]

---

[6] 이는 시·도교육청 행정심판위원회 심의절차에서도 대체로 그렇다.
[7] 아래의 표는 가이드북 7면 참조.

유형	대표 예시
신체폭력	• 신체를 때리는 행위(상해, 폭행) • 일정한 장소에서 쉽게 나오지 못하도록 하는 행위(감금)
언어폭력	• 여러 사람 앞에서 모욕적인 언사(외모 비하나 바보 등)를 하는 행위(모욕)
금품갈취 (공갈)	• 돌려 줄 생각 없으면서 돈을 요구하는 행위
강요	• 소위 빵 셔틀로 비롯된 각종 심부름
따돌림	• 집단으로 상대방을 의도적이고 반복적으로 피하는 행위
성폭력	• 폭행·협박을 통한 성행위·유사성행위 강제 • 성적인 말과 행동으로 상대방에게 성적 굴욕감이나 성적수치심을 유발하는 행위 • 상대방 동의 없이 성적수치심을 주는 신체 사진이나 영상 등을 촬영하는 행위 • 정보통신망을 이용하여 딥페이크 영상 등을 제작·반포하는 행위
사이버 폭력	• 사이버 언어폭력, 사이버 따돌림, 사이버 영상 유포 • 특정인에 대한 모욕적 언사·욕설 등을 인터넷이나 SNS 등에 올리거나 이에 동조하는 행위 • 특정인에 대한 허위 글이나 사생활 등을 인터넷이나 SNS상 불특정 다수에게 공개하는 행위 • 정보통신망을 이용하여 딥페이크 영상 등을 제작·반포하는 행위

☞ 딥페이크(deepfake)는 딥러닝(deeplerning)과 fake의 합성어로 실제로 촬영하지 않고 AI 기술을 활용하여 만든 이미지나 영상물로 학교폭력에서는 학생의 얼굴·신체 또는 음성을 음란물, 성착취물 등으로 편집·합성·가공하는 행위 등이다.

이러한 일곱 가지 유형 분류를 좀 더 줄여 '신체적 폭력', '경제적 폭력', '정신적 폭력', '언어적 폭력', '사이버 폭력' 다섯 가지로 칭하기도 한다.

결국 어떻게 분류하든 이는 법문에 나와 있듯이 신체·정신 또는 재산상 피해로 수렴된다.

2. 언어폭력의 학교폭력 해당성

▷▷ 욕설 담긴 문자 메시지를 보내는 행위도 학교폭력인가?

일반적으로 형법에서 폭행죄의 폭행은 협의의 폭행 개념으로 '사람의 신체에 대한 직접적인 유형력의 행사'를 의미한다.8) 따라서 '눈을 부릅뜨고 욕설'하거나(대법원 2001. 3. 9. 선고 2001도277 판결) '폭언'한 것(대법원 1991. 1. 29. 선고 90도2153 판결) 또는 '전화하면서 고성을 내거나 전화 대화를 녹음하여 듣게' 하는 것(대법원 2003. 1. 10. 선고 2000도5716 판결)만으로는 폭행죄가 되지 않는다. 그런데도 소위 이러한 '언어폭력'이 학교폭력이 되느냐가 학교폭력예방법 시행 후 관심의 대상이었다.

이에 대하여 '문자 메시지로 욕설 등을 전송하였다 하더라도 공연성이 없어 학교폭력예방법에서 규정하는 명예훼손 내지 모욕에 해당하지 않는다며 학교폭력 행위를 한 사실이 없다고 다툰 사안'에서 법원은 "학교폭력예방법의 목적 및 위 정의 규정의

---

8) 강요죄에서의 폭행은 이보다 넓게 광의로 "사람에 대한 직·간접적인 유형력의 행사"이고, 강도죄나 강간죄에서 폭행은 더 좁게 최협의로 "상대방의 반항을 불가능·억압하거나, 현저히 곤란하게 할 정도"를 의미한다.

문언을 살펴볼 때, 학교폭력은 위에서 나열한 폭행, 명예훼손·모욕, 따돌림 등에 한정되지 아니하고 이와 유사하거나 동질의 행위로서 학생의 신체·정신 또는 재산상의 피해를 수반하는 모든 행위를 포함한다고 할 것이고, 위에서 말하는 명예훼손·모욕 역시 형법상 명예훼손죄, 모욕죄와 동일하게 보아 그 성립요건 구비 여부에 따라 판단할 것이 아니라 학생의 보호 및 교육 측면에서 달리 해석하여야 할 필요가 있다"(서울행정법원 2014. 6. 20. 선고 2014구합250 판결9))라고 하면서, 욕설 담긴 문자 메시지를 보내는 행위가 학교폭력예방법상의 학교폭력 해당한다고 판시하였다. 언어폭력도 학교폭력이 되는 계기를 마련한 사안이었다.

▶▶ 학교폭력예방법의 학교폭력은 예시 규정으로 욕설 담긴 문자 메시지를 보내는 행위도 학교폭력이 될 수 있다.

3. 법에서 심부름 금지

> 학교폭력예방법 제2조(정의)
> 1. "학교폭력"이란 학교 내외에서 학생을 대상으로 발생한 상해, 폭행, 감금, 협박, 약취·유인, 명예훼손·모욕, 공갈, 강요·강제적인 심부름 및 성폭력, 따돌림, 사이버폭력 등에 의하여 신체·정신 또는 재산상의 피해를 수반하는 행위를 말한다.

우리 학교폭력예방법에는 '심부름'이란 단어가 등장한다. 법문으로는 잘 안 쓰일 것 같은 용어이지만, 실은 학교폭력이 세상에

---

9) 2014구합250 판결은 학교폭력예방법 제도 초기 학교폭력의 폭력은 일반 형사법의 그것과 다른 독자적인 폭력개념을 가질 수 있음을 시사한 측면에서 아주 의의가 있는 판결이다.

알려지는 한 계기가 되었던 소위 '빵셔틀' 이후 여러 종류의 강압적인 셔틀을 방지하기 위한 고민의 결과이다.

4. 따돌림의 법적 정의 마련

> 학교폭력예방법 제2조(정의)
> 1의2. "따돌림"이란 학교 내외에서 2명 이상의 학생들이 특정인이나 특정집단의 학생들을 대상으로 지속적이거나 반복적으로 신체적 또는 심리적 공격을 가하여 상대방이 고통을 느끼도록 하는 모든 행위를 말한다.

서로 치고받는 전통적인 물리적 폭력 양상 이외에도 빵셔틀, 왕따 현상의 사회화가 학교에서 만연하게 되면서, 이를 법적으로 예방할 필요가 있었다. 따라서 위의 예처럼 강요·강제적인 심부름의 법적 금지 외에도 나아가 따돌림의 법적 정의를 내려 학교폭력으로 인정하게 된다.

따돌림의 법적 정의를 가장 간단히 하면 "반지신공"으로 압축된다. 대법원이 제시한 따돌림의 요건이고, 이를 학교폭력예방법이 입법으로 받아들여 사용하고 있다. **반**복, **지**속적인 **신**체·정신상의 **공**격을 복수의 학생들이 특정 학생에게 행사하는 것이다.

따돌림은 나아가 학교폭력 전체를 관통하며 학교폭력에서 말하는 정신적 피해의 기준이 되고 있다. 재판 실무에서 어떠한 행위가 학교폭력이라고 평가받으려면 따돌림에서와 같은 고통을 느끼는 정도에 이른 것을 요구하고 있다.[10]

---

10) 서울행정법원 2018. 5. 3. 선고 2017구합67186 판결.

5. 사이버폭력

▷▷ 얼굴 한 번 마주친 적 없는 주로 SNS 단체 대화방에서 놀린 것이 학교폭력인가?

> 학교폭력예방법 제2조(정의)
> 1의3. "사이버폭력"이란 정보통신망(「정보통신망 이용촉진 및 정보보호 등에 관한 법률」 제2조 제1항 제1호의 정보통신망을 말한다)을 이용하여 학생을 대상으로 발생한 따돌림과 그 밖에 신체·정신 또는 재산상의 피해를 수반하는 행위를 말한다.

최근 학교폭력 모습의 가장 큰 변화는 사이버폭력 현상이다. 스마트폰(정보통신망) 환경과 팬데믹 시절 온라인 수업의 한창으로 사이버폭력의 폭발적 증가 이후 이 추세가 계속 커지고 있다.

따라서 2024년 3월 1일 법 개정을 통해 ① 기존의 사이버 따돌림과 정보통신망을 이용한 행위를 하나로 묶어 '사이버폭력'이라 규정하였고, ② 피해학생에 대한 접촉금지에 정보통신망을 이용한 접촉을 포함했으며, ③ '정보통신망을 이용한 피해학생에 대한 보복행위의 경우' 가중 조치할 수 있도록 했다.

	개정 전[행위유형 14개]	개정 후[행위유형 13개]
행위유형	상해	상해
	폭행	폭행
	감금	감금
	협박	협박
	약취	약취
	유인	유인
	명예훼손	명예훼손
	모욕	모욕
	공갈	공갈
	강요·강제적인 심부름	강요·강제적인 심부름
	성폭력	성폭력
	따돌림	따돌림
	사이버 따돌림 (정보통신망이용 따돌림) 정보통신망 이용 행위	사이버폭력 (사이버 따돌림, 정보통신망 이용행위, 딥페이크)

※ 딥페이크 제작·반포는 2025. 8. 1. 부터 사이버폭력으로

▶▶ 비접촉 방식으로도 학교폭력은 가능하고, SNS 등을 통해 행사한 일련의 행위도 학교폭력이 될 수 있다.

Ⅳ 학교폭력의 요건

1. 학교

▷▷ 특별법에 의해 설치된 국제학교의 학생 간에 발생한 폭력의 경우 학교폭력예방법상의 학교폭력인가?

> 학교폭력예방법 제2조(정의)
> 1. "학교폭력"이란 학교 내외에서 학생을 대상으로 발생한 상해, 폭행, 감금, 협박, 약취·유인, 명예훼손·모욕, 공갈, 강요·강제적인 심부름 및 성폭력, 따돌림, 사이버폭력 등에 의하여 신체·정신 또는 재산상의 피해를 수반하는 행위를 말한다.
> 2. **"학교"란**「초·중등교육법」제2조에 따른 초등학교·중학교·고등학교·특수학교 및 각종학교와 같은 법 제61조에 따라 운영하는 학교를 말한다.

(1) 학교

일단 학교폭력이 되려면 학교가 전제되어야 한다. 여기에서 학교란 초·중등교육법상의 학교를 말한다. 서로 학교가 달라도, 초·중·고 학교급이 달라도 초·중등교육법상의 학교이기만 하면 학교폭력에서 말하는 학교인 것이다.

반면에 명칭은 학교라 하더라도 초·중등교육법의 학교가 아닌 곳이 존재할 수 있고, 그곳에서 발생한 학교폭력은 학교폭력예방법이 적용되지 않는다. 이는 학교폭력 사안에 대해 학교폭력예방법상의 어떠한 행정절차로도 이를 규율할 수 없고, 학교폭력예방법에 근거한 어떠한 조치도 내려질 수 없으며 교육행정기관도 이에 쉽게 개입할 수 없다는 것을 의미한다.[11]

(2) 유치원 또는 어린이집

유치원과 어린이집도 초·중등교육법상의 학교가 아니다. 유치원은 유아교육법의 적용을 받고(유아교육법 제2조 제2호), 어린이집은 영유아보육법의 적용을 받는다(영유아보육법 제2조 제3호). 따라서 유치원이나 어린이집에서 발생한 원아나 영유아 간의 폭력에 학교폭력예방법이 적용되지 않는다.

▶▶ 특별법에 의해서 설치·운영되는 국제학교에서 발생한 폭력은 학교폭력예방법상의 학교폭력이 아니다.

2. 학교 내외

▷▷ 학교가 아닌 학원에서 발생한 것도 학교폭력인가?

> 학교폭력예방법 제2조(정의)
> 1. "학교폭력"이란 학교 내외에서 학생을 대상으로 발생한 상해, 폭행, 감금, 협박, 약취·유인, 명예훼손·모욕, 공갈, 강요·강제적인 심부름 및 성폭력, 따돌림, 사이버폭력 등에 의하여 신체·정신 또는 재산상의 피해를 수반하는 행위를 말한다.

학교폭력예방법을 살펴보면, 학교폭력이란 '학교 내외'에서라고 규정하여 그 인정 요건 상 학교 내라는 제한을 두고 있지 않다. 학교는 물론 학교 이외의 시간·장소·상황에서도 그 대상이 학생이라면 학교폭력이 성립된다는 것이다.[12]

---

11) 각종 미인가 대안학교 또는 「제주특별자치도 설치 및 국제자유도시 조성을 위한 특별법」(이하 "제주특별법") 등에 근거해 설립된 제주도 내의 국제학교 등이 그러하다. 이에 대한 여러 입법적 모색이 사회 일각에서 이루어지고 있다.
12) 이희관 외 7인 공저, 「일상이 법 in 코로나시대(이하 "일상이 법")」(행인출판사,

따라서 학교 일과시간 후에 학교폭력은 가능하고, 방학 또는 휴일에도 학교폭력은 발생할 수 있다. 그 장소가 학교가 아닌 학원에서 발생한 행위도 피해자가 학생인 이상 학교폭력으로 인정된다.13)

▶▶ 학원에서의 행위도 학교폭력으로 인정된다.

3. 학생을 대상으로

▷▷ 유치원 원아가 초등학생에게 폭행을 당한 경우 학교폭력인가?

> 학교폭력예방법 제2조(정의)
> 1. "학교폭력"이란 학교 내외에서 학생을 대상으로 발생한 상해, 폭행, 감금, 협박, 약취·유인, 명예훼손·모욕, 공갈, 강요·강제적인 심부름 및 성폭력, 따돌림, 사이버폭력 등에 의하여 신체·정신 또는 재산상의 피해를 수반하는 행위를 말한다.

(1) 학생이란

초·중등교육법상의 학교에 재학 중인 학생을 의미한다. 휴학, 유급의 경우에도 자퇴하거나 퇴학 조치된 학생이 아닌 이상 여전히 학생 신분이 유지된다.14)

2020), 94면 참조.
13) 일상이 법, 95면.
14) 가이드북 6면 참조.

(2) '학생'을 대상(편면적 요구)

학교폭력은 학생을 대상으로 해야 한다. 가해자는 학생이어도 아니어도 관계없으나, 피해자는 학생이어야 한다는 것이다.

2012년 5월 1일 이전에는 '학생 간에'라고 규정되어 있어서 가해자마저도 학생이어야 학교폭력에 해당했다. 그래서 현재보다 학교폭력의 인정 범주가 훨씬 좁았다. 예를 들어, 학교 밖 청소년 등에 의한 학교폭력의 경우 피해학생은 피해를 입어도 학교폭력예방법상의 지원을 받을 수가 없었다. 따라서 법 개정을 통해 '학생 간에'를 '학생을 대상으로'라고 바꾸었고,15) 그로 인해 학교폭력의 인정 범위가 넓어져서 이제는 피해자가 학생이기만 하면 가해자가 학생이 아니어도 학교폭력이 되어 피해학생을 두텁게 보호하게 되었다.

(3) 가해자가 학생이 아닌 경우

가해자가 학생이 아니어도 피해자가 학생이면 학교폭력에 해당하여 학교폭력예방법의 적용을 받는다. 전술했듯이 가해자가 학교 밖 청소년인 경우에도 피해자가 학생이기만 하면 학교폭력예방법상의 '피해학생 보호'를 받는다.

그렇다면 가해자가 성인인 경우는 어떠할까?

법문의 규정대로라면 가해자가 성인이어도 학교폭력이다. 피해학생 보호조치를 정하고 있는 학교폭력예방법 제16조에도 "학교의 장은 학교폭력사건을 인지한 경우 피해학생의 반대의사 등 대

---

15) 법률 제11388호, 2012. 3. 21. 일부개정(2012. 5. 1. 시행).

통령령으로 정하는 특별한 사정이 없으면 지체 없이 가해자(교사를 포함한다)와 피해학생을 분리하여야 하며"라고 규정되어 있다. 교사를 포함한 성인 누구라도 가해자가 될 수 있다는 것이다.

다만, 성인이 가해자인 경우 학교폭력예방법으로 성인인 가해자를 의율할 수 있는 부분이 거의 없기에, 실무적으로는 일반 형사법이나 아동학대처벌법을 적용하는 현실이다. 처벌의 실효성을 위해서도 그렇다.

(4) 어린이집 영유아나 유치원 원아

만약, 초등학교 학생이 유치원이나 어린이집 원아나 영유아에게 폭력을 행사한 경우 학교폭력인가? 즉, 이런 경우에 학교폭력예방법을 적용할 수 있는가의 문제이다.

결론부터 말하면 학교폭력예방법을 적용할 수 없다.

이는 두 가지 관점에서 그렇다. 먼저, 어린이집이나 유치원은 초·중등교육법상의 학교가 아니다. 그리고 피해자인 영유아나 원아가 학생이 아니어서 그렇다. 따라서 초등학생을 학교폭력의 가해자로 초등학생 학교나 교육(지원)청에 신고할 수 없다.

이때 가해학생인 초등학생은 영유아나 원아에게 폭력을 행사한 것을 이유로는 그 소속 학교에서 학교폭력 가해학생 조치를 받지는 않지만, 초·중등교육법상의 징계를 받을 수는 있다. 물론, '학교폭력 가해학생 조치'와 달리 '초·중등교육법상의 징계'는 학교생활기록부에 기재되지는 않는다.

(5) 결론(피해자 기준 적용)

결론적으로 학교폭력인지 아닌지의 판가름 여부는 가해자가 아닌 피해자만 기준으로 하고, 피해자가 초·중등교육법상 학생이기만 하면 된다. 가해자에는 누가 오더라도 학교폭력의 성부에 영향을 주지 않는다. 오로지 피해자가 학생인지 아닌지를 따져 결정한다.

참고: 가해자 및 피해자의 신분에 따른 학교폭력예방법 적용 여부

가·피해자 신분	가해자	피해자	학교폭력 여부
	• 일반인 • 학교 밖 청소년 • 초·중·고등학교 학생	일반인	×
		학교 밖 청소년	×
		유치원 원아, 어린이집 영유아	×
		특별법상 국제학교 학생	×
		미인가 대안학교	
		초등학교·중학교·고등학교 학생	○

※ 학교폭력 판단은 가해자가 아닌 피해자의 학생 신분 여부로만 결정한다.
※ 가해자나 피해자 모두 각각 자신에게 해당하는 법의 적용을 받으면 된다.

▶▶ 유치원 원아가 초등학생에게 폭행을 당한 경우는 학교폭력 사안이 아니다.

4. 신체·정신 또는 재산상의 피해를 수반하는 행위의 발생

> 학교폭력예방법 제2조(정의) 1. "학교폭력"이란 학교 내외에서 학생을 대상으로 발생한 상해, 폭행, 감금, 협박, 약취·유인, 명예훼손·모욕, 공갈, 강요·강제적인 심부름 및 성폭력, 따돌림, 사이버폭력 등에 의하여 <u>신체·정신 또는 재산상의 피해를 수반하는 행위</u>를 말한다.

 학생을 대상으로 한 신체·정신 또는 재산상의 피해를 수반하는 상해, 폭행 등의 행위가 발생해야 한다. 전술했듯이 학교폭력 행위 유형은 예시로 해석되고 있다.

Ⅴ 따돌림

> 학교폭력예방법 제2조(정의)
> 1의2. "따돌림"이란 학교 내외에서 2명 이상의 학생들이 특정인이나 특정집단의 학생들을 대상으로 지속적이거나 반복적으로 신체적 또는 심리적 공격을 가하여 상대방이 고통을 느끼도록 하는 모든 행위를 말한다.

Ⅵ 사이버폭력

> 학교폭력예방법 제2조(정의)
> 1의3. "사이버폭력"이란 정보통신망(「정보통신망 이용촉진 및 정보보호 등에 관한 법률」 제2조 제1항 제1호의 정보통신망을 말한다)을 이용하여 학생을 대상으로 발생한 따돌림과 그 밖에 신체·정신 또는 재산상의 피해를 수반하는 행위를 말한다.

1. 사이버폭력이란

2024년 3월 1일부터 학교폭력의 새로운 한 유형으로 사이버폭력이 신설되었다. "정보통신망(「정보통신망 이용촉진 및 정보보호 등에 관한 법률」 제2조 제1항 제1호의 정보통신망을 말한다)을 이용하여 학생을 대상으로 발생한 따돌림과 그 밖에 신체·정신 또는 재산상의 피해를 수반하는 행위"를 지칭하는데, 기존의 사이버 따돌림과 정보통신망을 이용한 행위를 하나로 묶은 것이다.

현재 사이버폭력의 구체적 행위유형 두 가지에 더해 2025년 8월 1일부터는 딥페이크 영상 등을 제작·반포하는 행위가 포함되게 된다.16) 현행법상 사이버폭력은 따돌림 등만 규정하고 있을 뿐 딥페이크 영상을 구체적으로 포함하지 못하고 있기에 사이버폭력의 정의에 딥페이크를 포함해서 그 폭력성을 명확히 하고 촬영물 삭제 지원의 대상에 딥페이크 영상을 포함함으로써 허위영상물로부터 학생들을 더욱 보호하려는 취지이다.17)

2. 사이버폭력의 유형

(1) 사이버 따돌림

인터넷, 휴대전화 등 정보통신기기를 이용하여 학생들이 특정 학생들을 대상으로 지속적, 반복적으로 심리적 공격을 가하거나, 특정 학생과 관련된 개인정보 또는 허위사실을 유포하여 상대방이 고통을 느끼도록 하는 모든 행위를 말한다.

---

16) 법률 제20724호, 2025. 1. 31. 일부개정(2025. 8. 1. 시행).
17) 규정을 명확화하자는 것이지 이미 딥페이크는 사이버폭력에 해당한다.

(2) 정보통신망을 이용한 행위[18]

① 특정인에 대하여 모욕적 언사나 욕설 등을 인터넷 게시판·채팅·카페 등에 올리는 행위나 특정인에 대한 저격 글을 작성하는 행위

② 성적 수치심을 주거나, 위협하는 내용, 조롱하는 글·그림·동영상 등을 정보통신망을 통해 유포하는 행위

③ 공포심이나 불안감을 유발하는 문자·음향·영상 등을 정보통신망을 통해 반복적으로 보내는 행위

(3) 딥페이크 영상[19] 등을 제작·반포하는 행위(2025년 8월 1일 시행)

① 피해학생의 얼굴을 합성한 모욕적인 영상을 제작 퍼뜨리는 행위

② 실제 일어나지 않을 일인데도 마치 일어났던 것처럼 영상으로 만들어 괴롭히는 행위

③ 특정인의 얼굴을 음란물에 합성한 후 몰래 제작 유포하는 행위

---

18) 가이드북 7면 참조.
19) 딥페이크(deepfake)는 딥러닝(deeplerning)과 fake의 합성어로 실제로 촬영하지 않고 AI 기술을 활용하여 만든 이미지나 영상이다. 딥페이크의 순기능으로는 방송, 미디어, 엔터테인먼트, 교육, 마케팅에서 제작 시간, 비용, 기술적 제약을 보완하면서 완성도가 높은 이미지나 영상을 제작하여 활용할 수 있는 사례들이 제시되고, 역기능으로는 음란물, 성착취물 등 디지털 성범죄, 가짜뉴스 사례들이 제시된다. 음란물, 성착취물 문제는 딥페이크의 가장 큰 폐해로 여겨지고 각국에서 규제, 처벌로 적극적으로 대응하고 있다(대한변호사협회, "2024년도 인권보고대회(딥페이크 규제 및 처벌의 적정성, 스토킹 범죄의 현황과 문제점)", 2025. 2. 5. 11면. 참조).

④ 특정인의 얼굴을 합성한 엉뚱한 영상을 만들거나 연예인의 얼굴을 도용한 영상을 만들어 공유하는 행위

Ⅷ 장난이 학교폭력이 되는 경우

> 어느 초등학생 사이에서 한 친구가 다른 친구에게 '메롱, 메롱' 거리고, 놀리며 도망가고, 또 어느 날 메롱 거리고 살짝 툭 치고 약 올리며 도망가곤 하는데, 과연 이렇게 여러 차례 메롱 거리면서 장난치고 약 올리는 게 학교폭력이 되는가?

1. 메롱도 학교폭력이 되나요?

(1) 관점의 차이

가·피해자 쌍방 입장에서 한쪽은 장난이었다고 주장하며 학교폭력이 아니라고 하고, 다른 한쪽은 장난을 넘어선 것이라 폭력이라 하며 다투어지는 경우가 종종 발생한다.

입장의 차이는 또 이렇게 드러난다. 가해학생 학부모의 첫 마디는 "애들끼리", 피해학생의 학부모는 "우리 애가"로 시작한다. 한 편은 '애들끼리 장난치고, 놀다가 어찌어찌 그렇게 되었다는' 맥락임을 다른 한 편은 '자기 자녀가 지금 이러이러한 상황에 부닥쳐있다' 그래서 무언가 긴박한 내심을 피력하는 것이다.

(2) 모든 장난이 학교폭력이 되는 것은 아니다

결론부터 말하면 모든 장난이 학교폭력이 되는 것은 아니다. 그렇다고 모든 장난이 학교폭력이 아닌 것도 아니다. 장난은 그 정도에 따라 장난에 그치는 경우도 있지만, 일정 한계를 넘어 더 이상 장난이 아닌 폭력이 되기도 한다. 결국 장난이 폭력이 되는 그 기준점이 관건이 된다.

2. 장난이 학교폭력이 되는 기준

우리 법원은 장난이 폭력이 되는 명확한 한계의 기준을 제시하고 있다.

법원은 "학생들 사이의 일상적인 놀림이나 장난의 경우 이를 당하는 입장에서는 순간적으로 화가 나고 짜증을 느낄 수 있기 때문에, 짜증 나고 싫다는 감정을 느낀 것만으로는 부족하고 '따돌림'에서와 같이 고통을 느끼는 정도에 이르러야 학교폭력에서 말하는 정신적 피해가 될 수 있다"(서울행정법원 2018. 5. 3. 선고 2017구합67186 판결)고 판시하고 있다.

즉, 놀림이나 장난으로 짜증 나고 싫다는 정도가 아닌 따돌림을 당하는 정도의 고통을 느낄 정도가 된다면 이는 장난을 넘어선 학교폭력이라고 본 것이다.

학교폭력, 법이 다스리다:
따돌림에서 딥페이크까지

제**4**편
학교폭력 인정의 효과

제1장 피해학생에 대한 조치

I 피해학생 보호조치

1. 관련 법령

> 학교폭력예방법 제16조(피해학생의 보호)
> ① 심의위원회는 피해학생의 보호를 위하여 필요하다고 인정하는 때에는 피해학생에 대하여 다음 각 호의 어느 하나에 해당하는 조치(수 개의 조치를 동시에 부과하는 경우를 포함한다)를 할 것을 교육장(교육장이 없는 경우 제12조 제1항에 따라 조례로 정한 기관의 장으로 한다. 이하 같다)에게 요청할 수 있다. 다만, 학교의 장은 학교폭력사건을 인지한 경우 피해학생의 반대의사 등 대통령령으로 정하는 특별한 사정이 없으면 지체 없이 가해자(교사를 포함한다)와 피해학생을 분리하여야 하며, 피해학생이 긴급보호를 요청하는 경우에는 제1호부터 제3호까지 및 제6호의 조치를 할 수 있다. 이 경우 학교의 장은 심의위원회에 즉시 보고하여야 한다.
> 1. 학내외 전문가에 의한 심리상담 및 조언
> 2. 일시보호
> 3. 치료 및 치료를 위한 요양
> 4. 학급교체
> 5. 삭제
> 6. 그 밖에 피해학생의 보호를 위하여 필요한 조치
> ② 심의위원회는 제1항에 따른 조치를 요청하기 전에 피해학생 및 그 보호자에게 의견진술의 기회를 부여하는 등 적정한 절차를 거쳐야 한다.

③ 제1항에 따른 요청이 있는 때에는 교육장은 피해학생의 보호자의 동의를 받아 7일 이내에 해당 조치를 하여야 한다.
④ 제1항의 조치 등 보호가 필요한 학생에 대하여 학교의 장이 인정하는 경우 그 조치에 필요한 결석을 출석일수에 포함하여 계산할 수 있다.
⑤ 학교의 장은 성적 등을 평가하는 경우 제3항에 따른 조치로 인하여 학생에게 불이익을 주지 아니하도록 노력하여야 한다.
⑥ 피해학생이 전문단체나 전문가로부터 제1항 제1호부터 제3호까지의 규정에 따른 상담 등을 받는 데에 사용되는 비용은 가해학생의 보호자가 부담하여야 한다. 다만, 피해학생의 신속한 치료를 위하여 학교의 장 또는 피해학생의 보호자가 원하는 경우에는 「학교안전사고 예방 및 보상에 관한 법률」 제15조에 따른 학교안전공제회 또는 시·도교육청이 부담하고 이에 대한 상환청구권을 행사할 수 있다.
1. 삭제
2. 삭제
⑦ 학교의 장 또는 피해학생의 보호자는 필요한 경우 「학교안전사고 예방 및 보상에 관한 법률」 제34조의 공제급여를 학교안전공제회에 직접 청구할 수 있다.
⑧ 피해학생의 보호 및 제6항에 따른 지원범위, 상환청구범위, 지급절차 등에 필요한 사항은 대통령령으로 정한다.

2. 판단의 준거

학교폭력 사안의 피해학생에 대한 조치를 결정하면서 어떠한 조치가 적절한지를 판단하는 일응의 기준이 있어야 할 것이다. 이러한 판단의 준거로 법은 '피해학생의 보호 필요성'을 들고 있다(법 제16조 제1항 전문).

이에 비해 가해학생의 경우는 후술하겠지만, 가해 당사자인 가해학생뿐 아니라 피해학생의 입장까지 고려해서 적정한 가해학생 조치를 정한다(법 제17조 제1항).

3. 보호조치

피해학생에 대한 보호조치는 법상 다섯 가지이다.[1]

보호조치는 피해학생의 보호를 위한 것으로 가해학생 조치와 달리 부과의 강제성이 없다. 즉, 보호의 필요성에 따라 심의위원회가 피해학생 측의 요청 등을 고려하여 재량적으로 부과한다.

이 보호조치는 서로 간에 간섭하지 않으며, 피해학생의 보호를 위해 필요하다면 여러 조치를 병과할 수도 있다.

다만, 이 보호조치는 규범적 효력을 가지는바 어떠한 피해학생 보호조치가 나왔다는 것은 심의위원회의 심의와 의결이라는 절차를 반드시 거쳤다는 것을 의미한다. 심의위원회 심의절차를 거치지 않고서는 어떠한 피해학생(또는 가해학생 조치도 마찬가지) 조치도 취해질 수 없는 것이 원칙이다. 후술할 학교장의 긴급조치에서도 학교장이 그 상황적 필요에 따라 어떠한 조치를 먼저 결정하고 시행하긴 하지만, 이 역시도 결국 심의위원회에 사후 보고하거나 추인[2]을 얻어야 하는 것으로 조치결정에 있어 심의위원회의 통제 권한은 달라지지 않는다.

---

1) 도식적으로만 보자면 총 다섯 개이나 제6호는 "그 밖에 피해학생의 보호를 위하여 필요한 조치"이기에 여기서는 이를 제외한 제1호부터 제4호까지만 검토한다.
2) 추인의 주체는 심의위원회로 여기서 추인은 학교장 긴급조치에 대한 사후승인을 의미한다.

(1) 학내외 전문가에 의한 심리상담 및 조언(제1호 조치)

학교폭력으로 인한 정신적 피해나 심리적 충격으로부터 회복할 수 있도록 학교 내·외의 전문가를 통해 심리상담을 받을 수 있도록 하는 조치이다. 학교 내 상담교사는 물론 해당 지역의 피해학생 전담지원기관, 위(Wee)센터, 청소년상담복지센터 등 외부 기관을 통한 심리상담을 받을 수 있다.

(2) 일시보호(제2호 조치)

피해학생의 추가적인 학교폭력 피해 방지를 위해 내려질 수 있는 조치이다. 기존 학교폭력이 확산하거나 또 다른 학교폭력으로 전이되는 경우 등을 대비할 수도 있다. 예를 들어, 피해학생이 여전히 가해학생으로부터 지속적인 폭력이나 보복을 당할 우려가 있는 경우에는 일시적으로 보호시설이나 주거지 또는 학교 상담실 등 학교 내 일정 공간에서 보호받을 수 있게 된다.

(3) 치료 및 치료를 위한 요양(제3호 조치)

학교폭력으로 발생한 신체적·정신적 피해를 의료기관 등을 통해서 치료받을 수 있도록 하는 조치이다. 제1호가 주로 상담이라면 제3호는 다친 곳을 직접 치유하는 것으로 구별된다.

치료뿐 아니라 그 치료를 위한 전후 요양까지도 포함하고 있는 조치로 치료는 주로 의료기관이겠지만 치료를 위한 요양은 의료기관은 물론 피해학생의 집이나 요양기관에서도 가능하다. 경우에 따라서는 치료의 기간이 명시된 진단서 등 관련 증빙자료를 학교에 제출토록 할 수도 있다.

(4) 학급교체(제4호 조치)

지속적인 학교폭력 또는 재차 발생할 수 있는 학교폭력을 방지하기 위하여 피해학생의 학급을 다른 학급으로 옮겨주는 것이다. 예를 들어, 1학년 2반에서 1학년 9반으로 이렇게 반을 바꾸어줌으로써 물리적 생활 공간은 물론 교육환경 자체가 기존 속하던 학급에서 새로운 학급으로 완전히 변경된다. 피해학생과 가해학생이 같은 반인 경우 학급교체를 통해서 서로 분리되어 상당한 보호 효과를 거둘 수 있기에 마련된 제도이다.3)

가해학생 조치에도 이와 똑같은 학급교체 규정이 있는데(법 제17조 제1항 제7호), 여기에서 학급교체는 피해학생이 아닌 가해학생에게 내려지는 조치로 가해학생이 반을 옮겨야 하는 것이다.

참고: 피해학생 보호조치 학급교체와 가해학생 선도조치 학급교체의 비교

	피해학생 학급교체	가해학생 학급교체
조치	피해학생 보호조치의 학급교체	가해학생 선도조치의 학급교체
근거	§16①(4)	§17①(7)
요건	학교폭력	학교폭력

---

3) 그러나 실무적으로 피해 학생의 학급 교체는 거의 이뤄지지 않고 있다. 그 이유는 피해 학생 입장에서 새로운 학급에 적응해야 하는 부담감이 만만치 않기 때문이다. 더군다나 분리가 목적이라면 가해 학생의 학급 교체로 이를 달성할 수 있다. 원인 제공자도 아닌 피해 학생에게 부담감과 불편함을 감수하게 하면서까지 학급 교체를 감행하기는 현실적으로 어렵고, 이는 정서적으로도 쉽게 받아들여지지 않는다.

	피해학생 학급교체	가해학생 학급교체
판단주체	심의위원회	심의위원회
성격	보호조치	선도조치(불이익조치)
피조치자	피해학생이 반을 옮김	가해학생이 반을 옮김
피조치자 동의 여부	피해학생 보호자의 동의 필요	가해학생 측 동의 불요
목적	교육환경의 변경	교육환경의 강제적 변경
달성 효과	가·피해 학생의 분리 효과	가·피해 학생의 분리 효과
학교생활기록부 기재 여부	미기재	기재
실무활용성	거의 전무	같은 반일 때 실효적

(5) 그 밖에 피해학생의 보호를 위하여 필요한 조치(제6호 조치)

제1호부터 제4호까지 조치 이외 피해학생의 보호를 위하여 필요한 모든 조치를 의미한다.

4. 피해학생의 학교폭력 관련 치료비 부담

> 학교폭력예방법 제16조(피해학생의 보호)
> ⑥ 피해학생이 전문단체나 전문가로부터 제1항 제1호부터 제3호까지의 규정에 따른 상담 등을 받는 데에 사용되는 비용은 가해학생의 보호자가 부담하여야 한다. 다만, 피해학생의 신속한 치료를 위하여 학교의 장 또는 피해학생의 보호자가 원하는 경우에는 「학교안전사고 예방 및 보상에 관한 법률」 제15조에 따른 학교안전공제회 또는 시·도교육청이 부담하고 이에 대한 상환청구권을 행사할 수 있다.

학교폭력예방법은 제16조 제6항에서 "피해학생이 전문단체나 전문가로부터 제1항 제1호부터 제3호까지의 규정에 따른 상담 등을 받는 데에 사용되는 비용은 가해학생의 보호자가 부담하여야 한다. 다만, 피해학생의 신속한 치료를 위하여 학교의 장 또는 피해학생의 보호자가 원하는 경우에는 학교안전공제회 또는 시·도교육청이 부담하고 이에 대한 상환청구권을 행사할 수 있다"라고 '가해학생의 보호자 부담' 원칙을 천명하며, 신속한 치료를 위한 '선 부담 후 상환청구'의 방편을 마련하고 있다. 구체적 지원 범위는 다음과 같이 시행령 제18조에서 정하고 있다.

구분		지원 내용	지원가능기간
1호	학내외 전문가에 의한 심리상담 및 조언	교육감이 정한 전문심리상담기관에서 심리상담 및 조언을 받는 데 드는 비용	2년(1년 범위 내 연장 가능)[4]
2호	일시보호	교육감이 정한 기관에서 일시보호를 받는 데 드는 비용	30일[5]
3호	치료 및 치료를 위한 요양	의료기관, 보건소·보건의료원 및 보건지소, 보건진료소, 약국 등에서 치료 및 치료를 위한 요양을 받거나 의약품을 공급받는 데 드는 비용[6]	2년(1년 범위 내 연장 가능)[7]

---

4) 학교안전법 시행규칙 제9조의3 참조.
5) 학교안전법 시행규칙 제9조의3 참조.
6) 시행령 제18조 제1항 제3호.
7) 학교안전법 시행규칙 제9조의3 참조.

5. 피해학생 보호를 위한 긴급조치(긴급보호조치)

> **학교폭력예방법 제16조 제1항**
> 학교의 장은 피해학생이 긴급보호를 요청하는 경우에는 제1호부터 제3호까지 및 제6호의 조치를 할 수 있다. 이 경우 학교의 장은 심의위원회에 즉시 보고하여야 한다.

피해학생에 대한 긴급조치라는 것은 피해학생 보호조치를 심의위원회의 개최 이전에 하는 것을 말한다. 따라서 이러한 긴급조치는 심의위원회의 개최 이전에 앞서 한다는 우선조치의 성격과 더불어 심의위원회의 판단이 아닌 학교장 결정으로 한다는 학교장 조치의 성격을 가지고 있다. 즉, '조치의 시기'나 '권한'에 있어 심의위원회와의 관계에서 예외적인 경우로 보아야 할 것이다.

말 그대로 긴급조치는 심의위원회의 개최 및 심의를 기다릴 수 없는 긴급한 경우에 피해학생의 요청으로 이뤄지는 것이다. 이때 긴급조치권자는 학교장이다. 그렇다고 피해학생의 요청에 학교장이 구속되는 것은 아니고 학교장은 긴급조치 여부에 대한 재량권을 가지고 있다.

긴급조치로 가능한 피해학생 보호조치는 총 네 가지로 최근 법 개정에 의해서 세 가지에서 한 개가 더 추가되었다. 이를 보면, '심리상담 및 조언', '일시보호', '치료 및 치료를 위한 요양', '그 밖에 피해학생의 보호를 위해 필요한 조치'다. 결국 피해학생 보호조치 중 학급교체를 제외한 모든 조치가 긴급조치로 가능하다.

이렇듯 학교폭력 사안에서 학교장이 처분권자(조치권자)로서 피해학생에게 직접 취할 수 있는 조치는 '피해학생 긴급조치'와 후술할 학교장의 학교폭력사건 인지 시 '가해자와 피해학생 분리조치' 모두 두 개가 있다.8)

6. 출석 인정 가능

피해학생이 학교폭력과 관련된 피해 및 피해의 회복 과정에서 결석하게 된 경우 일정한 조건하에 이를 출석으로 인정하는 제도를 마련하고 있다. 두 가지 근거로 가능한데 먼저 학교폭력예방법이 직접 이를 인정하는 경우와 또 하나는 초·중등교육법을 통한 경우이다. 이 두 경우에 있어 출석의 인정권자는 모두 학교장이다.

(1) 피해학생 보호조치의 이행을 위해 필요한 경우(학교폭력예방법)

> 학교폭력예방법 제16조(피해학생의 보호)
> ④ 제1항의 조치 등 보호가 필요한 학생에 대하여 학교의 장이 인정하는 경우 그 조치에 필요한 결석을 출석일수에 포함하여 계산할 수 있다.

학교폭력 피해학생에 대한 일종의 보호조치이자 지원조치의 성격을 지닌다. 피해학생 보호조치의 시행 과정에 수반된 결석에 대해 객관적으로 필요하다고 인정된 범주에서 학교의 장은 결석을 출석으로 인정할 수 있다.

---

8) 물론 학교폭력 사안처리 과정에서 학교장은 여러 조치(처분)를 할 수 있는데, 학교폭력예방법상 직접 피해학생을 대상으로 하는 처분이 그렇다는 것이다.

원래 결석의 출석 인정 근거 법규는 초·중등교육법 시행규칙과 이에 따른 「학교생활기록 작성 및 관리지침」이 다였고, 이를 통해서만 결석이 출석으로 될 수 있었다. 그런데 학교폭력예방법은 아예 법률에서 결석에 대한 출석 인정 여부를 별도로 정해 놓았다. 즉, 학교폭력예방법은 이전까지는 없던 새로운 출석 인정의 경우를 창설적으로 마련해 놓은 것이다.

(2) 학교폭력으로 인한 피해로 출석 못하였음이 확인된 경우
 (학교생활기록 작성 및 관리지침)

> 학교생활기록 작성 및 관리지침 제8조(출결상황)
> ② '결석일수', '지각', '조퇴', '결과'는 별표 8에 따라 질병·미인정·기타로 구분하여 연간 총일수 또는 횟수를 각각 입력한다.
>
> [별표8]
> 출결상황 관리
> 2. 결석
>   나. 다음의 경우에는 출석으로 인정한다.
>   8) 「학교폭력예방 및 대책에 관한 법률」 제12조에 따른 학교폭력대책심의위원회의 개최 및 동 위원회의 학교폭력 피해학생에 대한 보호조치 요청 이전에, 학교폭력 피해자가 학교폭력으로 인한 피해로 출석하지 못하였음을 같은 법 제14조 제3항에 따른 학교폭력 전담기구의 사실 확인을 거쳐 학교의 장이 인정한 경우

심의위원회의 개최 및 심의위원회의 학교폭력 피해학생에 대한 보호조치 요청 이전에, 학교폭력 피해자가 학교폭력으로 인한 피해로 출석하지 못하였음을 학교폭력예방법 학교폭력 전담기

구의 사실 확인을 거쳐 학교의 장이 인정한 경우에는 출석으로 처리한다(학교생활기록 작성 및 관리지침 별표8).

7. 불이익 금지 규정

심의위원회 결정에 의한 피해학생 보호조치나 긴급조치를 받은 사실이 성적평가 등에 있어서 불이익하게 작용하지 않도록 해야 한다(법 제16조 제5항). 또한, 피해학생이 결석 등으로 어쩔 수 없이 성적평가를 위한 시험에 응시하지 못한 경우에도 학교 학업성적관리규정에 의거 역시 불이익이 없도록 조치해야 한다고 교육 당국은 설명하고 있다.9)

8. 가해자와 피해학생의 분리(피해학생 분리조치)

> 학교폭력예방법 제16조 제1항
> 학교의 장은 학교폭력사건을 인지한 경우 피해학생의 반대의사 등 대통령령으로 정하는 특별한 사정이 없으면 지체 없이 가해자(교사를 포함한다)와 피해학생을 분리하여야 한다

(1) 학교의 장의 학교폭력사건 인지 시 조치

학교의 장이 학교폭력 사건을 인지한 경우 특별한 사정이 없는 한 가해자와 피해학생을 지체 없이 분리해야 하는 조치로 피해학생의 분리는 학교의 장의 의무이다. 여기서 학교의 장이 학교폭력 사건을 인지한 경우란, 보통 피해학생 소속 학교에 신고

---

9) 가이드북 96면.

· 접수된 학교폭력 사안을 학교장이 보고 받아 알게 된 날을 의미한다고 교육 당국은 설명한다.10) 같은 학교 내의 폭력이나 집단 따돌림, 성폭력과 같은 사안에서 가해자와 피해학생을 분리하는 등 신속한 대응이 필요한 경우를 위해 마련된 제도이다.

실무적으로는 학교폭력이 신고되어 「학교폭력 신고 접수 대장」에 접수되면 학교 업무 담당자가 피해학생 측에 「가해자와 피해학생 분리 의사 확인서」를 교부하여 분리 의사를 확인한다.

사안 초기 피해학생 보호를 위해서 피해학생에게 취해질 수 있는 조치로 이미 '피해학생 보호를 위한 긴급조치'를 살폈다. 그렇다면 피해학생 분리조치는 이와 다른 어떤 구별실익이 있을까? 먼저, 피해학생 분리조치는 원칙적으로 반드시 시행되지만, 피해학생 보호를 위한 긴급조치는 그 시행이 필수가 아니다. 또 피해학생 분리조치는 학교폭력의 인지라는 상황으로 법에 따라서 자동 시행되나 피해학생 보호를 위한 긴급조치는 피해학생의 요청과 긴급보호의 필요라는 별도 요건이 필요하고, 끝으로 피해학생 보호를 위한 긴급조치는 학교장의 재량 판단이 필요하나 피해학생 분리조치는 그렇지 않다는 차이가 있다.

(2) **분리의 대상 및 분리의 방법**

법은 가해자와 피해학생을 분리하라고 되어있고, 학교폭력예방법상 피해자만 학생이면 가해자는 학생이 아니어도 학교폭력이 성립되기에 가해자가 누구라도 피해학생과 분리해야 한다. 특히 법상 가해자에 교사를 포함하고 있다.

---

10) 가이드북 47면.

그러나 학교장의 조치라는 것을 고려할 때, 실효성 측면에서 그 영향력이 미치는 학교 구성원을 대상으로 하는 것이 일반적일 것이다. 또한, 분리 방법에서도 장소의 분리(예를 들어, 피해학생을 위한 별도 공간의 제공)나 시차의 이용(예를 들어, 동선이나 일과 시간이 가해자와 겹치지 않게 조정) 등이 주일 것이다.

(3) 피해학생 분리조치의 예외(시행령 제17조의2)

가해자와 피해학생 분리조치의 예외 사유로는 ① 피해학생이 반대의사를 표명하는 경우, ② 가해자 또는 피해학생이 교육활동 중이 아닌 경우, ③ 가해학생에 대한 긴급조치로 이미 가해자와 피해학생이 분리된 경우 총 세 가지가 있다(시행령 제17조의2).

(4) 법 제17조 제4항(필수적 긴급조치)과의 관계

학교폭력 발생 초기 피해학생을 가해 원인(가해학생)으로부터 보호하기 위해 법에 따라 필수적으로 시행되는 조치는 두 가지가 있다. '피해학생 분리조치'와 '필수적 긴급조치'가 그것이다.[11] 전자가 피해학생을 대상으로 별도 공간의 제공 등 구체적인 방안을 마련한다면 후자는 가해학생을 대상으로 피해학생에 대한 접촉 등을 금지하는 명령을 발한다는 것에 차이가 있다.

결국 피해학생 분리조치와 필수적 긴급조치는 학교폭력 발생 초기 '가해 원인으로부터의 보호'라는 동일 목적을 추구하면서도 각기 다른 주체에 대해 내려지는 서로 별개의 조치이다.

---

11) 피해학생 보호를 위한 긴급조치(법 제16조 제1항)는 사안 초기 피해학생 보호를 위한다는 것은 같지만 필수적으로 내려지는 것이 아님은 앞에서 보았다.

그런데 필수적 긴급조치는 가해자가 학생인 경우에만 적용되기에 가해자가 학생이 아니면 그 실효성이 담보되기 어렵다. 반면, 피해학생 분리조치는 가해자가 교사 등 학생이 아니어도 시행될 수 있어 피해학생 보호에 기여할 수 있을 것으로 기대된다.

참고: 학교폭력 인지 시 '가해자 피해학생 분리조치'와 '필수적 긴급조치' 비교

	가해자 피해학생 분리조치	필수적 긴급조치
법적 근거	§16①	§17④
사유	학교폭력 인지 시	학교폭력 인지 시
시기	인지 시 지체 없이	인지 시 지체 없이
절차	학교장 결정	학교장 결정
학교장 재량 여부	재량 없음(의무적 부과)	재량 없음(의무적 부과)
예외 경우	피해학생의 반대의사 등 특별한 사정	X
피조치자	피해학생	가해학생
조치의 내용	가해자와 피해학생의 분리	§17①(2)의 부과 ※ 피해학생 및 신고·고발 학생에 대한 접촉, 협박 및 보복행위(정보통신망을 이용한 행위를 포함한다)의 금지
공간제공 등 구체방안 마련	○	X
보호 상대방	가해자	가해학생

Ⅱ 조치의 심의 및 집행

1. 심의위원회의 심의

　심의위원회의 심의절차는 학교폭력 사안에 대한 판단 과정에서 반드시 거쳐야 하는 법정 절차이다. 이는 단순히 절차적 형식을 갖추기 위한 것이 아니라, 심의위원회의 심의 과정을 통해 해당 사안이 과연 학교폭력에 해당하는지, 그리고 피해학생을 보호하기 위해 어떠한 조치가 필요한지가 실질적으로 판단되기 때문이다. 다시 말해 심의위원회 심의는 학교폭력 문제에 관한 일차적 판단 기준을 제시함으로써 피해학생 보호 체계의 중추적 역할을 수행하는 매우 중요한 절차이다.

　학교폭력 피해학생에 대한 보호조치는 외형상 교육장의 권한이지만 실질적으로는 심의위원회의 심의를 통해 결정되며, 따라서 심의위원회의 심의 없이 교육장 단독으로 보호조치를 취하는 것은 허용되지 않는다.

　바로 이런 이유에서 교육장의 조치에 불복하는 행정심판이나 행정소송에서도 심의위원회의 판단이 적정했는지 여부가 가장 중요한 쟁점으로 다루어지게 된다.

2. 교육장의 처분

(1) 조치 시한(7일 이내)

　교육장은 심의위원회가 판단·결정한 피해학생 보호조치에 대한 요청이 있는 때에는 피해학생 보호자의 동의를 받아 7일 이

내에 해당 조치를 하여야 한다(법 제16조 제3항). 가해학생의 조치와 달리 피조치자인 피해학생 보호자의 동의를 받아야 한다는 특징이 있다. 또한, 가해학생의 조치 기한은 14일이지만 피해학생에 있어서는 7일이다.

(2) 교육장의 지위

교육장은 피해학생 보호조치의 대외적 의사 표시자(행정청)로, 해당 조치의 처분권자이며 행정심판 및 행정소송에 있어 피신청인 또는 피고로서 심판 및 소송의 당사자가 된다(당사자 지위).

3. 학교장의 집행(조치이행 협조)

> 학교폭력예방법 제19조(학교의 장의 의무)
> ① 학교의 장은 제16조, 제16조의2, 제17조에 따른 조치의 이행에 협조하여야 한다.

학교의 장은 심의위원회의 심의를 거쳐 내려진 교육장의 조치에 대해서 조치의 내용대로 이행하고 마무리한다. 이러한 조치의 이행은 처분에 따른 일종의 기계적인 집행으로 학교장은 내려진 처분을 가감하는 등 변경의 재량이 없다.

Ⅲ 장애학생의 보호

1. 관련 법령

> 학교폭력예방법 제16조의2(장애학생의 보호)
> ① 누구든지 장애 등을 이유로 장애학생에게 학교폭력을 행사하여서는 아니 된다.
> ② 심의위원회는 피해학생 또는 가해학생이 장애학생인 경우 심의과정에 「장애인 등에 대한 특수교육법」 제2조 제4호에 따른 특수교육교원 등 특수교육 전문가 또는 장애인 전문가를 출석하게 하거나 서면 등의 방법으로 의견을 청취할 수 있다.
> ③ 심의위원회는 학교폭력으로 피해를 입은 장애학생의 보호를 위하여 장애인전문 상담가의 상담 또는 장애인전문 치료기관의 요양 조치를 학교의 장에게 요청할 수 있다.
> ④ 제3항에 따른 요청이 있는 때에는 학교의 장은 해당 조치를 하여야 한다. 이 경우 제16조 제6항을 준용한다.

2. 장애학생의 보호

(1) 학교폭력예방법상 장애학생의 정의

"장애학생"이란 신체적·정신적·지적 장애 등으로 「장애인 등에 대한 특수교육법」 제15조에서 규정하는 특수교육이 필요한 학생을 말한다(법 제2조 제5호).

(2) 심의절차에 있어서 보호

심의위원회는 피해학생 또는 가해학생이 장애학생인 경우 심의 과정에 「장애인 등에 대한 특수교육법」 제2조 제4호에 따른 특수교육교원 등 특수교육 전문가 또는 장애인 전문가를 출석하게 하거나 서면 등의 방법으로 의견을 청취할 수 있다(법 제16조의2 제2항).12)

또한, 심의위원회는 학교폭력으로 피해를 입은 장애학생의 보호를 위하여 장애인전문 상담가의 상담 또는 장애인전문 치료기관의 요양 조치를 학교의 장에게 요청할 수 있는데(제16조의2 제3항), 이때 비용은 가해학생의 보호자가 부담하여야 한다(법 제16조의2 제4항). 다만, 피해학생의 신속한 치료를 위하여 학교의 장 또는 피해학생의 보호자가 원하는 경우에는 「학교안전사고 예방 및 보상에 관한 법률」 제15조에 따른 학교안전공제회 또는 시·도교육청이 부담하고 이에 대한 상환청구권을 행사할 수 있다(법 제16조의2 제4항).

3. 가해학생에 대한 조치 시 장애학생의 보호

가해학생이 특별교육을 이수할 경우 해당 학생의 보호자도 함께 교육을 받게 하여야 하며, 피해학생이 장애학생일 경우 장애인식개선 교육내용을 포함하여야 한다(법 제17조 제13항).

가해학생에 대한 조치를 정함에 있어 피해학생이 장애학생인지 여부를 반드시 고려하여 결정하여야 한다(시행령 제19조 제5호).

---

12) 학교폭력예방법상 가·피해 구도에 있어 보호의 대상은 응당 언제나 피해학생이다. 그러나 가해학생이 장애학생인 경우에는 심의절차에 있어 일정 부분 보호를 받는다.

Ⅳ 피해학생 지원 조력인 제도

1. 관련 법령

> 학교폭력예방법 제16조의3(피해학생 지원 조력인)
> ① 교육감 또는 교육장은 피해학생 지원을 위하여 피해학생이 필요로 하는 법률, 상담, 보호 등을 위한 서비스 및 지원기관을 연계하는 조력인(이하 "피해학생 지원 조력인"이라 한다)을 지정할 수 있다.
> ② 교육감 또는 교육장은 피해학생 지원 조력인의 운영을 위한 행정적·재정적 지원을 하여야 한다.
> ③ 피해학생 지원 조력인의 지정 및 운영에 관한 사항은 대통령령으로 정한다.

2. 개요

2024년 3월 학교폭력예방법 개정으로 새롭게 시행된 제도이다. 그 주된 내용은 피해학생이 필요로 하는 서비스 및 지원기관을 연계하는 조력인을 두는 것이다. 이를 위해 교육감 또는 교육장은 피해학생 지원 조력인의 운영을 위한 행정적·재정적 지원을 하여야 한다.

3. 피해학생 지원 조력인이란

학교폭력 피해학생 지원을 위하여 피해학생이 필요로 하는 법률, 상담, 보호 등을 위한 서비스 및 지원기관을 연계하는 조력인이다.

피해학생 지원 조력인은 일정한 자격 요건을 갖추고 청소년 보호 및 정서 지원에 대한 지식과 경험이 풍부한 사람 중에 교육감 또는 교육장이 지정한다(시행령 제18조의2 제1항).

4. 피해학생 지원 조력인의 요건

(1) 피해학생 지원 조력인의 자격

피해학생 지원 조력인은 다음 어느 하나에 해당하는 사람이어야 한다(시행령 제18조의2 제1항 제1호).

① 「사회복지사업법」 제11조에 따른 사회복지사

② 교원으로 재직하고 있거나 재직했던 사람

③ 경찰공무원으로 재직하고 있거나 재직했던 사람

④ 그 밖에 청소년 보호 및 정서 지원 등에 대한 지식과 경험이 풍부하다고 교육감 또는 교육장이 인정하는 사람

(2) 피해학생 지원 조력인 불가 사유

또한, 피해학생 지원 조력인은 다음 어느 하나에라도 해당하면 안 된다(시행령 제18조의2 제1항 제2호).

① 「국가공무원법」 제33조 각 호의 어느 하나에 해당하는 사람

② 「아동·청소년의 성보호에 관한 법률」에 따른 아동·청소년대상 성범죄 또는 「성폭력범죄의 처벌 등에 관한 특례법」에 따른 성폭력범죄를 저질러 벌금형을 선고받고 그 형이 확정된 날부터 10년이 지나지 않았거나, 금고 이상의

형이나 치료감호를 선고받고 그 집행이 끝나거나 집행이 유예·면제된 날부터 10년이 지나지 않은 사람

③ 「청소년 보호법」 제2조 제5호 가목 3) 및 같은 목 7)부터 9)까지의 청소년 출입·고용금지업소의 업주나 종사자

(3) 피해학생 지원 조력인 지정의 철회

교육감 또는 교육장은 제1항에 따라 피해학생 지원 조력인으로 지정된 사람이 다음 어느 하나에 해당하는 경우에는 그 지정을 철회할 수 있다(시행령 제18조의2 제3항).

① 심신쇠약으로 인하여 직무를 수행할 수 없게 된 경우

② 직무와 관련된 비위사실이 있는 경우

③ 직무태만, 품위손상이나 그 밖의 사유로 인하여 피해학생 지원 조력인으로 적합하지 않다고 인정되는 경우

④ 피해학생 지원 조력인 스스로 직무를 수행하는 것이 곤란하다고 의사를 밝히는 경우

⑤ 위 피해학생 지원 조력인 불가 사유에 해당하는 경우

5. 피해학생 지원 조력인 제도의 운영

피해학생 지원 조력인의 운영 등에 필요한 사항은 교육감 또는 교육장이 정한다(시행령 제18조의2 제4항).

Ⅴ 사이버폭력 피해자 지원 제도

1. 관련 법령

> 학교폭력예방법 제16조의4(사이버폭력의 피해자 지원)
> ① 국가는 사이버폭력에 해당하는 촬영물, 음성물, 복제물, 편집물, 개인정보, 허위사실 등(이하 이 조에서 "촬영물등"이라 한다)이 정보통신망에 유포되어 피해(촬영물등의 대상자가 되어 입은 피해를 말한다)를 입은 학생에 대하여 촬영물등의 삭제를 위한 지원을 할 수 있다.13)
> ② 제1항에 따른 피해학생, 그 보호자 또는 피해학생이나 보호자가 지정하는 대리인은 국가에 촬영물등의 삭제를 위한 지원을 요청할 수 있다. 이 경우 피해학생이나 그 보호자가 지정하는 대리인은 대통령령으로 정하는 요건을 갖추어 삭제지원을 요청하여야 한다.
> ③ 제1항에 따른 촬영물등 삭제지원에 소요되는 비용은 사이버폭력의 가해학생 또는 그 보호자가 부담한다.
> ④ 국가가 제1항에 따라 촬영물등 삭제지원에 소요되는 비용을 지출한 경우 사이버폭력의 가해학생 또는 그 보호자에게 상환청구권을 행사할 수 있다.
> ⑤ 제1항 및 제2항에 따른 촬영물등 삭제지원의 내용·방법, 제4항에 따른 상환청구권 행사의 절차·방법 등에 필요한 사항은 대통령령으로 정한다.
>
> 학교폭력예방법 시행령 제18조의3(사이버폭력 피해학생의 지원 내용 및 방법 등)
> ① 교육부장관은 법 제16조의4 제1항에 따라 사이버폭력에 해당하는 촬영물, 음성물, 복제물, 편집물, 개인정보, 허위사실 등(이하 이 조에서 "촬영물등"이라 한다)의 유포로 피해를 입은 학생에 대하여 다음 각 호의 지원을 할 수 있다.
> 1. 촬영물등 삭제가 필요한 피해 등에 관한 상담
> 2. 촬영물등 유포로 인한 피해 정보의 수집

3. 촬영물등 삭제 여부에 대한 확인·점검
  4. 그 밖에 촬영물등 삭제지원과 관련하여 교육부장관이 필요하다고 인정하는 사항
② 제1항에 따른 피해학생, 그 보호자 또는 피해학생이나 그 보호자가 지정하는 대리인(이하 이 조에서 "삭제지원요청자"라 한다)은 다음 각 호의 서류를 갖추어 교육부장관에게 제1항 각 호의 지원을 요청할 수 있다.
  1. 삭제지원요청자의 신분을 증명하는 서류
  2. 피해학생과의 관계를 증명하는 서류(삭제지원요청자가 피해학생의 보호자이거나 그 보호자가 지정하는 대리인인 경우만 해당한다)
  3. 피해학생이나 그 보호자가 자필 서명한 위임장 및 피해학생의 신분을 증명하는 서류 사본(삭제지원요청자가 피해학생이나 보호자가 지정하는 대리인인 경우만 해당한다)
③ 교육부장관은 제1항 각 호의 지원과 관련하여 중앙행정기관 등 관계 기관이나 단체에 필요한 협조를 요청할 수 있다.
④ 교육부장관은 법 제16조의4 제4항에 따라 상환청구권을 행사하려는 경우에는 사이버폭력의 가해학생 또는 그 보호자에게 청구금액의 산출근거 등을 명시하여 이를 납부할 것을 서면으로 통지해야 한다. 이 경우 납부기한은 통지일부터 60일 이내로 한다.

2. 개요

사이버폭력의 학교폭력을 입은 피해학생에 대하여 정보통신망에 유포된 촬영물등의 삭제를 지원하는 제도이다. 피해학생 지원 조력인 제도와 함께 2024년 3월 학교폭력예방법 개정을 통해 새롭게 도입되었다.

---

13) 2025년 8월 1일 부터는 사이버폭력에 해당하는 촬영물이 여섯 가지에서 아홉 가지로 늘어난다(법률 제20724호, 2025. 1. 31. 일부개정(2025. 8. 1. 시행)).

그 주된 내용은 학교폭력 중 사이버폭력에 해당하는 피해를 입은 피해학생이 해당 사이버폭력과 관련된 촬영물등이 정보통신망에 유포되어 입은 피해 즉, 촬영물등의 대상자가 되어 피해를 입은 학생에 대하여 촬영물등의 삭제를 위해 지원을 하는 제도이다.

피해학생 지원 조력인 제도의 책무를 지방자치단체의 교육감 또는 교육장에게 부여한 것과 달리 사이버폭력 피해자 지원 제도는 국가가 이를 담당하고 있다.

다만, 법상 사이버폭력 "피해자" 지원이라고 규정되어 있으나, 그 해당 내용은 피해학생만을 대상으로 하고 있는바, 이는 추후 입법을 통해 사이버폭력 "피해학생"이라고 개정하는 것이 타당해 보인다. 이미 학교폭력 피해자의 주체 요건이 가해자와 달리 학생만을 전제로 하고 있기에도 그렇다.

3. 촬영물등 삭제를 위한 지원 요청

(1) 촬영물등(예시규정)

여기서 "촬영물등"이란 모든 형태의 촬영물이 아니라 먼저 학교폭력의 유형 중 하나인 사이버폭력에 해당하는 것만을 의미한다. 이러한 전제하에, 사이버폭력에 해당한다면 촬영물뿐 아니라 음성물, 복제물, 편집물, 개인정보, 허위사실 뿐 아니라 이에 준하는 것을 의미한다고 볼 수 있다. 즉, '촬영물등'이란 정보통신망에 유포되어 사이버폭력의 한 내용을 이루는 것의 대표적인 예시로 보아야 한다.

2025년 8월 1일부터는 사이버폭력에 해당하는 촬영물등이 총 여섯 가지에서 총 아홉 가지로 늘어난다. 즉, 현재에서 '영상물', '합성물', '가공물'이 추가된다.

(2) 삭제지원요청자

사이버폭력에 해당하는 촬영물등이 정보통신망에 유포되어 피해를 입은 피해학생, 그 보호자 또는 피해학생이나 그 보호자가 지정하는 대리인이 지원 요청을 할 수 있다. 이를 삭제지원요청자라 한다(시행령 제18조의3 제2항).

(3) 지원요청 방법

삭제지원 요청 시 서류를 갖추어 교육부 장관에게 지원 요청 할 수 있다(시행령 제18조의3 제2항).

4. 지원 내용

사이버폭력 피해학생에 대한 지원은 다음과 같은 것이 가능하다(시행령 제18조의3 제1항).

사이버폭력 피해학생의 지원 내용
• 촬영물등 삭제가 필요한 피해 등에 관한 상담 • 촬영물등 유포로 인한 피해 정보의 수집 • 촬영물등 삭제 여부에 대한 확인 · 점검 • 그 밖에 촬영물등 삭제지원과 관련하여 교육부장관이 필요하다고 인정하는 사항

5. 비용의 부담(원인제공자 부담 원칙)

촬영물등 삭제지원에 소요되는 비용은 사이버폭력의 가해학생 또는 그 보호자가 부담한다(법 제16조의4 제3항). 국가가 제1항에 따라 촬영물등 삭제지원에 소요되는 비용을 지출한 경우 사이버폭력의 가해학생 또는 그 보호자에게 상환청구권을 행사할 수 있다(법 제16조의4 제4항).

국가가 상환청구권을 행사하려는 경우에는 교육부장관은 사이버폭력의 가해학생 또는 그 보호자에게 청구금액의 산출근거 등을 명시하여 이를 납부할 것을 서면으로 통지해야 한다. 이 경우 납부기한은 통지일부터 60일 이내로 한다(시행령 제18조의3 제4항).

제2장 가해학생에 대한 조치

I 가해학생 선도조치[1]

> 학교폭력예방법 제17조 제9항
> 가해학생에 대한 조치의 요청이 있는 때에는 교육장은 14일 이내에 해당 조치를 하여야 한다.

학교폭력 사안에 있어 학교폭력에 해당하는 경우 가해학생에 대해서는 반드시 그에 상응하는 조치를 해야 하는 것이 원칙이다. 이것이 피해학생 보호조치와의 가장 큰 차이점이기도 하다.

1. 의의

(1) 법 제17조

이 조항은 크게 두 가지 기능을 수행한다. 첫째는 학교폭력 가해행위에 대한 제재를 법률로 규정함으로써 학생들에게 경각심을 불러일으키고 학교폭력을 미연에 방지하는 일반예방 효과이다.

둘째는 실제 학교폭력 사안이 발생했을 때 가해학생에게 상응

---

[1] '가해학생 조치', '가해학생에 대한 조치' 또는 '가해학생에 대한 선도조치' 등으로도 부른다.

하는 조치를 부과함으로써 반성과 개선을 유도하고 재발을 막는 특별예방 기능이다. 나아가 피해학생이 2차 피해를 입지 않도록 보호하는 역할도 한다.

결국 법 제17조는 학교폭력의 예방, 가해학생의 선도, 피해학생의 보호라는 입법 목적 구현의 핵심적 수단이라 할 수 있다. 다만 처벌 위주의 대응이 아니라 가해학생의 선도와 교육을 통한 근본적 문제해결이 병행되어야 하는 점을 간과하면 안 된다.

> **학교폭력예방법 제17조(가해학생에 대한 조치)**
> ① 심의위원회는 피해학생의 보호와 가해학생의 선도·교육을 위하여 가해학생에 대하여 다음 각 호의 어느 하나에 해당하는 조치(수 개의 조치를 동시에 부과하는 경우를 포함한다)를 할 것을 교육장에게 요청하여야 하며, 각 조치별 적용 기준은 대통령령으로 정한다. 다만, 퇴학처분은 의무교육과정에 있는 가해학생에 대하여는 적용하지 아니한다.
> 1. 피해학생에 대한 서면사과
> 2. 피해학생 및 신고·고발 학생에 대한 접촉, 협박 및 보복행위(정보통신망을 이용한 행위를 포함한다)의 금지
> 3. 학교에서의 봉사
> 4. 사회봉사
> 5. 학내외 전문가, 교육감이 정한 기관에 의한 특별 교육이수 또는 심리치료
> 6. 출석정지
> 7. 학급교체
> 8. 전학
> 9. 퇴학처분
> ② 제1항에 따라 심의위원회가 교육장에게 가해학생에 대한 조치를 요청할 때 그 이유가 피해학생이나 신고·고발 학생에 대한 협박 또는 보복행위(정보통신망을 이용한 행위를 포함한다)일 경우에

는 같은 항 제6호부터 제9호까지의 조치를 동시에 부과하거나 조치 내용을 가중할 수 있다.
③ 제1항 제2호부터 제4호까지 및 제6호부터 제8호까지의 처분을 받은 가해학생은 교육감이 정한 기관(대안교육기관을 포함한다)에서 특별교육을 이수하거나 심리치료를 받아야 하며, 그 기간은 심의위원회에서 정한다.
④ 학교의 장은 학교폭력을 인지한 경우 지체 없이 제1항 제2호의 조치를 하여야 한다.
⑤ 학교의 장은 피해학생의 보호와 가해학생의 선도·교육이 긴급하다고 인정할 경우 우선 제1항 제1호, 제3호, 제5호부터 제7호까지의 조치를 각각 또는 동시에 부과할 수 있다. 이 경우 심의위원회에 즉시 보고하여 추인을 받아야 한다.
⑥ 학교의 장은 피해학생 및 그 보호자가 요청할 경우 전담기구 심의를 거쳐 제1항 제6호 또는 제7호의 조치를 할 수 있다. 이 경우 심의위원회에 즉시 보고하여 추인을 받아야 한다.
⑦ 제5항 및 제6항에 따라 학교의 장이 부과하는 제1항 제6호 조치의 기간은 심의위원회 조치결정시까지로 정할 수 있다.
⑧ 심의위원회는 제1항 또는 제2항에 따른 조치를 요청하기 전에 가해학생 및 보호자에게 의견진술의 기회를 부여하는 등 적정한 절차를 거쳐야 한다.
⑨ 제1항에 따른 요청이 있는 때에는 교육장은 14일 이내에 해당 조치를 하여야 한다.
⑩ 학교의 장이 제4항부터 제6항까지에 따른 조치를 한 때에는 가해학생과 그 보호자에게 이를 통지하여야 하며, 가해학생이 이를 거부하거나 회피하는 때에는 학교의 장은 「초·중등교육법」 제18조에 따라 징계하여야 한다.
⑪ 제1항 제2호의 처분을 받은 가해학생의 보호자는 가해학생이 해당 조치를 적절히 이행할 수 있도록 노력하여야 한다.
⑫ 가해학생이 제1항 제3호부터 제5호까지의 규정에 따른 조치를 받은 경우 이와 관련된 결석은 학교의 장이 인정하는 때에는 이를 출석일수에 포함하여 계산할 수 있다.

⑬ 심의위원회는 가해학생이 특별교육을 이수할 경우 해당 학생의 보호자도 함께 교육을 받게 하여야 하며, 피해학생이 장애학생일 경우 장애인식개선 교육내용을 포함하여야 한다.
⑭ 가해학생이 다른 학교로 전학을 간 이후에는 전학 전의 피해학생 소속 학교로 다시 전학올 수 없도록 하여야 한다.
⑮ 제1항 제2호부터 제9호까지의 처분을 받은 학생이 해당 조치를 거부하거나 기피하는 경우 심의위원회는 제7항에도 불구하고 대통령령으로 정하는 바에 따라 추가로 다른 조치를 할 것을 교육장에게 요청할 수 있다.
⑯ 피해학생 및 그 보호자는 제9항, 제10항 및 제15항에 따른 조치 또는 징계가 지연되거나 이행되지 아니할 경우 교육감에게 신고할 수 있으며, 신고하는 경우 교육감은 지체 없이 사실 여부를 확인하기 위하여 대통령령으로 정하는 바에 따라 교육장 또는 학교의 장을 조사하여야 한다.
⑰ 가해학생에 대한 조치 및 제11조 제6항에 따른 재입학 등에 관하여 필요한 사항은 대통령령으로 정한다.

(2) 판단의 준거 및 척도

학교폭력예방법은 피해학생에 대한 보호조치뿐 아니라 가해학생에 대한 선도조치를 판단하고 결정함에 있어서도 일정한 준거를 제시하고 있다. 피해학생의 보호와 가해학생의 선도·교육이라는 두 가지 과제를 동시에 달성할 수 있는 조치를 요구하는 것이다(법 제17조 제1항). 즉, 피해학생 입장만 고려하는 피해학생 보호조치와 달리 양 측의 요소를 함께 참작한다고 보면 된다.

이는 가해학생에 대한 조치를 고려하는 데 가해학생의 자기책임 원칙을 넘어, 피해학생 보호 관점을 애초에 출발점으로 삼으라는 의미로 해석된다. 일반적으로 어떤 잘못에 대한 조치를 정함에 있어서는 행위자의 책임을 기준으로 삼고, 피해자의 상황 등은 정상참작 사유나 부수적 고려 사항으로 다뤄지는 것과는 사뭇 다른 접근 방식으로 학교폭력예방법만의 특징이기도 하다.

(3) 가해학생에 대한 조치 중 피해학생 보호기능을 수행하는 것

가해학생 조치는 총 아홉 가지다. 그중 피해학생 보호 기능을 동시에 수행하는 조치가 여럿 있고, 보호의 정도도 각자 다르다.

구분	내용	피해학생 보호의 모습 및 정도
제2호	피해학생에 대한 접촉 등의 금지	피해학생 보호를 위한 의무의 부과
제6호	출석정지	피해학생과 일정 기간 격리
제7호	학급교체	피해학생과 반을 달리하는 장소적 격리
제8호	전학	피해학생과 학교를 달리하는 장소적 격리
제9호	퇴학처분	가장 강력한 조치(고등학생만 해당)

2. 조치의 종류

(1) 아홉 가지의 조치(제1호~제9호)

가해학생에 대한 조치는 제1호 서면사과에서부터 제9호 퇴학처분에 이르기까지 총 아홉 가지에 이른다. 제1호에서 제9호로 갈수록 엄중한 조치로 되어 있다.[2]

---

[2] 이 중 제5호 특별교육이수는 독자적인 형태의 특별교육이수로 다른 조치에 부가적으로 부여되는 제17조 제3항의 특별교육이수와 구분된다.

가해학생 선도조치의 종류(법 제17조 제1항)	
1호	피해학생에 대한 서면사과
2호	피해학생 및 신고·고발 학생에 대한 접촉, 협박 및 보복행위(정보통신망을 이용한 행위를 포함한다)의 금지
3호	학교에서의 봉사
4호	사회봉사
5호	학내외 전문가, 교육감이 정한 기관에 의한 특별 교육이수 또는 심리치료
6호	출석정지
7호	학급교체
8호	전학
9호	퇴학처분

(2) 조치의 연혁(아홉 가지 조치가 만들어지기까지)

가해학생에 대한 조치의 아홉 가지 유형은 초·중등교육법상 징계 제도를 기반으로 하되, 여기에 학교폭력의 특수성을 반영한 독자적 조치를 추가하여 구성되었다. 초·중등교육법상의 '학교봉사', '사회봉사', '특별교육', '출석정지', '퇴학처분'이라는 다섯 가지 징계를 토대로, 학교폭력예방법은 서면사과(제1호), 접촉 및 보복행위 금지(제2호), 학급교체(제7호), 전학(제8호)이라는 네 가지 조치를 별도로 신설한 것이다.

이처럼 학교폭력예방법상의 가해학생 조치는 기존 초·중등교육법상 징계 제도와의 연속성을 유지하면서도, 동시에 학교폭력이라는 특수한 문제 상황에 보다 적합한 대응 수단을 마련하기 위해 별도의 조치를 병행하는 것으로 이해할 수 있다. 한편, 학교폭력예방법의 이러한 입법례는 이후 제정된 교원지위법상 '교육활동 침해학생에 대한 조치'에도 영향을 미쳤다. 교육활동 침해학생에 대한 일곱 가지 조치 역시 초·중등교육법상 징계를 기본으로 하면서 별도의 조치를 추가한 것이기 때문이다.

연혁 추이	초·중등교육법 (징계)	학교폭력예방법 (학교폭력 가해학생 조치)	교원지위법 (교육활동 침해학생 조치)
조치 내용	학교봉사 사회봉사 특별교육 출석정지 퇴학처분	서면사과 보복금지 학교봉사 사회봉사 특별교육 출석정지 학급교체 전학 퇴학처분	학교봉사 사회봉사 특별교육 출석정지 학급교체 전학 퇴학처분
조치 종류	5종류	9종류	7종류

3. 조치의 분류

(1) 3단계로 분류[3]

아홉 가지 가해학생에 대한 조치는 그 조치의 성격에 따라 편의상 세 단계로 분류할 수 있다.[4]

---

[3] 조치의 분류는 가해학생 조치의 성격을 이해하는 도움이 되는 데 의의가 있다. 이 분류 자체가 어떠한 법적 효과를 의도하거나 야기하는 것은 아니다.

제1호부터 제3호까지가 1단계, 제4호·제5가 2단계, 제6호부터 제9호까지가 3단계이다. 먼저, 첫 번째 1단계는 학교 내부적으로 선도하는 것이고, 두 번째 2단계는 학교 외부를 통해 선도하는 것이며, 세 번째 3단계는 강력한 교육환경의 변화를 주는 것이다.

헌법재판소도 "학교폭력예방법 제17조 제1항에서 규정하고 있는 가해학생에 대한 조치 중 피해학생에 대한 서면사과, 피해학생 등에 대한 접촉·협박 및 보복행위의 금지는 피해학생의 보호를 위한 것이고, 학교에서의 봉사, 사회봉사, 학내외 전문가에 의한 특별 교육이수 또는 심리치료는 가해학생의 선도·교육을 위한 것이다. 그리고 출석정지, 학급교체, 전학, 퇴학처분은 가해학생과의 격리를 통하여 피해학생을 보호하는 데에 주된 목적이 있다"라고 판시하면서,5) 가해학생에 대한 각 조치는 그 취지와 목적을 달리하고 있다고 보았다.6)

3단계는 소속의 변경 등 그 조치 전후에 변동이 일어난다. 제7호 학급교체는 반이 제8호 전학은 학교가 바뀌는 소속의 변동이 초래되고, 제9호 퇴학처분은 아예 학생 신분을 박탈당하게 된다. 제6호 출석정지 역시 일정 기간 학교에 나갈 수 없는 시간적 공백이 발생하게 된다. 즉, 1단계 2단계와 달리 3단계 조치에서는 어떠한 형태이건 기존 지위의 변화가 발생하게 된다. 이 부분이 3단계와 그 이전 단계와의 구분 점이 되기도 한다.

---

4) 이는 학교폭력 가해학생 조치별 적용 세부 기준을 정한 고시의 별표를 보아도 알 수 있다. 이는 조치의 적용 강도의 변화와도 관련이 있다.
5) 헌법재판소 2019. 4. 11. 선고 2017헌바140 결정.
6) 앞의 결정 참조.

성격		종류	내용	단계	지위 변동 여부	
가해학생에 대한 조치	교내 선도	1호	서면사과	1단계	지위 변동 없음	
		2호	보복행위등 금지			
		3호	학교봉사			
	외부기관 연계선도	4호	사회봉사	2단계		
		5호	학내외 전문가에 의한 특별 교육이수			
	교육환경변화	교내	6호	출석정지	3단계	시간 공백	지위 변동
			7호	학급교체		반의 변동	
		교외	8호	전학		학교 변동	
			9호	퇴학처분		신분 상실	

(2) 1단계 : 교내 선도(제1호~제3호)

1단계 조치로 서면사과, 피해학생 등에 대한 보복행위 등의 금지, 학교에서의 봉사가 이에 해당한다.

(3) 2단계 : 외부기관 연계선도(제4호~제5호)

2단계 조치로는 사회봉사, 학내외 전문가에 의한 특별교육이수 또는 심리치료가 있다.

(4) 3단계 : 교육환경변화(제6호~제9호)

3단계는 출석정지, 학급교체, 전학, 퇴학처분 이다. 3단계 조치는 피해학생이나 신고·고발 학생에 대한 협박 또는 보복행위 시 다른 조치에 더불어 병과 할 수 있다(법 제17조 제2항 참조).

4. 병과·가중 가능

> **학교폭력예방법 제17조(가해학생에 대한 조치)**
> ② 제1항에 따라 심의위원회가 교육장에게 가해학생에 대한 조치를 요청할 때 그 이유가 피해학생이나 신고·고발 학생에 대한 협박 또는 보복행위(정보통신망을 이용한 행위를 포함한다)일 경우에는 같은 항 제6호부터 제9호까지의 조치를 동시에 부과하거나 조치 내용을 가중할 수 있다.

(1) 의의

가해학생에 대한 조치는 병과하여 여러 개의 조치를 동시에 부과하거나 조치 내용을 가중할 수 있다. 가해학생에 대한 조치는 모두 불이익 조치이기 때문에 병과나 가중은 법치주의 관점에서 반드시 그 근거가 필요하다. 또한, 병과 및 가중의 요건과 한계를 반드시 지켜야 한다. 학교폭력예방법 제17조 제2항은 병과·가중의 근거 조항이자 그 요건과 한계를 나타내고 있다. 한편, 헌법재판소는 "학교폭력예방법 제17조 제1항에서 규정하고 있는, 가해학생에 대한 각 조치는 그 취지와 목적을 달리하고 있으므로, 이 사건 징계조치 조항에서 구체적 사정에 따라 수개의 조치를 병과하는 것은 피해학생의 보호 및 가해학생의 선도·교육을 위하여 바람직하다고 할 것이다"라고 하면서 병과의 필요성을 인정하고 있다.[7]

(2) 요건 및 효과

　법상 병과·가중의 요건은 피해학생이나 신고·고발 학생에 대한 협박 또는 보복행위인 경우에 한정된다. 또한, 병과할 수 있는 조치는 3단계에 해당하는 제6호(출석정지), 제7호(학급교체), 제8호(전학), 제9호(퇴학처분) 네 개에 한한다. 제1호부터 제5호까지의 조치는 병과조치가 될 수 없다. 예를 들어, 병과 사유인 피해학생에 대한 보복 등이 함께 문제가 된 경우 제3호 조치인 학교봉사 10일을 부과하며 제7호 조치인 학급교체를 병과하여 피해학생과 반을 분리하는 것은 가능하다. 그러나 이때 제3호 조치인 학교봉사 10일에 제1호 서면사과를 병과 할 수는 없는 것이다.

　그리고 조문 상 "~할 수 있다"이기 때문에 병과·가중 요건에 해당한다고 하여 반드시 병과·가중해야 하는 것은 아니다.

(3) 한계

　학교폭력예방법 제17조 제2항은 가해학생에 대한 조치를 병과 또는 가중할 수 있는 경우를 제한적으로 규정하고 있다. 그 사유는 오직 피해학생이나 신고·고발 학생에 대한 협박 또는 보복 행위로 한정되며, 병과 가능한 조치의 수위 또한 제6호부터 제9호까지의 조치 중 하나로 제한된다. 이는 병과나 가중이 남용되는 것을 방지하고 가해학생의 권리를 보호하기 위한 취지다. 따라서 법률상 요건을 충족하지 않은 채 이루어지는 병과나 가중은 위법·부당하며, 이를 내용으로 하는 교육장의 처분은 재

---

7) 헌법재판소 2019. 4. 11. 선고 2017헌바140 결정.

량권을 일탈·남용한 것으로 평가될 수 있다.

한편, 병과나 가중은 추가적인 불이익을 가하는 것이므로, 그 사유와 한계는 엄격하게 해석·적용하는 것이 법 원칙에 부합한다. 그런데 일선 교육 현장에서는 법이 허용하는 범위를 벗어난 병과 사례가 적지 않게 발견된다. 병과 사유에 해당하지 않음에도 병과 조치하거나, 심지어는 특정 조치를 선택하면 그보다 낮은 단계의 조치는 당연히 병과할 수 있다는 식의 잘못된 관행이 존재하기도 한다. 이는 어디까지나 법적 근거 없는 운영 방식으로 법치주의(법치행정)의 관점에서 큰 우려를 낳을 수밖에 없다.8)

일례로 가해학생에 대해 제4호의 사회봉사를 명하면서 제1호의 서면사과를 병과하는 경우이다. 피해학생 등에 대한 보복행위가 확인되지 않는 이상 이는 법 제17조 제2항의 병과 요건을 충족하지 못하는 처분이다. 설령 교육적 목적에서 비롯된 것이라 하더라도, 법률적 근거를 결하는 이상 옹호되기는 어렵다.

(4) 입법적 미비의 보완 필요성

① 협박·보복의 종류와 성격 명확화 필요성

학교폭력예방법 제17조 제2항의 병과·가중 규정에서 '협박 또는 보복 행위'의 의미가 명확하지 않아 해석상 논란이 있을 수 있다. 여기에서 '협박 또는 보복'이 최초 발생한 학교폭력이 그렇다는 것인지, 아니면 이미 발생한 학교폭력 사안에서 가해학생이 다시 저지른 학교폭력이 그렇다는 것인지 분명하지 않기 때문이다.

---

8) 이에 대한 재판 실무 및 일선 법원 재판부의 우려가 있다.

생각건대 이 규정은 학교폭력이 신고된 후 그 사안처리 과정에서 가해학생이 피해학생이나 신고·고발 학생을 상대로 다시 협박하거나 보복하는 행위, 즉 2차 가해 행위를 염두에 둔 것으로 보인다. 그 이유는 ① 만약 최초 발생한 학교폭력이라면 굳이 유독 협박 행위에 대해서만 병과·가중을 인정해야 하는지 불분명하고, ② 다른 더 강한 유형의 행위와도 형평성에 맞지 않고,9) ③ '보복'이라는 표현 자체가 구성요건이라기보다는 행위 동기에 가까우며, ④ 최초 가해행위라면 이를 병과·가중의 대상으로 삼기보다는 그에 상응하는 조치를 그냥 부과하면 되는 것이고, ⑤ 학교폭력 가해학생이 진정으로 반성하기는커녕 재차 가해행위에 나서는 경우를 더욱 엄중히 다스리고자 하는 입법 취지가 추단되기 때문이다.

다만 이는 어디까지나 규정 취지에 대한 하나의 해석일 뿐, 현행 조문만으로는 명확한 결론을 내리기 어려운 것이 사실이다. 병과·가중은 가해학생에게 추가적인 불이익을 주는 것인 만큼 그 대상이 되는 행위의 외연을 최대한 명확히 할 필요가 있다.

따라서 향후 법 개정을 통해 제17조 제2항의 '협박 또는 보복 행위'가 정확히 어느 시점의, 어떤 행위를 의미하는지를 조문 상 명확히 할 필요가 있어 보인다.

② 확대해석 방지를 위한 협박의 사유 세분화 명확화 필요성

협박의 경우 협박죄의 구성요건에 관한 형사법적 해석과 판례가 어느 정도 확립된 것은 사실이다. 그러나 형사법에서조차도

---

9) 이는 학교폭력의 유형 중 상해나 강요, 성폭력 등의 비교하면 더욱 그렇다.

협박은 그 범위가 광의, 협의, 최협의로 분류되어 사용되는데, 여기에서 협박이 협박죄의 협박(협의의 의미)인지 아니면 이보다 더 넓은 광의의 협박인지 반대로 더 좁은 최협의의 협박인지도 생각해 볼 여지가 분명하다.

또한, 학교폭력의 또 다른 행위유형 중 하나인 공갈, 강요, 성폭력에는 이미 협박을 그 구성요건 표지로 삼고 있다. 예를 들어 강요는 '폭행 또는 협박으로 사람의 권리행사를 방해하거나 의무 없는 일을 하게 하는 것(형법 제324조)'으로 만약 강요의 수단으로 협박을 사용한 경우 이미 강요 안에 협박을 포함하고 있다. 그렇기에 공갈, 강요, 성폭력의 경우도 법적으로 협박을 행한 것으로 인정될 수 있기 때문이다.

5. 가해학생에 대한 학교장 긴급조치

(1) 관련 법령

> **학교폭력예방법 제17조(가해학생에 대한 조치)**
> ④ 학교의 장은 학교폭력을 인지한 경우 지체 없이 제1항 제2호의 조치를 하여야 한다.
> ⑤ 학교의 장은 피해학생의 보호와 가해학생의 선도·교육이 긴급하다고 인정할 경우 우선 제1항 제1호, 제3호, 제5호부터 제7호까지의 조치를 각각 또는 동시에 부과할 수 있다. 이 경우 심의위원회에 즉시 보고하여 추인을 받아야 한다.
> ⑥ 학교의 장은 피해학생 및 그 보호자가 요청할 경우 전담기구 심의를 거쳐 제1항 제6호 또는 제7호의 조치를 할 수 있다. 이 경우 심의위원회에 즉시 보고하여 추인을 받아야 한다.

(2) 학교폭력 사안에서 긴급조치 도입의 입법취지

일반적으로 학교폭력 사안이 발생하면 사안에 대한 조사를 통해 가해·피해 사실관계를 확인하고, 조사 결과를 토대로 심의위원회에서 가해학생에 대한 조치를 결정한 뒤 교육장에게 요청하면 학교가 이를 이행하게 된다. 그러나 때로는 심의위원회의 결정을 기다려서는 적절한 조치를 하기 어려운 경우가 있다. 대표적으로 피해학생에 대한 긴급한 보호가 필요하거나 가해학생에 대한 신속한 선도가 요구되는 상황을 들 수 있다.

예컨대 피해학생이 추가적인 폭력에 노출될 우려가 있거나, 신고·고발 학생이 보복 행위의 위험에 처해 있는 경우가 여기에 해당한다. 나아가 사건 당사자들 간의 접촉을 원천 차단함으로써 상황을 진정시키고 2차 피해를 예방할 필요성이 큰 사안도 있을 수 있다. 이에 학교폭력예방법은 학교장으로 하여금 심의위원회의 조치 요청 이전이라도 상황에 따라 예외적으로 가해학생에 대해 조치할 수 있도록 근거를 마련하고 있다.

참고: 입법을 통한 긴급조치의 확대

가해학생에 대한 학교장 긴급조치의 확대(2024. 3. 31. 기준)		
법률 변경	기존(2024년 3월 1일 이전)	현행(2024년 3월 1일 이후)
긴급조치 종류	1종류	3종류
긴급조치 유형	학교장 직권 긴급조치(§17④)	필수적 긴급조치(§17④)[10] 학교장 직권 긴급조치(§17⑤) 피해학생 요청 긴급조치(§17⑥)

(3) **유형**

긴급조치의 유형은 ① 제17조 제4항의 필수적 긴급조치,[11] ② 제17조 제5항의 학교장 직권의 긴급조치, ③ 제17조 제6항의 피해학생 요청의 긴급조치이다.

유형	근거	사유	절차	재량	범위	병과	사후 절차
필수적 긴급조치	§17④	학교폭력 인지 시	학교장 결정	×	2호	불요	×
학교장 직권 긴급조치	§17⑤	피해학생 보호와 가해학생 선도·교육 긴급하다고 인정 시	학교장 결정	○	1호 3호 5호 6호 7호	가능	심의위원회 보고 및 추인
피해학생 요청 긴급조치	§17⑥	피해학생 및 그 보호자가 요청 시	전담기구 심의 거쳐 학교장 결정	○	6호 7호	불가	심의위원회 보고 및 추인

※ 추인의 주체는 심의위원회로 여기서 추인은 학교장 긴급조치에 대한 사후승인을 의미한다.

---

10) 필수적 긴급조치는 법 제17조 제4항에 규정되어 있다. "학교의 장이 학교폭력을 인지한 경우 지체 없이 피해학생 및 신고·고발 학생에 대한 접촉, 협박 및 보복행위(정보통신망을 이용한 행위를 포함한다)의 금지 조치를 내리는 것"으로 이는 학교장 재량이 아닌 법상 필수(의무) 조치이다.
11) '제17조 제4항의 긴급조치', '필수적 접촉금지 조치', '필수적 제2호 조치' 등 여러 형태로 불릴 수 있다. 본 저서에서는 '필수적 긴급조치'라 칭한다.

6. 출석 인정 가능

> 학교폭력예방법 제17조(가해학생에 대한 조치)
> ⑫ 가해학생이 제1항 제3호부터 제5호까지의 규정에 따른 조치를 받은 경우 이와 관련된 결석은 학교의 장이 인정하는 때에는 이를 출석일수에 포함하여 계산할 수 있다.

(1) 의의

피해학생의 경우와 마찬가지로 가해학생의 경우에도 학교폭력의 사안처리와 관련되어 발생한 일정한 결석에 대하여 이를 출석으로 인정할 수 있도록 해 놓았다. 그러나 피해학생의 경우와 비교해 그 인정 근거와 사유가 제한적이고 또한 엄격하다.

(2) 출석 인정 사유

가해학생에 대한 조치 중 학교봉사, 사회봉사, 특별교육이수에 있어 이와 관련된 결석 중 학교장이 인정하는 경우이다. 어차피 아홉 가지의 가해학생에 대한 조치 중에 결석이 수반할 수 있는 것은 학교봉사, 사회봉사, 특별교육이수, 출석정지, 퇴학 이 다섯 가지가 전부이다. 퇴학은 결석을 넘어 아예 학적에서 제외되는 것이기에 이를 인정할 기반 자체가 없는 것이고, 출석정지의 경우에는 제재의 모습이 출석을 정지시키는 것이기에 출석을 인정한다는 것 자체가 논리모순일 수 있다. 따라서 퇴학과 출석정지를 제외한 나머지 학교봉사, 사회봉사, 특별교육이수 조치에 대해서만 출석 인정의 여지가 있다.

(3) 결정권자

출석 인정을 할 수 있는 결정권자는 학교장이다. 이의 인정 여부와 어느 정도까지 인정할지에 대한 재량이 학교장의 고유 권한으로 부여되어 있다.

7. 거부·기피 시의 추가 조치

> 학교폭력예방법 제17조(가해학생에 대한 조치)
> ⑮ 제1항 제2호부터 제9호까지의 처분을 받은 학생이 해당 조치를 거부하거나 기피하는 경우 심의위원회는 제7항에도 불구하고 대통령령으로 정하는 바에 따라 추가로 다른 조치를 할 것을 교육장에게 요청할 수 있다.
>
> 학교폭력예방법 시행령 제22조(가해학생의 조치 거부·기피에 대한 추가 조치)
> ① 심의위원회는 법 제17조 제1항 제2호부터 제9호까지의 조치를 받은 학생이 해당 조치를 거부하거나 기피하는 경우에는 법 제17조 제15항에 따라 교육장으로부터 그 사실을 통보받은 날부터 7일 이내에 추가로 다른 조치를 할 것을 교육장에게 요청할 수 있다.

(1) 의의

가해학생에 대한 조치 제2호부터 제9호까지의 처분을 받은 학생이 해당 조치를 거부하거나 기피하는 경우 심의위원회는 이를 통보받은 후 7일 이내에 추가로 다른 조치를 할 것을 교육장에게 요청할 수 있다(법 제17조 제15항, 시행령 제22조 제1항). 긴급조치의 거부·회피 시와 달리 심의위원회의 재량 사항이다.

(2) 긴급조치 거부·회피 시와 가해학생 조치 거부·기피의 비교

	긴급조치의 거부·회피	가해학생 조치의 거부·기피
사유	학교장 결정의 긴급조치를 가해학생이 거부	심의위원회 결정의 가해학생 조치를 가해학생이 거부
법적 근거	제17조 제10항	제17조 제15항
거부·회피에 대한 불이익	초·중등교육법상 징계	추가로 다른 조치
불이익 부과의 재량 여부	반드시 징계	심의위원회의 재량
불이익의 처분권자	학교장	교육장

(3) 입법적 오류

법 제17조 제15항 본문의 "제7항에도 불구하고"는 법이 개정되면서 이전의 조항과의 변경을 미처 반영하지 못하고 법 개정이 진행되어 현재는 입법적 오류인 상태다. 따라서 이를 "제10항에도 불구하고"로 변경해야 한다.

8. 학교생활기록부 기재

(1) 의의

학교생활기록부(생기부 또는 학생부)에 학교폭력 가해학생의 조치를 기재하는 것은 학교폭력예방의 실효성 확보를 위해서 도입된 측면이 크다. 먼저 공적 장부에 기재되어 일정 기간 존재한다는 것 자체가 차지하는 의미도 작지 않은 데다가 당장에 학교생

활기록부의 법적 용도가 상급학교 진학의 진학자료이기 때문에 고등학교나 대학교 입시에 중요한 자료가 되기 때문이다. 이로 인해 해당 학생의 주위 평가나 명예에 상당한 영향을 줄 뿐 아니라 입시에 불리한 처지가 명약관화하기에 학교폭력에 대한 경고나 위하적 기능을 가지는 게 사실이다.

(2) 기재 및 삭제

① 1·2·3호 → 졸업 즉시 삭제
② 4·5호 → 졸업한 날로부터 2년 지난 후 삭제(예외적 졸업 즉시 가능)
③ 6·7호 → 졸업한 날로부터 4년 지난 후 삭제(예외적 졸업 즉시 가능)
④ 8호 → 졸업한 날로부터 4년 지난 후 삭제(예외 없음)

가해학생 조치	삭제시기(신고일 기준[12])		
	2023. 2. 28. 이전	2023. 3. 1. ~2024. 2. 29.	2024. 3. 1. 이후
	2가지로 구분	3가지로 구분	4가지로 구분
1호 (서면사과)	졸	졸	졸
2호 (접촉금지)	졸	졸	졸
3호 (학교봉사)	졸	졸	졸
4호 (사회봉사)	졸 or 졸2	졸 or 졸2	졸 or 졸2

가해학생 조치	삭제시기(신고일 기준12))		
	2023. 2. 28. 이전	2023. 3. 1. ~2024. 2. 29.	2024. 3. 1. 이후
	2가지로 구분	3가지로 구분	4가지로 구분
5호 (특별교육)	졸 or 졸2	졸 or 졸2	졸 or 졸2
6호 (출석정지)	졸 or 졸2	졸 or 졸2	졸 or 졸4
7호 (학급교체)	졸	졸 or 졸2	졸 or 졸4
8호(전학)	졸 or 졸2	졸2	졸4
9호 (퇴학처분)	삭제대상 아님	삭제 대상 아님	삭제 대상 아님

II 교내 선도

1. 서면사과(제1호)

(1) 의의

표현 그대로 가해학생이 피해학생에게 서면 형식으로 자신의 학교폭력 행위에 대해 사과하는 조치이다. 가해학생에 대한 조치 중 가장 가벼운 조치로 심의위원회의 판정점수 1~3점에 해당한다. 교내 선도의 한 유형이기도 하다.

---

12) 사건 발생일 기준이 아닌 신고일 기준임을 유의.

(2) 조치 이행기간

심의위원회가 서면사과 조치를 하면서 실무적으로는 조치의 이행기간을 정하여 이를 결정하는 것이 일반적이다.

(3) 양심의 자유와 인격권의 침해 여부

서면사과가 피해학생의 피해를 회복하고 가해학생의 선도·교육을 위한 것이라는 제도 자체 목적의 정당성이나 조치로써 적합한 수단이 인정된다고 하더라도, '사과한다'는 행위는 내심의 윤리적 판단·감정 내지 의사의 표현이므로 이를 외부에서 강제할 수 있는가와 관련되어 논란이 있다.13)

이에 대해서 헌법재판소는 가해학생에 대한 조치로 피해학생에 대한 서면사과를 규정한 학교폭력예방법 서면사과 조항의 위헌 여부가 다투어진 사건에서 가해학생의 양심의 자유와 인격권을 과도하게 침해한다고 보기 어렵다고 하였다.14)

---

13) 참고로 민법상 명예훼손에 있어서 피해자의 청구에 의하여 법원이 손해배상에 갈음하거나 손해배상과 함께 「명예회복에 적당한 처분」을 명할 수 있다고 규정한 민법 제764조에 있어서 명예회복에 적당한 처분으로 사죄광고를 포함시키는 것은 헌법 제19조의 양심의 자유를 제약하고 또 인격권을 침해하는 것이어서 헌법에 위반된다고 판시한 바 있다(헌법재판소 1991. 4. 1. 선고 89헌마160 결정).
14) 헌법재판소 2023. 2. 23. 선고 2019헌바93·254(병합) 결정.

[헌법재판소 결정] "가해학생에 대한 조치로 피해학생에 대한 서면사과를 규정한 조항이 가해학생의 양심의 자유와 인격권을 침해하는지 여부(소극)"(헌법재판소 2023. 2. 23. 선고 2019헌바93·254(병합) 결정)

> 이 사건 서면사과 조항은 가해학생에게 반성과 성찰의 기회를 제공하고 피해학생의 피해 회복과 정상적인 학교생활로의 복귀를 돕기 위한 것이다. 학교폭력은 여러 복합적인 원인으로 발생하고, 가해학생도 학교와 사회가 건전한 사회 구성원으로 교육해야 할 책임이 있는 아직 성장 과정에 있는 학생이므로, 학교폭력 문제를 온전히 응보적인 관점에서만 접근할 수는 없고 가해학생의 선도와 교육이라는 관점도 함께 고려하여야 한다.
>
> 학교폭력의 가해학생과 피해학생은 모두 학교라는 동일한 공간에서 생활하므로, 가해학생의 반성과 사과 없이는 피해학생의 진정한 피해 회복과 학교폭력의 재발 방지를 기대하기 어렵다. 서면사과 조치는 단순히 의사에 반한 사과명령의 강제나 강요가 아니라, 학교폭력 이후 피해학생의 피해회복과 정상적인 교우관계 회복을 위한 특별한 교육적 조치로 볼 수 있다. 가해학생은 서면사과를 통해 자신의 잘못된 행위에 대하여 책임을 지는 방법과 피해학생의 피해를 회복하는 방법을 배우고, 이를 통해 건전한 사회 구성원으로 성장해 나갈 수 있다.
>
> 서면사과 조치는 내용에 대한 강제 없이 자신의 행동에 대한 반성과 사과의 기회를 제공하는 교육적 조치로 마련된 것이고, 가해학생에게 의견진술 등 적정한 절차적 기회를 제공한 뒤에 학교폭력 사실이 인정되는 것을 전제로 내려지는 조치이며, 이를 불이행하더라도 추가적인 조치나 불이익이 없다. 또한 이러한 서면사과의 교육적 효과는 가해학생에 대한 주의나 경고 또는 권고적인 조치만으로는 달성하기 어렵다.
>
> 따라서 이 사건 서면사과 조항이 가해학생의 양심의 자유와 인격권을 과도하게 침해한다고 보기 어렵다.[15]

2. 피해학생 및 신고·고발 학생에 대한 접촉, 협박 및 보복행위(정보통신망을 이용한 행위를 포함한다)의 금지(제2호)[16]

(1) 의의

 피해학생이나 신고·고발 학생에 대한 가해학생의 접촉 등을 금지하여 피해의 확산을 방지하고 추가 폭력이나 보복을 막기 위한 조치이다. 가해학생의 접촉, 협박이나 보복행위를 금지하는 것은 피해학생과 신고·고발한 학생의 안전한 학교생활을 위한 불가결한 것이다.[17]

---

15) 같은 결정에서 소수 견해는 "그러나 '사과한다'는 행위는 내심의 윤리적 판단·감정 내지 의사의 표현이므로, 외부에서 강제할 수 있는 성질의 것이 아니다. 아직 성장 과정에 있는 학생이라 하더라도 의사에 반한 윤리적 판단이나 감정을 외부에 표명하도록 강제하는 것은 학생들의 인격과 양심의 형성에 왜곡을 초래하고, 그 양심의 자유 및 인격권의 제한 정도가 성인들의 것보다 작다고 단정할 수 없다.

 또한 서면사과는 가해학생이 잘못을 저질렀다고 생각하지 않거나 반성 없이 사과하는 경우 가해학생의 선도와 교육에 기여한다고 보기 어렵고, 가해학생의 불성실한 사과는 오히려 2차 피해를 입힐 수도 있다. 학교폭력을 해결하기 위해서 가해학생의 반성과 사과가 중요하고 이를 위한 교육적 조치가 필요하지만, 가해학생의 반성과 사과는 일방적인 강요나 징계를 통하여 달성할 수 있는 것이 아니다. 이는 학교폭력을 해결해 나가는 교육적인 과정에서 교사나 학부모의 조언, 교육, 지도 등을 통해 자발적으로 이루어져야 교육적인 측면에서뿐만 아니라 피해학생의 피해회복이나 분쟁해결의 측면에서도 바람직하다. 만약 가해학생에게 학교폭력에 대한 경각심이나 잘못된 행위임을 일깨울 필요가 있다면, 이 사건 서면사과 조항과 같은 사과의 강제가 아니라 주의나 경고 등의 조치로도 충분히 목적을 달성할 수 있고, 피해학생에 대한 사과를 위한 교사의 적절한 개입과 지도가 이루어질 수 있는 법적 근거가 필요하다면 피해학생에 대한 서면사과를 권고적 조치로 규정하는 것도 가능하다. 따라서 가해학생에게 서면사과를 강제하는 이 사건 서면사과 조항은 가해학생의 양심의 자유와 인격권을 침해한다"라고 견해를 밝혔다.

16) 조치명이 길어 실무에서는 접촉금지, 보복금지 등으로 간단히 축약해서 칭한다.
17) 헌법재판소 2023. 2. 23. 선고 2019헌바93·254(병합) 결정.

(2) 성격

교내 선도의 유형 중 하나로 실무에서 많이 이루어지는 조치 중의 하나이다. 보통은 다른 조치를 내리면서 병과하는 형태로 이루어졌다. 최근에는 거의 모든 가해학생에 대한 조치결정에 통상적으로 함께 내려지는 추세이다.

(3) 조치 이행기간

심의위원회가 제2호 조치를 하면서 실무적으로는 조치의 이행기간을 정하여 이를 결정한다. 여기서의 이행기간은 그때까지 계속 접촉금지 등을 유지하라는 존속 기한을 의미한다. 최근 상당 장기의 기간으로 설정되는 추세이다.[18]

(4) 내용

① 접촉의 범위

법문의 규정이 '접근'이 아니고 '접촉'이다. 확립된 견해는 아니지만, 통상 접촉은 접근보다 그 방법 및 형태에 있어 넓은 범위이고, 실무에서도 그렇게 받아들여지고 있다. 접촉금지에는 물리적 접근뿐 아니라 편지, 전화 등을 통한 연락 등도 포함된다. 즉, 접근보다 이미 넓은 개념 표지로 설정되어 가해학생의 위해로부터 피해학생을 보호하는 범주가 크다.[19]

최근 법 개정을 통해 '정보통신망을 이용한 행위'를 포함했다. 따라서 인터넷, 휴대전화, SNS 등의 정보통신망 매체를 통한 접

---

[18] 졸업 시까지로 그 이행기간을 설정하는 추세가 대다수이다.
[19] 일상이 법 116면 참조.

촉이나 협박 및 보복행위도 금지된다.

② 교육활동 등 일상의 제한 여부

접촉금지 조치가 가해학생의 학교에서의 일상생활이나 일반적 교육활동을 제한하려는 것은 아니다(이는 학습권이나 교육활동의 기회 보장 차원에서 당연하다). 헌법재판소도 "접촉 등 금지조항은 가해학생의 의도적인 접촉 등만을 금지하고 통상적인 학교 교육활동 과정에서 의도하지 않은 접촉까지 모두 금지하는 것은 아니다"(헌법재판소 2023. 2. 23. 선고 2019헌바93·254(병합) 결정)라고 판시하고 있다.20)

예를 들어, 코로나 팬데믹이 한참이던 시절 상당 기간 이뤄졌던 원격수업의 경우 피해학생 접촉금지를 위해 피해학생과 같이 온라인 수업을 듣는 것을 못 하게 막아야 하는가? 그렇지 않을 것이다. 접촉금지 조항은 교육활동의 기회를 봉쇄하려고 만든 조항이 아니기 때문이다. 등교수업이건 원격수업이건 의도적인 접촉을 제한하면 되리라 본다.21)

학교 일과시간 이후 같은 학원에 다니고 있는 상황을 제한해야 하는가? 역시 그렇지 아니하다. 재차 학교폭력을 행사하기 위하여 학원에 다니는 것이 아니라면, 사교육에 있어 당사자의 교육활동 기회 역시 보장되어야 한다.22)

---

20) 물론, 비의도성을 가장한 접촉으로 피해학생에게 접촉하거나 우연이라 보기 어려운 정도의 빈번한 접촉은 법 제17조 제15항 규정 등에 의해 다른 조치를 추가할 수도 있을 것이다.
21) 앞의 공저, 116면.
22) 앞의 공저, 116면.

③ 시간적 한계

법규정상 접촉금지의 시기나 종기 또는 기한의 제한을 두고 있지는 않다. 따라서 심의위원회는 조치를 정함에 있어 그 기한을 정하는 것이 일반적이다. 실무적으로는 비교적 기한을 길게 잡아 피해학생의 보호를 극대화하는 경향이 있다. 만약 기간을 특별히 달리 정하지 않은 경우 졸업 시점까지 '접촉 등 금지' 조치가 유효하다고 교육 당국은 본다.23) 예를 들어, 중학교 2학년인 가해학생에게 조치를 내릴 때 달리 기한을 정하지 않았다면 중학교 졸업 시까지 해당 조치는 유효하게 된다.

(5) 필수적 긴급조치화

최근 법 개정을 통해 제2호 '접촉 등 금지' 조치는 학교폭력 인지 시 지체 없이 반드시 내려져야 하는 조치로 필수화되었다(법 제17조 제4항).24) 학교장은 학교폭력을 인지한 경우 지체 없이 제2호 조치를 해야 한다(의무 조항). 따라서 학교폭력 사안 발생 초기부터 심의위원회 개최 이후 의결 시까지도 피해학생에 대한 보호조치가 발동한 상태가 지속된다.

(6) 보호자의 책무

제2호 '접촉금지 등'의 처분을 받은 가해학생의 보호자는 가해

---

23) 가이드북 101면.
24) 이렇듯 사건 발생 초기부터 접촉금지 조치가 내려지면서 피해학생에 대한 보호가 강해진 측면 외에 가해학생 측 입장에서는 피해학생에 대한 사과와 반성의 기회와 시간이 현실적으로 그만큼 어려워지게 된 것이다. 그런데 가해학생 조치 결정에 있어 반성 정도와 화해 정도가 다른 지표만큼 중요한 항목이라는 것이 또 풀어야 할 숙제다.

학생이 해당 조치를 적절히 이행할 수 있도록 노력하여야 한다(법 제17조 제11항).

(7) 제2호 '접촉금지 등' 조항과 가해학생의 일반적 행동자유권

[헌법재판소 결정] "가해학생에 대한 조치로 피해학생 및 신고·고발한 학생에 대한 접촉, 협박 및 보복행위의 금지를 규정한 조항이 가해학생의 일반적 행동자유권을 침해하는지 여부(소극)"(헌법재판소 2023. 2. 23. 선고 2019헌바93·254(병합) 결정)

> 가해학생의 접촉, 협박이나 보복행위를 금지하는 것은 피해학생과 신고·고발한 학생의 안전한 학교생활을 위한 불가결한 조치이다. 이 사건 접촉 등 금지조항은 가해학생의 의도적인 접촉 등만을 금지하고 통상적인 학교 교육활동 과정에서 의도하지 않은 접촉까지 모두 금지하는 것은 아니며, 학교폭력의 지속성과 은닉성, 가해학생의 접촉, 협박 및 보복행위 가능성, 피해학생의 피해 정도 등을 종합적으로 고려하여 이루어지는 것이므로, **가해학생의 일반적 행동자유권을 침해한다고 보기 어렵다**.

3. 학교에서의 봉사(제3호)

(1) 의의

교내에서 봉사활동을 가해학생에게 내리는 조치이다. 심의위원회 판정점수 4점~6점에 해당한다. 심의위원회 개최 이전이라도 학교장 직권의 긴급조치로 제3호 조치를 우선하여 내릴 수 있다(법 제17조 제5항).

(2) 성격

　교내 선도의 유형 중 하나이고 가장 대표적인 학생에 대한 선도·징계 조치이다. 초·중등교육법상의 징계에서 차용한 것으로 이는 학교폭력예방법뿐 아니라 교육활동 침해학생에 대한 조치 중 하나이기도 하다.

(3) 내용

　① 조치 이행기간의 명시

　다른 교내 선도조치인 서면사과(제1호), 접촉금지(제2호)와 마찬가지로 조치의 이행기간이 「조치결정 통보서」에 명시된다.

　② 시간 단위 부과

　조치가 부과될 때 시간 단위로 결정되어 부과되고, 조치결정 통보서에도 시간이 기재된다.

(4) 출석 인정 가능

　가해학생이 학교에서의 봉사 조치를 받은 경우 이와 관련된 결석은 학교의 장이 인정하는 때에는 이를 출석일수에 포함하여 계산할 수 있다(법 제17조 제12항).

4. 교내 선도조치의 특징

(1) 조치 이행기간의 명시

　심의위원회가 서면사과(제1호), 접촉금지(제2호), 학교에서의 봉사(제3호) 조치를 결정할 때는 조치 이행기간을 명시하는 것이 실무의 태도이다.

서면사과(제1호)와 학교에서의 봉사(제3호)의 경우는 조치 이행기간이 이때까지 완료하라는 완료 기한을 접촉금지에서의 조치 이행기간은 이때까지 유지하라는 존속 기한을 의미한다.

예를 들어, 2025년 5월 13일에 조치결정하면서 각각의 조치를 「조치결정 통보서」에 기재하는 실례를 들어보면 다음과 같다.

① 제17조 제1항 제1호 피해학생에 대한 서면사과(이행기간 2025. 6. 30.까지)

② 제17조 제1항 제2호 피해학생 및 신고·고발 학생에 대한 접촉, 협박 및 보복행위(정보통신망을 이용한 행위를 포함한다)의 금지(이행기간 졸업 시까지)

③ 제17조 제1항 제3호 학교에서의 봉사 4시간(이행기간 2025. 7. 31.까지)

(2) '학교에서의 봉사(제3호)'의 경우 시간 단위 부과

학교에서의 봉사(제3호) 조치는 시간 단위로 결정하여 부과한다.[25] 예를 들면, "제17조 제1항 제3호 학교에서의 봉사 4시간(이행기간 2025. 7. 31.까지)" 식으로 조치결정 통보서에 기재된다.

---

25) 시간 단위로 결정하여 부과하는 것에는 학교에서의 봉사(제3호), 사회봉사(제4호), 학내외 전문가, 교육감이 정한 기관에 의한 특별 교육이수 또는 심리치료(제5호) 및 제17조 제3항의 부가조치(부가형 특별교육) 모두 네 가지가 그렇다.

III 외부기관 연계선도

1. 사회봉사(제4호)

(1) 의의

교내가 아닌 학교 밖에서 외부기관이나 관련기관에서 봉사하는 조치이다. 심의위원회 판정점수 7~9점에 해당한다. 학교에서의 봉사와 달리 학교장 직권의 긴급조치로 내려질 수 없다. 학교장의 고권(高權)적 지위의 영향력이 미치는 학교를 벗어나서 행해지는 조치이기에 아무래도 학교장 직권의 긴급조치로 마땅하지 않기 때문이다.

(2) 성격

외부기관 연계선도 유형 중 하나이다. 학교에서의 봉사와 마찬가지로 가장 대표적인 징계·선도 조치이다. 초·중등교육법상의 징계에서 차용한 것으로 이는 역시 학교폭력예방법뿐 아니라 교육활동 침해학생에 대한 조치 중 하나이다.

(3) 내용

① 조치 이행기간의 미명시

실무적으로 이행기간을 명시하지 않는다. 학교에서의 봉사와 달리 외부 여러 요인이 작용할 수 있는 점을 반영한 결과인 듯하다.

② 시간 단위 부과

학교에서의 봉사와 마찬가지로 시간 단위로 부과한다.

⑷ 출석 인정 가능

가해학생이 사회봉사 조치를 받은 경우 이와 관련된 결석은 학교의 장이 인정하는 때에는 이를 출석일수에 포함하여 계산할 수 있다(법 제17조 제12항).

2. 학내외 전문가, 교육감이 정한 기관에 의한 특별 교육 이수 또는 심리치료(제5호)

⑴ 의의

전문가나 기관의 도움을 받아 교육을 받거나 심리치료를 받는 조치이다. 심의위원회 판정점수와 무관하게 가해학생 선도·교육에 필요하다고 심의위원회가 의결할 경우 내려질 수 있다.[26] 또한, 심의위원회 개최 이전이라도 학교장 직권의 긴급조치로도 내릴 수 있다(법 제17조 제5항).

⑵ 성격

외부기관 연계선도 유형 중 하나이다. 초·중등교육법상의 징계에서 차용한 것으로 이는 역시 학교폭력예방법뿐 아니라 교육활동 침해학생에 대한 조치 중 하나이다. 다만, 각각의 법에서 정하고 있는 특별교육이수의 형태와 범위가 조금씩 다르다. 예를 들어, 학교폭력예방법은 초·중등교육법상 조치에 더하여 심리치료까지 추가하고 있다.

---

26) 별표 참조.

구분	초·중등교육법 (시행령 제31조)	학교폭력예방법 (제17조 제1항)	교원지위법 (제25조 제2항)
내용	특별교육이수	학내외 전문가, 교육감이 정한 기관에 의한 특별 교육이수 또는 심리치료	학내외 전문가에 의한 특별교육이수 또는 심리치료

(3) 내용

① 조치 이행기간의 미명시

실무적으로 이행기간을 명시하지 않는다. 사회봉사와 마찬가지로 외부 여러 요인이 작용할 수 있는 점을 반영한 결과인 듯하다.

② 시간 단위 부과

학교에서의 봉사 또는 사회봉사와 마찬가지로 시간 단위로 부과한다.27)

(4) 출석 인정 가능

가해학생이 제5호 조치를 받은 경우 이와 관련된 결석은 학교의 장이 인정하는 때에는 이를 출석일수에 포함하여 계산할 수 있다(법 제17조 제12항).

(5) 두 가지 형태의 특별교육이수

가해학생에게 내려지는 특별교육이수(심리치료 포함)는 두 가지

---

27) 이 외에도 시간 단위로 부과되는 것은 학교봉사(제3호), 사회봉사(제4호), 제17조 제3항의 특별교육이수 등이다.

형태가 존재한다. 이는 그 성격과 근거를 달리하지만, 가해학생 입장에서 보면 현실적으로 큰 차이는 없다. 나아가 가해학생의 보호자도 가해학생과 함께 반드시 특별교육이수를 받게 된다. 즉, 가해학생 혼자만 특별교육이수를 받게 되는 경우는 없다. 그 반대도 마찬가지이다. 법은 결국 가해학생과 그 보호자에게 어떤 형태로든 특별교육을 한 번은 받게 하려는 것이다.

두 가지 형태는 단독형과 부가(附加)형으로 구분된다. 실무에서는 전자를 '제5호의 특별교육이수' 후자를 '제3항의 특별교육이수'라 부른다. 부가형은 가해학생이 특별교육이수 제5호 조치 이외의 조치를 받게 되어 특별교육이수를 받지 않는 경우를 대비한 것으로 단독형과 부가형이 동시에 부과되는 경우는 없다. 결국 어떤 하나의 특별교육이수만 받게 된다.

구분	단독형	부가형
근거	§17①(5)	§17③
성격	심의위원회 심의·의결의 독립 조치	법에 의한 부가 조치
부과 요건(사유)	가해학생 선도·교육에 필요하다고 심의위원회가 제5호를 의결한 경우	가해학생이 제2호부터 제4호까지 및 제6호부터 제8호까지 조치를 받은 경우
방법	학내외 전문가, 교육감이 정한 기관에 의한 특별교육이수 또는 심리치료	교육감이 정한 기관(대안교육기관을 포함한다)에서 특별교육을 이수하거나 심리치료

구분	단독형	부가형
보호자의 필수적 이수 여부	○	○
미이수 시 과태료 부과	300만 원 이하	300만 원 이하
학교생활기록부 기재 여부	기재	미기재
출석 인정 조항	제17조 제12항	규정 부재

단독형이나 부가형이나 그 조치 내용은 세부적으로는 상이하나 그 취지에 있어서는 동일하다. 퇴학의 경우 학적에서 제외되므로 특별교육이수의 목적 자체가 사라지기에 제9호 '퇴학처분'의 경우 특별교육이수는 시행하지 않는다. 가장 가벼운 조치인 제1호 서면사과에도 역시 마찬가지로 시행하지 않는다.

Ⅳ 교육환경 변화

1. 출석정지(제6호)

(1) 의의

가해학생의 출석을 정지시켜 수업에 출석하지 못하게 함으로써 일시적으로 피해학생과 격리시키고, 반성의 기회를 주는 조치이다. 심의위원회의 판정점수 10점~12점에 해당한다. 심의위원회의 결정에 의한 조치뿐 아니라 그 이전이라도 '학교장 직권의 긴급조치(법 제17조 제5항)' 및 '피해학생 요청의 긴급조치(법 제17조 제6항)'로도 학교장이 내릴 수 있다.

출석정지는 징계(초·중등교육법), 가해학생 조치(학교폭력예방법), 교육활동 침해학생 조치(교원지위법) 모두에 공통으로 규정되어 있는 가장 대표적인 불이익처분(불이익조치) 중 하나이다. 그런 불이익을 부과함으로써 과거 자기 행동을 반성하게 하고, 향후 재차 그러한 잘못을 하지 말 것을 선도하려는 것이다.[28]

(2) 성격

출석정지는 초·중등교육법상 징계에서 차용했으나 학교폭력예방법과 교원지위법에서는 기간의 제한이 없어 오히려 더 강화된 형태의 모습으로 존재하고 있다. 초·중등교육법상 징계로 내려지는 출석정지는 1회 한도와 연간 한도가 정해져 있기에 한 번에 10일을 넘어가지 아니하고 1년을 합하여도 30일이 최장이다. 그래서 징계의 출석정지만으로는 당장 유급으로 이어지지는 않는다. 그러나 학교폭력예방법상의 출석정지는 그 기한에 제한이 없기에 이론적으로는 무제한의 출석정지가 가능하다.[29] 실제 출석정지가 20일인 사례, 출석정지 기간을 '학기 말까지'라고 정하여 실질적으로 정지 일수가 1달이 넘는 사례, 출석정지 기간을 '전학조치가 완료될 때까지'로 기간을 정하지 않은 사례가 하급심 판결에서 발견된다.[30]

---

28) 일상이 법, 102면 참조.
29) 교육활동 침해 사안의 침해학생에 대해서도 마찬가지이다.
30) 헌법재판소 2019. 4. 11. 선고 2017헌바140 결정 참조.

구분	초·중등교육법 (시행령 제31조)	학교폭력예방법 (제17조 제1항)	교원지위법 (제25조 제2항)
내용	1회 10일 이내, 연간 30일 이내의 출석정지	출석정지	출석정지

(3) 출석정지 상한의 미설정과 학습권 침해

초·중등교육법의 출석정지와 달리 가해학생에 대한 조치에는 출석정지에 별도의 상한 제한이 없다. 이러한 제한 없는 출석정지조항이 가해학생의 학습권을 과도하게 침해한 것이 아닌지에 대해 다투어진 사안에서 헌법재판소는 "수개의 조치를 병과하고 출석정지 기간의 상한을 두지 않음으로써 구체적 사정에 따라 다양한 조치를 취할 수 있도록 한 것은, 피해학생의 보호 및 가해학생의 선도·교육을 위하여 바람직하다고 할 것이고, … 중략 … 가해학생에 대하여 수개의 조치를 병과할 수 있도록 하고 출석정지 조치를 취함에 있어 기간의 상한을 두고 있지 않다고 하더라도, 가해학생의 학습의 자유에 대한 제한이 입법 목적 달성에 필요한 최소한의 정도를 넘는다고 볼 수 없다"(헌법재판소 2019. 4. 11. 선고 2017헌바140 결정)라고 하며 학습권의 침해가 아니라고 보았다.31)

---

31) 같은 결정에서 소수견해는 "피해학생의 보호에만 치중하여 가해학생에 대하여 무기한 내지 지나치게 장기간의 출석정지 조치가 취해지는 경우 가해학생에게 가혹한 결과가 초래될 수 있고, 가해학생의 선도·교육을 도모하기 위한 관점에서도 출석정지 기간의 상한은 반드시 규정되어야 한다. 출석정지 기간을 장기간으로 해야 할 특수한 사정에 대비한 예외규정이나 기간연장규정 등을 두는 방식으로 기본권 제한을 보다 최소화하면서도 입법목적을 달성할 수 있는 다른 입법

(4) 출석 인정 불가

가해학생에 대한 출석정지 기간은 출석일수에 산입하지 않는다. 학교장의 출석 인정 범위에 제6호 출석정지는 포함되지 않을 뿐 아니라(법 제17조 제12항) 출석 인정에 관한 일반 규정이라 할 수 있는 「학교생활기록 작성 및 관리지침」 [별표8] "출결상황 관리 등"에 의해서도 '미인정 결석'으로 처리하게 되어 있다.

학습권을 배제하면서까지 출석을 정지시키는 불이익을 주는 것인데, 이에 대해 출석을 인정한다는 것 자체가 논리모순이기도 하다.

(5) 효과32)

출석정지는 그 기간만큼 수업권이 박탈된다. 즉, 출석정지일만큼 수업 결손이 일어나는 것이다. 또한, 출석정지 일수만큼 결석으로 처리된다. 이로 인해 연간 수업일수의 충족 범위가 줄어들게 된다. 또한, 출석을 그 요건으로 하는 혜택에서 배제되고(개근상이나 각종 수상 장학금 등), 미 출결 자체가 가져오는 불이익 역시 모두 감수해야 한다(이는 졸업 후에도 기록으로 확인되는 사항이기에 졸업 후에도 여전히 유효하다). 때에 따라서 출석정지 기간으로 인해 유급에 처하는 경우도 있다. 나아가 출석정지를 당했다는 것은 학교 공동체에서 불명예의 낙인으로 작용한다. 그 이후

적 대안이 존재한다. 따라서 출석정지 기간의 상한을 두지 아니한 이 사건 징계조치 조항 중 '출석정지' 부분은 침해 최소성 원칙에 위배되므로, 더 나아가 살펴볼 필요 없이 과잉금지원칙에 위반되어 청구인들의 자유롭게 교육을 받을 권리, 즉 학습의 자유를 침해한다"라고 하며 학습권을 침해한다고 보았다.
32) 일상이 법, 103면 참조.

학교생활뿐 아니라 심지어 상급 학교에 가서도 여전히 출석정지 이력으로 인한 낙인은 유효하다.

이러한 규범적 불이익 이외에도, 출석정지로 인한 심리적 측면의 부수적 효과도 작지 않다. 다들 학교에 가는데 나만 학교에 못 간다는 것에 대한 학생 자신의 심리적 위축뿐 아니라, '학교 안 가고 뭐 하는 거야'라는 주변의 시선도 심리적 위축에 상당한 영향을 주게 된다.

(6) 초등학교 및 중학교에서 출석정지가 가지는 의미[33]

교칙 위반 등의 일반적 징계 사안은 초등학교나 중학교의 경우에 퇴학이 불가하기에 출석정지가 가장 엄한 처분이다. 또한, 출석정지도 10일 이상의 출석정지가 불가하다. 따라서 초등학생이나 중학생의 경우 잘못을 했을 때, 최대치의 징계가 출석정지 10일인 것이다. 그래서 출석정지에 있어 더욱 신중했던 경향이 있었다. 지금도 학교폭력이나 교육활동 침해 사항이 아니면 출석정지 10일이 초등학교나 중학교에 있어 가장 엄한 처벌이다.

그런데 학교폭력예방법이 만들어진 이후는 달라졌다. 학교폭력 사안에는 출석정지보다 엄한 강제전학이라는 처분이 생겨났고, 출석정지도 별도의 기간 제한이 없다. 그리하여 초등학생 또는 중학생이라도 학교폭력 사안에서는 강제전학이라는 강력한 처분을 내릴 수 있고, 출석정지도 10일 이상 얼마든지 가능하다(중학생의 경우 10일 이상의 출석정지가 내려지는 경우가 종종 있다).

---

33) 앞의 공저, 117~118면.

2. 학급교체(제7호)

(1) 의의

 가해학생이 속한 학급을 학교 내 다른 학급으로 옮기는 조치이다. 가해학생과 피해학생이 같은 반이라면 학급교체를 통해 서로 격리되기에 피해학생의 보호에 기여하게 된다. 가해학생은 교실의 이전이라는 공간의 변동뿐 아니라 새로운 교육환경 변화를 통해 반성하게 되고, 학교폭력을 하지 말 것을 선도 받는다.

(2) 성격

 출석정지와 더불어 교육환경의 학교 내적 변화를 불러오게 된다. 출석정지와 달리 초·중등교육법에서 차용한 것이 아닌 학교폭력예방법이 독자적으로 신설한 조치이다. 심의위원회 판정점수 13점~15점에 해당하며 출석정지(10점~12점)와 강제전학(16점~20점) 사이에 있다.

(3) 학급교체 조치의 고찰

 ① 격리의 효과가 없어 조치의 실효성이 작은 경우(같은 반이 아닌 경우의 학급교체)

 가해학생과 피해학생이 같은 반이 아닌 경우 예를 들어, 학교가 다르다거나 학년이 다르다거나 같은 학교 같은 학년이어도 반이 다르게 되면 조치의 실효성이 떨어지는 문제가 있고, 실무적으로도 같은 반이 아닌 상태에서 격리의 효과가 없는 학급교체의 결정에 주저하는 부분이 없지 않기도 하다.

헌법재판소도 학급교체조항이 가해학생의 일반적 행동자유권을 침해하는지가 다투어졌던 사건(헌법재판소 2023. 2. 23. 선고 2019헌바93·254(병합) 결정)에서 "학급교체조항은 학교폭력의 심각성, 가해학생의 반성 정도, 피해학생의 피해 정도 등을 고려하여 가해학생과 피해학생의 격리가 필요한 경우에 행해지는 조치로서 …"라고 판시한 바 있다.

② 단계적 양정에 있어 제7호 조치로의 위상 및 효과의 결여

따라서 학교폭력의 심각성은 제7호 학급교체에 해당하는 점수가 도출되었음에도, 기대되는 선도·교육의 효과가 달라져 같은 수위의 학교폭력 사안을 같게 대처할 수 없게 되고, 단계적 양정의 관점에서도 제6호 출석정지와 제8호 전학 사이에서 제7호 조치로서 균형잡힌 비례적 지위를 가지기 어색한 측면이 있다.

③ 온라인 수업의 경우 제재의 실효성 전무

온라인 수업의 경우 학급교체는 그 특성상 교육환경의 변화가 거의 체감되지 않는다. 그래서 가해행위에 상응하는 제재의 효과를 거둘 수 없게 된다. 물론 생활기록부에 있어서는 출석정지보다 더 중한 조치를 받은 것으로 기재되어 남겠지만, 당장의 가해학생의 현실 선도와 교육에 있어서는 출석정지 또는 그보다 하위 조치인 사회봉사나 학교봉사보다 위하의 효과가 작아지는 모습이 팬데믹 시절 비치기도 했다.34)

---

34) 물론 당시 코로나로 인해 온라인 수업이 1년을 넘나들며 상당 기간 지속되었기에 더욱 이런 부분이 부각된 특수성도 있다.

(5) 학급교체조항과 가해학생의 일반적 행동자유권

[헌법재판소 결정] "학급교체조항이 가해학생의 일반적 행동자유권을 침해하는지(소극)"(헌법재판소 2023. 2. 23. 선고 2019헌바93 · 254(병합) 결정)

> 학급교체조항은 학교폭력의 심각성, 가해학생의 반성 정도, 피해학생의 피해 정도 등을 고려하여 가해학생과 피해학생의 격리가 필요한 경우에 행해지는 조치로서 가해학생은 학급만 교체될 뿐 기존에 받았던 교육 내용이 변경되는 것은 아니다. 피해학생이 가해학생과 동일한 학급 내에 있으면서 지속적으로 학교폭력의 위험에 노출된다면 심대한 정신적, 신체적 피해를 입을 수 있으므로, 이 사건 학급교체조항이 가해학생의 일반적 행동자유권을 과도하게 침해한다고 보기 어렵다.

3. 전학(제8호)

(1) 의의

가해학생을 기존의 재학 중인 학교에서 다른 학교로 소속을 옮기는 조치이다. 가해학생이 다른 학교로 전학을 간 이후에는 전학 전의 피해학생 소속 학교로 다시 전학올 수 없도록 하여야 한다(법 제17조 제14항). 만약 가해학생에게 전학조치와 함께 수 개의 조치가 동시에 부과된 경우 교육장은 전학조치를 우선적으로 시행할 수 있다.35)

---

35) 가이드북 100면.

(2) 성격

퇴학처분과 더불어 가장 높은 판정점수(16점~20점)에 해당하는 아주 엄한 조치이다. 특히, 의무교육 과정에 있어 퇴학이 불가능한 초등학교, 중학교에 있어서는 가장 강력한 조치이기도 하다. 여기의 전학은 자율적 전학이 아닌 강제성을 띤 전학으로 실무에서는 통상 '강제전학'으로 칭하고 있다. 학급교체 조치와 마찬가지로 초·중등교육법에서 차용한 것이 아닌 학교폭력예방법에 의해 독자적으로 신설되었다.

학급교체나 전학이나 학교 대내외라는 차이는 있지만 교육환경의 강제적 변경이라는 측면에서는 동일하다. 그러나 양자는 '원복 금지'와 '상급학교 효력 유지'에 있어 차이가 있다. 전학의 경우 ① 일단 전학 가면 피해학생이 있는 원래 학교로 재전학을 금지하고(법 제17조 제14항), ② 상급학교 진학 시에도 피해학생과 다른 학교로 배정하도록 하고 있다(시행령 제20조 제4항). 결국 가해학생은 전학으로 피해학생과 분리된 이후에도 최종 고등학교에 이르기까지 계속 격리 조치가 이어진다. 그에 비해 학급교체의 격리 조치는 이러한 규정을 별도 가지고 있지 않다.36)

4. 퇴학처분(제9호)

(1) 의의

가해학생에 대하여 내려지는 가장 엄한 조치이다. 다만, 의무교육과정에 있는 가해학생에 대해서는 적용하지 않는다.

---

36) 물론 실무에서는 해당 학년에는 반 분리 효과를 계속 유지할 것이고, 학년이 올라가더라도 학교 졸업 시까지는 같은 반으로 배정되지는 않을 것이다.

(2) 성격

전학과 더불어 가해학생에 대한 가장 높은 판정점수(16점~20점)에 해당하는 조치이다. 퇴학처분을 받게 되는 고등학생의 경우 더 이상 학생신분을 유지할 수 없고, 학교 밖 청소년이 된다.

(3) 퇴학처분 시 교육감의 책무

교육감은 퇴학 처분을 받은 학생에 대하여 해당 학생의 선도의 정도, 교육 가능성 등을 종합적으로 고려하여 「초·중등교육법」 제60조의3에 따른 대안학교로의 입학 등 해당 학생의 건전한 성장에 적합한 대책을 마련하여야 한다(시행령 제23조 제1항).

Ⅴ 강제전학

1. 의의

가해학생 조치 중 하나로 내려지는 전학은 보통의 전학과 달리, 결정되면 당사자(해당 학생)의 의사에 무관하게 반드시 가야 하는 것으로 그 성격상 강제력을 가지는 '강제전학'이다.

강제전학은 피해학생의 보호를 위해 당사자 간 격리를 극대화하고 있다. 기존의 학교에서 경계를 달리해 원거리의 다른 학교로 가야 하고, 일단 전학을 가면 다시 기존의 학교로 재전학할 수 없으며, 이후 상급 학교(초등학교에서 중학교, 중학교에서 고등학교) 진학 시에도 피해학생과 같은 학교에 진학할 수 없다.[37)38)]

---

37) 피해학생 보호를 위한 격리 효과 극대화의 측면에도 불구하고, 상급 학교 진학 시까지 강제전학의 효과가 유지되는 것은 가해학생의 학교 선택권과 충돌되는

(1) 교육환경의 강제적 변경

강제전학은 한 마디로 '교육환경의 강제적 변경'이다. 학교폭력 때문에 전학을 반드시 가야 하다 보니 이사 등의 자발적 전학과 달리 결과적으로 기존 학교의 교육환경, 수업 진도, 학사일정, 선택과목 등 모든 것이 낯선 환경에 놓이게 된다. 이는 한편으로 그렇게 해서라도 피해학생을 보호해야 한다는 제도적 취지가 담겨 있기도 하다.

(2) 낙인효과(두 번의 낙인효과)

강제전학은 전학 전의 기존 학교에서뿐 아니라 전학 간 새로운 학교에서도 불명예의 낙인으로 작용한다. 요즘같이 인터넷이나 각종 정보 통신 매체가 발달한 사회에서 학교폭력 사건에 대한 소문과 정보는 통제하기도 어렵고 급속도로 전파되기에 전학 간 학교에서도 이전 학교의 전력은 계속해서 영향을 주게 된다.

그래서 실무에서는 강제전학의 위기에 놓인 고등학생의 경우 차라리 자퇴를 고민하는 경우가 종종 있다.

(3) 학교폭력에서 전학이 불이익조치가 됨

강제전학은 2004년 학교폭력예방법의 제정을 통해 비로소 도입된 제도로 그 이전까지는 전학은 모두 자발적 형태이었기에 전학은 교육 제도상 불이익 조치가 아니었다.39)

문제가 있다.
38) 앞의 공저, 98면.
39) 앞의 공저, 98면.

2. 퇴학과 더불어 가장 무겁고 엄중한 처분

강제전학은 제9호 퇴학처분과 더불어 가장 중한 처분이다. 특히 의무교육 과정이기에 퇴학이 불가능한 초등학교와 중학교만 놓고 본다면, 더욱더 그렇다. 바꿔 말하면 강제전학을 받았다는 것은 그만큼 학교폭력이 심했다는 평가를 받은 것이기도 하다.

3. 강제전학의 확대(교육활동 침해의 경우도 확대 적용)

이러한 강제전학은 학교폭력예방제도를 통해 처음 도입된 후 최근 교원지위법의 개정에서도 받아들여 2019년 10월부터 교육활동 침해(소위 '교권침해')의 경우까지 그 적용을 확대하였다.

4. 강제전학의 특징 및 조건

(1) 경계를 달리하는 이격거리 요구

> 학교폭력예방법 시행령 제20조(가해학생에 대한 전학 조치)
> ② 교육감 또는 교육장은 가해학생이 전학할 학교를 배정할 때 피해학생의 보호에 충분한 거리 등을 고려하여야 하며, 관할구역 외의 학교를 배정하려는 경우에는 해당 교육감 또는 교육장에게 이를 통보하여야 한다

강제전학은 그 특징으로 기존 학교에서 일정 거리 이상 떨어져 가야 한다. 이격거리(離隔距離)라고 한다. 바로 옆 학교나 근처의 학교로 전학 가면 피해학생과의 격리 효과가 크지 않아 보호의 실효성이 떨어지기 때문에 그런 것이다. 보통 행정 경계를 달리해서 소위 타 학군으로 가게 된다.[40]

(2) 상급학교 진학 시까지 분리 효과 유지

> 학교폭력예방법 시행령 제20조(가해학생에 대한 전학 조치)
> ④ 교육감 또는 교육장은 제2항과 제3항에 따라 전학 조치된 가해학생과 피해학생이 상급학교에 진학할 때에는 각각 다른 학교를 배정하여야 한다. 이 경우 피해학생이 입학할 학교를 우선적으로 배정한다.

강제전학 이후라도 나중에 초등학교에서 중학교로 또는 중학교에서 고등학교로 진학할 때도 역시 가해학생은 피해학생과 같은 학교로 진학할 수 없다.

여기서 두 가지의 문제가 발생한다. 첫째, 상급학교 진학 시 피해학생이 입학할 학교를 우선적으로 배정하다 보니 피해학생의 진학 학교가 결정되기 전까지는 가해학생의 진학 학교는 유동적 상태에 놓이게 되고, 피해학생의 학교가 결정되기를 기다려서야 가해학생은 자기가 진학할 학교를 확정할 수밖에 없다.

둘째, 상급학교 갈 때도 역시 학교가 분리되는 효과를 유지해야 하는데, 거주지 배정의 방식에 있어서는 가해학생은 자기 거주 지역과 상관없는 곳의 학교에 배정되는 경우가 발생한다. 그런데 이보다 더 심각한 건 피해학생이 특성화고나 특목고에 진학하는 경우이다. 예를 들어, 가장 선호하는 'A라는 특성화고'가 있을 때 마침 가해학생도 A학교에 진학하려는 경우 상급학교 진학 시 분리 배정 취지를 관철할 것인지의 여부이다. 또 다른 예로, 성적순으로 선발하는 'T라는 특목고'가 있다고 할 때, 피해

---

40) 예를 들어, 경기도의 경우 2024년 현재 이격거리가 8km 이상이다.

학생이 T학교에 진학하게 되는 경우 역시 성적만 놓고 보면 입학할 수 있었던 가해학생의 경우도 비슷한 맥락이다.

이처럼 피해학생 보호의 학교폭력예방법의 제도 취지와 진학에 있어 학교선택권이 충돌되는 현상이 교육 현실에서 불가피하다. 양자의 이해를 규범조화적으로 해결할 수 있는 입법적 개선이나 실무의 지혜가 절실하다.

(3) 재전학 금지

가해학생이 다른 학교로 전학을 간 이후에는 전학 전의 피해학생 소속 학교로 다시 전학 올 수 없도록 하여야 한다(법 제17조 제14항).

5. 학생의 수업권 및 학교선택권의 제한

(1) 수업권의 제한

강제전학이라는 강력한 효과의 반사작용으로 학생의 수업권이나 진로에 불가피한 영향을 받게도 된다. 예를 들어, 강제전학 전후 학사일정과 맞물려 중간고사나 기말고사를 못 보게 되는 경우도 있고,[41] 학교마다 진도가 다르거나 선택과목이 달라 시험 준비가 애초에 불가능한 경우도 있다. 이는 특히 수시모집의 비중이 커진 요즘의 입시에는 치명타가 될 수밖에 없다.

(2) 학교선택권의 제한

전술한 강제전학에 있어 분리효과의 상급학교 진학 시에도 유

---

[41] 기존 학교에서 중간고사를 치르기 전 전학을 갔는데, 전학 간 학교는 중간고사 기간이 이미 끝난 경우.

지하도록 하는 규정 때문에 가해학생의 학교선택권이 제한되는 경우를 살펴보았는데, 이는 상급학교 진학 시뿐 아니라 강제전학 자체에서도 빚어지는 문제이다.

통상 인문계 학교에서 인문계 학교로 가는 경우처럼 강제전학을 가더라도 그 학교의 특성이 바뀌지 않는 것이 일반적이다. 그런데 질적 차원의 변경이 발생하는 경우는 문제가 달라진다.

예를 들어, 서울에 위치한 국악고에 다니는 국악을 전공하는 학생이 강제전학을 가야 하는 경우이다. 서울 소재 고등학교와 같은 다른 독립된 국악고등학교는 전북 완주에 하나이고 나머지는 예술고등학교의 국악과 형태로 부산광역시, 광주광역시, 진주시에 위치한 것이 전부여서 완주로 내려가지 않는 한 기존 교육과정 형태로 국악을 전공하는 것은 불가능하게 된다. 이처럼 강제전학이 장래 희망과 관련된 학교선택권을 제한하는 문제는 주로 특목고 또는 특성화고 등에서 발생하게 된다.

물론 강제전학을 받을 정도로 가해행위를 한 가해학생에게 그에 상응하는 처분을 내리는 것은 규범적 측면이나 교육적 측면에서 응분의 조치이고 필요한 조치이다. 그러나 강제전학 역시도 목적은 해당 학생을 반성하게 하고 재발을 방지하려는 선도·교육이지 장래 희망을 꺾으려는 것은 아닐 것이다.

따라서 강제전학의 시행과 학생의 학교선택권이 충돌되는 경우 제도적 취지를 유지하면서도 학생의 수업권과 학교선택권이 본질에 있어 형해화(形骸化)되지 않도록 교육계와 우리 사회가 현명한 대답을 도출해야 한다.

6. 강력한 학교생활기록부 기재

가해학생에 대한 조치사항은 학교생활기록부의 별도 '학교폭력 조치상황 관리'란에 기록하는데,42) 강제전학의 경우 졸업 후 4년까지 그 내용이 절대 삭제 불가능하다.

7. 강제전학에 대한 소고

학교폭력예방법이 만들어지기 전까지는 특히나 초등학교나 중학교의 경우 의무교육 과정이어서 퇴학이 불가하기에 출석정지가 가장 엄한 처분 그것도 최대 10일이었다. 그런데 학교폭력예방법이 만들어진 이후는 달라졌다. 학교폭력 사안에는 출석정지보다 엄한 강제전학이라는 처분이 생겨났고, 출석정지도 별도의 기간 제한이 없다. 그리하여 초등학생 또는 중학생이라도 학교폭력 사안에서는 강제전학이라는 강력한 처분을 내릴 수 있고, 출석정지도 10일 이상 얼마든지 가능해졌다.43)

일반 징계 사안보다 학교폭력의 경우 처벌의 강도가 더 세진 것은 여러 제도의 취지가 있겠지만, 그 주요한 이유 중 하나는 피해학생의 보호를 고려한 것일 것이다. 즉, 학교에서의 현실 접촉을 출석정지로 일정 기간 봉쇄하거나 아예 강제전학을 통해 완전히 봉쇄하여 가해학생의 위해로부터 피해학생을 보호하려는 의도일 것이다. 피해학생의 보호와 학교폭력의 재발 방지는 학교폭력예방제도의 가장 중요한 목적이고 아무리 강조해도 지나

---

42) 학교생활기록부 내 3개 항목(행동특성 및 종합의견, 출결상황 특기사항, 인적·학적사항 특기사항)에 조치별로 분산 기재하던 방식을 개선하여 '학교폭력 조치상황 관리'란에 일원화하여 기록한다.
43) 앞의 공저, 117~118면.

치지 않다. 그렇기에 학교폭력예방법의 출석정지와 강제전학은 부족하지도 과하지도 않게 분별 있게 내려지고 집행되어야 한다. 학교폭력 당사자가 같은 학교인지 아닌지에 따라 출석정지나 학급교체, 강제전학 등 격리제도의 실효성과 필요성이 달라지는 것도 고려해야 한다.44)

Ⅵ 가해학생 및 보호자의 특별교육이수

1. 관련 법령

> 학교폭력예방법 제17조(가해학생에 대한 조치)
> ① 심의위원회는 피해학생의 보호와 가해학생의 선도·교육을 위하여 가해학생에 대하여 다음 각 호의 어느 하나에 해당하는 조치(수 개의 조치를 동시에 부과하는 경우를 포함한다)를 할 것을 교육장에게 요청하여야 하며, 각 조치별 적용 기준은 대통령령으로 정한다. 다만, 퇴학처분은 의무교육과정에 있는 가해학생에 대하여는 적용하지 아니한다.
> 1. 피해학생에 대한 서면사과
> 2. 피해학생 및 신고·고발 학생에 대한 접촉, 협박 및 보복행위(정보통신망을 이용한 행위를 포함한다)의 금지
> 3. 학교에서의 봉사
> 4. 사회봉사
> 5. 학내외 전문가, 교육감이 정한 기관에 의한 특별 교육이수 또는 심리치료
> 6. 출석정지
> 7. 학급교체
> 8. 전학

---

44) 앞의 공저, 118면.

> 9. 퇴학처분
> ③ 제1항 제2호부터 제4호까지 및 제6호부터 제8호까지의 처분을 받은 가해학생은 교육감이 정한 기관(대안교육기관을 포함한다)에서 특별교육을 이수하거나 심리치료를 받아야 하며, 그 기간은 심의위원회에서 정한다.
> ⑬ 심의위원회는 가해학생이 특별교육을 이수할 경우 해당 학생의 보호자도 함께 교육을 받게 하여야 하며, 피해학생이 장애학생일 경우 장애인식개선 교육내용을 포함하여야 한다.
>
> **학교폭력예방법 제23조(과태료)**
> ① 제17조 제13항에 따른 심의위원회의 교육 이수 조치를 따르지 아니한 보호자에게는 300만 원 이하의 과태료를 부과한다.
> ② 제1항에 따른 과태료는 대통령령으로 정하는 바에 따라 교육감이 부과·징수한다.

2. 학교폭력예방법 특별교육의 시행상 특징

학교폭력 사안 처리에서 부과되는 특별교육의 시행상 특징은 크게 두 가지가 있다. 첫째가 특별교육의 의무적 부과이고, 둘째가 보호자의 필수적 동반 교육이다.

(1) 특별교육의 의무적 부과

학교폭력이 인정되어 심의위원회의 심의로 가해학생에 대한 조치 중 제2호부터 제8호 어느 하나가 내려지면, 가해학생은 반드시 특별교육이수 조치를 받게 된다. 다만, 제1호 서면사과와 제9호 퇴학처분의 경우에 있어서는 예외이다.

(2) 보호자 필수적 동반 교육 의무화

사실 이 부분이 가장 큰 특징이다. 어떠한 형태로든 가해학생이 특별교육이수를 받게 되면 그 보호자도 반드시 같이 받도록 법이 규정하고 있다. 이에 대한 예외는 없다. 그리고 이를 어기고 보호자가 받지 않을 경우를 대비해 과태료 규정을 마련하여 미이수를 통제하고 있다.

여기에서 같이 받는다는 의미가 같은 시간 같은 장소만을 의미하는 것은 아니고, 같은 시기라면 각자여도 순차여도 상관없다.

다만, 가해학생과 함께 그 보호자도 특별교육을 이수하도록 의무화한 조치가 관점에 따라서는 자기 행동이 아닌 가족의 행동으로 인해 발생한 의무로 이는 부당한 것이 아니냐는 의문이 제기될 수 있다.

이에 대해서 학교폭력예방법상 보호자도 특별교육을 이수하도록 한 의무규정이 보호자의 일반적 행동자유권을 침해한 것이 아닌지에 대해서 다투어졌던 「학교폭력예방 및 대책에 관한 법률 제17조 제7항 등 위헌확인 사건」(헌법재판소 2013. 10. 24. 선고 2012헌마832 결정)에서 헌법재판소는 "학교폭력예방법에서 가해학생과 함께 그 보호자도 특별교육을 이수하도록 의무화한 것은 교육의 주체인 보호자의 참여를 통해 학교폭력 문제를 보다 근본적으로 해결하기 위한 것이다. 가해학생이 학교폭력에 이르게 된 원인을 발견하여 이를 근본적으로 치유하기 위해서는 가족 공동체의 일원으로서 가해학생과 밀접 불가분의 유기적 관계를 형성하고 있는 보호자의 교육 참여가 요구된다. 따라서 특별교육이수규정이 가해학생 보호자의 일반적 행동자유권을 침해한다고 볼 수 없다"고 판시하였다.

3. 두 가지 형태의 특별교육이수

가해학생에게 내려지는 특별교육이수(심리치료 포함)는 두 가지 형태가 존재한다. 이는 그 성격과 근거를 달리하지만, 가해학생 입장에서 보면 현실적으로 큰 차이는 없다.

(1) 단독형(주된 처분형)과 부가형(종된 처분형)

구분	단독형	부가형
근거	제17조 제1항 제5호	제17조 제3항
성질	심의위원회 의결 통한 독립 조치	법에 의한 부가 조치
부과 요건(사유)	가해학생 선도·교육에 필요하다고 심의위원회가 의결할 경우	가해학생이 2호부터 제4호까지 및 제6호부터 제8호까지의 처분을 받은 경우
방법	학내외 전문가, 교육감이 정한 기관에 의한 특별 교육이수 또는 심리치료	교육감이 정한 기관(대안교육기관을 포함한다)에서 특별교육을 이수하거나 심리치료
보호자의 필수적 이수 여부	○	○
미이수 시 과태료 부과	300만 원 이하	300만 원 이하
학교생활기록부 기재 여부	기재	미기재
출석 인정 조항	제17조 제12항	규정 부재

(2) 단독형·부가형의 중복 부과 금지

단독으로 부과되는 특별교육이든 다른 조치에 부가되어 부과되는 특별교육이든 어느 하나만 받으면 되지 두 가지를 중복해서 받게 되는 경우는 없다. 법은 결국 가해학생과 그 보호자에게 어떤 형태로든 특별교육을 한 번은 받게 하려는 것이다.

▎가해학생이 받게 되는 조치에 따른 특별교육이수 형태

가해학생이 받는 조치	단독형(§17①(5))	부가형(§17③)
1호	×	×
2호		○
3호		○
4호		○
5호	○	
6호		○
7호		○
8호		○
9호	×	×

(3) 특별교육이수가 부과되지 않는 경우

제1호 서면사과 조치와 제9호 퇴학처분에 있어서는 어떠한 특별교육도 받지 않는다. 제1호 서면사과는 가장 가벼운 처분으로 학교폭력의 정도가 경미했음을 반영한 결과이고, 제9호 퇴학처분은 가장 중한 처분이긴 하나 퇴학의 속성상 더 이상 학생의 신분을 유지하지 않는다는 특성을 반영한 결과로 보인다.

4. 조치시일 및 이수기간[45]

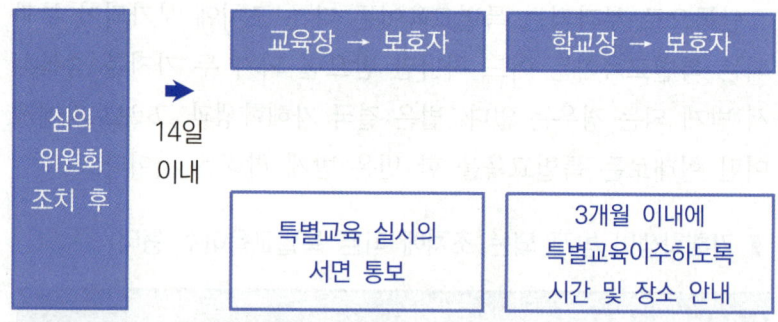

교육장은 심의위원회의 조치 후 14일 이내 해당 보호자에게 특별교육 실시를 서면으로 통보한다. 또한, 학교장은 보호자가 3개월 이내에 특별교육을 이수할 수 있도록 시간과 장소를 안내한다.

5. 조치 미이수 시의 통제[46]

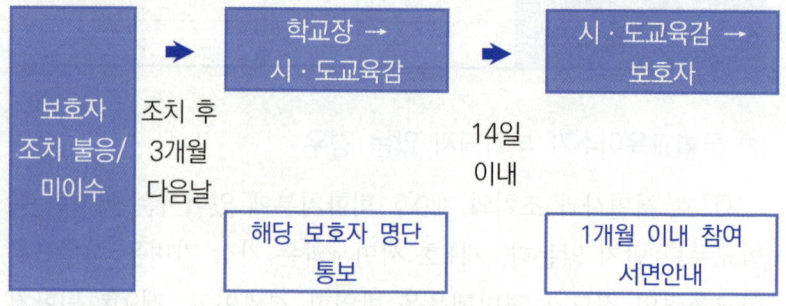

---

45) 가이드북 106면 참조.
46) 가이드북 106면 참조.

보호자가 통보받은 날로부터 3개월이 되는 날까지 특별교육에 불응할 경우에 학교장은 3개월 경과 다음 날 보호자 명단을 시·도교육감에게 통보한다. 또한, 시·도교육감은 학교장의 통보를 받은 시점 14일 이내에 미이수 보호자에게 특별교육을 1개월 이내에 이수할 것과 미이수 시 과태료가 부과됨을 함께 서면으로 안내한다.

6. 가해학생 보호자(학부모) 특별교육이수시간 부과 기준[47]

교육 대상 처분	이수 시간	교육 운영	비고
보복행위 금지, 학교봉사	4시간 이내	교육감 지정기관 프로그램 및 개인상담 이수	보호자·학생 공동교육 가능
사회봉사, 특별교육, 출석정지, 학급교체, 전학	5시간 이상		

---

47) 실무의 태도이다(가이드북 107면).

Ⅶ 가해학생에 대한 긴급조치

1. 개요

(1) 관련 법령

> 학교폭력예방법 제17조(가해학생에 대한 조치)
> ④ 학교의 장은 학교폭력을 인지한 경우 지체 없이 제1항 제2호의 조치를 하여야 한다.
> ⑤ 학교의 장은 피해학생의 보호와 가해학생의 선도·교육이 긴급하다고 인정할 경우 우선 제1항 제1호, 제3호, 제5호부터 제7호까지의 조치를 각각 또는 동시에 부과할 수 있다. 이 경우 심의위원회에 즉시 보고하여 추인을 받아야 한다.
> ⑥ 학교의 장은 피해학생 및 그 보호자가 요청할 경우 전담기구 심의를 거쳐 제1항 제6호 또는 제7호의 조치를 할 수 있다. 이 경우 심의위원회에 즉시 보고하여 추인을 받아야 한다.

  가해학생에 대한 긴급조치[48]를 아주 쉽게 보자면, 학교폭력 가해학생에 대한 조치 중 어느 하나를 원칙과 다르게 학교의 장이 심의위원회 보다 우선해서 내릴 수 있느냐의 문제인데. 우리 법은 이를 허용해 주고 있다.
  피해학생 보호를 위한 긴급조치는 법 제16조에서 가해학생에 대한 긴급조치는 법 제17조에서 이를 정하고 있다. 두 긴급조치 모두 결정권자는 학교의 장이다.

---

[48] '학교장의 긴급조치', '학교장의 가해학생에 대한 긴급조치', '가해학생 긴급조치' 등으로 부른다. 또한, 엄밀히 보면 '학교의 장의 긴급조치' 이렇게 학교의 장이라고 해야 하나 여기서는 편의상 학교장이라 한다.

(2) 학교폭력 사안에서 긴급조치 도입의 입법취지

 일반적으로 학교폭력 사안이 발생하면 사안에 대한 조사를 통해 가해·피해 사실관계를 확인하고, 조사 결과를 토대로 심의위원회에서 가해학생에 대한 조치를 결정한 뒤 교육장에게 요청하면 학교가 이를 이행하게 된다. 그러나 때로는 심의위원회의 결정을 기다려서는 적절한 조치를 하기 어려운 경우가 있다. 대표적으로 피해학생에 대한 긴급한 보호가 필요하거나 가해학생에 대한 신속한 선도가 요구되는 상황을 들 수 있다.

 예컨대 피해학생이 추가적인 폭력에 노출될 우려가 있거나, 신고·고발 학생이 보복 행위의 위험에 처해 있는 경우가 여기에 해당한다. 나아가 사건 당사자들 간의 접촉을 원천 차단함으로써 상황을 진정시키고 2차 피해를 예방할 필요성이 큰 사안도 있을 수 있다. 이에 학교폭력예방법은 학교장으로 하여금 심의위원회의 조치 요청 이전이라도 상황에 따라 예외적으로 가해학생에 대해 조치할 수 있도록 근거를 마련하고 있다.

> 참고: 입법을 통한 가해학생 긴급조치의 확대

가해학생에 대한 학교장 긴급조치의 확대(2024. 3. 31. 기준)	
법률 변경	기존(2024년 3월 1일 이전)	현행(2024년 3월 1일 이후)
긴급조치 종류	1종류	3종류
긴급조치 유형	학교장 직권 긴급조치(§17④)	필수적 긴급조치(§17④)[49] 학교장 직권 긴급조치(§17⑤) 피해학생 요청 긴급조치(§17⑥)

(3) 유형

긴급조치의 유형은 ① 법 제17조 제4항의 필수적 긴급조치,[50] ② 법 제17조 제5항의 학교장 직권의 긴급조치,[51] ③ 법 제17조 제6항의 피해학생 요청 긴급조치 총 세 가지이다.

유형	근거	사유	절차	재량	범위	병과	사후 절차
필수적 긴급조치[52]	§17④	학교폭력 인지 시	학교장 결정	×	2호	불요	×
학교장 직권 긴급조치	§17⑤	피해학생 보호와 가해학생 선도·교육 긴급하다고 인정 시	학교장 결정	○	1호 3호 5호 6호 7호	가능	심의위원회 보고 및 추인

49) 심의위원회 심의를 거쳐 내려지는 조치 중 하나인 제2호 즉, "피해학생 및 신고·고발 학생에 대한 접촉, 협박 및 보복행위(정보통신망을 이용한 행위를 포함한다)의 금지" 조치이다.
50) '제17조 제4항의 조치', '필수적 접촉금지 조치', '필수적 제2호 조치' 등 여러 형태로 불릴 수 있다.
51) 엄밀히 보면 '학교의 장 직권의 긴급조치'라고 부르는 게 맞으나 편의상 이렇게 칭한다.
52) 필수적 긴급조치는 법 제17조 제4항에 규정되어 있다. "학교의 장이 학교폭력을 인지한 경우 지체 없이 피해학생 및 신고·고발 학생에 대한 접촉, 협박 및 보복행위(정보통신망을 이용한 행위를 포함한다)의 금지 조치를 내리는 것"으로 이는 학교장 재량이 아닌 법상 필수(의무) 조치이다.

유형	근거	사유	절차	재량	범위	병과	사후 절차
피해학생 요청 긴급조치	§17⑥	피해학생 및 그 보호자가 요청 시	전담기구 심의 거쳐 학교장 결정	○	6호 7호	불가	심의위원회 보고 및 추인

※ 추인의 주체는 심의위원회로 여기서 추인은 학교장 긴급조치에 대한 사후 승인을 의미한다. 셋 다 모두 결정권자는 학교장이나 제17조 제4항의 긴급조치(필수적 긴급조치)는 반드시 시행해야 하는 의무적 조치이기에 추인이 필요 없고, 나머지 제17조 제5항의 학교장 직권의 긴급조치, 제17조 제6항의 피해학생 요청의 긴급조치는 그 실시 여부가 학교장의 재량 판단에 달려 있기에 시행하면 사후 반드시 심의위원회 추인을 받아야 한다.

　위의 세 유형의 조치는 나름의 공통성과 유사성을 지니고 있다. 예를 들어, 심의위원회의 개최 이전에 앞서 한다는 우선조치의 성격과 심의위원회의 판단이 아닌 학교장 결정으로 한다는 학교장 조치의 성격이 그것이다. 세 조치 모두를 긴급조치라고 분류하는 경우도 있는데,53) 편의상 그렇게 보아도 무방하나 엄밀히 보면 긴급조치와 우선조치는 구별되고 필요적 조치와도 그러하다. 법 제17조 제5항의 학교장 직권의 긴급조치는 반드시 긴급성을 그 요건으로 하나, 법 제17조 제6항의 피해학생 요청의 조치는 설령 긴급성이 없더라도 피해학생 측의 요청이 있고 그럴만한 이유가 있다면 심의위원회 개시 전에 해당 조치를 내리는 것이 가능하다.

---

53) 가이드북에서도 그렇다.

(4) 긴급조치의 행사 범위

구분	필수적 긴급조치 (§17④)	학교장 직권의 긴급조치 (§17⑤)	피해학생 요청 긴급조치 (§17⑥)
1호		○	
2호	○		
3호		○	
4호			
5호		○	
6호		◎	◎
7호		◎	◎
8호			
9호			

◎ : 가중요건의 존재 + 가해학생 측 의견청취

(5) 가해학생 및 가해학생의 보호자에게 통지

학교의 장이 세 긴급조치 중 어느 하나를 한 경우 가해학생과 그 보호자에게 이를 통지하여야 한다. 조문 상 가해학생과 그 보호자 모두에게 통지해야 한다(법 제17조 제10항 전단).54)

학교장의 긴급조치에 있어 피조치자인 가해학생에게 보장된 절차상 권리는 긴급조치를 통지하는 것과 만약 긴급조치로 '출

---

54) 학교폭력예방법은 학교장의 긴급조치에 대해서는 피조치자에 대한 통지 규정을 가지고 있으나(제17조 제10항), 일반적인 모습의 심의위원회 심의 후 내려지는 가해학생에 대한 조치에 대해서는 별도 통지 규정을 가지고 있지 아니하다. 물론 이때도 행정법의 일반원칙상 문서로 통지해야 함은 당연하다.

석정지 또는 학급교체'를 하는 경우 의견을 들어야 하는 것(시행령 제21조 제2항), 두 가지가 학교폭력예방법령상 마련되어 있다.

> 참고: 학교폭력예방법상 '가해학생에 대한 긴급조치',
> '심의위원회의 조치' 경우의 절차보장 규정 비교

구분	학교장의 긴급조치	심의위원회의 조치
조치 전 의견진술 기회 규정	○ (시행령 §21②)	○ (법 §17⑧)
통지규정	○ (법 §17⑩)	× (행정절차법 §24)

※ 학교장의 긴급조치 시 의견진술 기회는 출석정지(제6호), 학급교체(제7호) 조치에서만 보장되어 있다.
※ 심의위원회의 가해학생에 대한 조치 시 통지는 행정절차법에 근거한다.

(6) 가해학생의 거부·회피 시 조치

가해학생이 학교의 장의 긴급조치를 거부하거나 회피하는 때에는 학교의 장은 초·중등교육법 제18조에 따라 징계하여야 한다(법 제17조 제10항 후단). 징계 여부는 학교장의 재량이 아닌 법상 의무다. 세 가지 긴급조치 모두에 동일하다.

2. 필수적 긴급조치(제17조 제4항의 긴급조치)

> 학교폭력예방법 제17조(가해학생에 대한 조치)
> ④ 학교의 장은 학교폭력을 인지한 경우 지체 없이 제1항 제2호의 조치를 하여야 한다.

(1) 의의

　법 제17조 제4항은 학교의 장이 반드시 해야 하는 필수적 긴급조치에 관해 규정하고 있다. 이 조항에 따르면, 학교의 장은 학교폭력을 인지한 경우 지체 없이 가해학생에 대한 제2호 조치, 즉 '피해학생에 대한 접촉, 협박 및 보복행위의 금지 조치'를 하여야 할 의무가 있게 된다.

　이 조치의 목적은 피해학생을 신속하게 보호하고 2차 피해를 방지하는 데 있다. 따라서 심의위원회 개최나 사안 조사 등 다른 절차와 관계없이 먼저 시행되어야 한다.

　과거에는 이런 똑같은 사항이 학교장 직권의 긴급조치 중 하나로 규정되어 있었다. 하지만 학교장 직권의 긴급조치는 학교장 재량이었기에 적극적으로 활용되지 못하는 경향이 있었고, 이에 최근 입법 개정을 통해 독립된 조항으로 만들어 학교장의 필수 의무 사항으로 강화되었다.

　아울러 학교장 직권의 긴급조치와 달리 이 조항에 따른 조치는 심의위원회 보고나 추인 등 사후 절차가 필요치 않다. 왜냐하면 학교장의 재량이 아닌 법률상 의무이므로 별도의 통제장치가 필요 없어졌기 때문이다.

　학교폭력예방법상 이와 같은 학교폭력 인지 시 학교장의 필수적 조치는 현재 법 제16조 제1항의 '가해자와 피해학생 분리조치'와 법 제17조 제4항의 '필수적 긴급조치' 두 개가 존재한다.

(2) 성격

필수적 긴급조치의 시행자는 학교의 장이지만 학교의 장은 이 조치의 실행 여부에 대한 재량이 부여되어 있지 않다. 법문의 내용대로 이를 기계적으로 집행하는 수범자의 지위를 가진다. 따라서 학교폭력을 인지한 경우 지체 없이 가해학생에 대한 제2호 조치를 시행하여야 한다.

(3) 사유 및 시기

학교의 장의 학교폭력 인지 시 지체 없이55) 조치하여야 한다.

(4) 내용

학교의 장은 가해학생에 대한 제2호 조치를 하여야 한다. 즉, 가해학생이 피해학생 또는 신고·고발 학생에 대한 접촉, 협박 및 보복행위(정보통신망을 이용한 행위 포함)를 하지 못하도록 의무 부과를 하는 것이다.

(5) 절차

가해학생에 대한 필수적 긴급조치는 학교장의 결정으로 하고, 전술한 바와 같이 사후 심의위원회의 보고나 추인은 필요하지 않다. 이와 별개로 학교의 장은 조치를 한 때에 가해학생과 그 보호자에게 이를 통지하여야 한다. 이때 통지의 방법은 문서로써 하는 것이 원칙이다.

---

55) 일반적으로 법령에서 사용되고 있는 "지체없이"라는 표현은 시간적 즉시성이 강하게 요구되지만 정당하거나 합리적인 이유에 따른 지체는 허용되는 것으로 사정이 허락하는 한 가장 신속하게 해야 한다는 뜻으로 사용되는 법 용어이다.

3. 학교장 직권의 긴급조치(제17조 제5항의 긴급조치)

> 학교폭력예방법 제17조(가해학생에 대한 조치)
> ⑤ 학교의 장은 피해학생의 보호와 가해학생의 선도·교육이 긴급하다고 인정할 경우 우선 제1항 제1호, 제3호, 제5호부터 제7호까지의 조치를 각각 또는 동시에 부과할 수 있다. 이 경우 심의위원회에 즉시 보고하여 추인을 받아야 한다.

(1) 의의

학교의 장은 피해학생 보호와 가해학생 선도·교육이 긴급하다고 인정할 경우 우선하여 조치를 부과할 수 있다. 이를 소위 학교장 직권의 긴급조치라 부른다. 가장 전형적인 긴급조치이다.

학교장 직권의 긴급조치는 제도 초창기부터 존재했다. 2024년 3월 법 개정으로 긴급조치가 모두 세 종류로 확대된 현재에도 여전히 긴급조치의 하나로 존재하고 있다. 다만, 법 제17조 제4항에서 법 제17조 제5항으로 항의 위치가 변경되었고, 그 대상 범위에서 가해학생에 대한 조치 중 제2호가 빠져나가고 대신 제7호가 들어왔다.

참고: 학교장 직권의 긴급조치의 변화 추이

법률 개정 전후	2024. 3. 1. 이전	2024. 3. 1. 이후
조항의 위치	제17조 제4항	제17조 제5항
긴급조치의 대상 종류	다섯 가지 조치 가능	다섯 가지 조치 가능
긴급조치의 대상 범위	1호, 2호, 3호, 5호, 6호	1호, 3호, 5호, 6호, 7호

※ 긴급조치의 대상 범위에서 제2호가 빠지고 제7호가 인입 되었다.

(2) 성격

학교장 직권의 긴급조치는 학교의 장이 결정권자이면서 그 시행 여부에 대한 권한 역시 학교의 장에게 유보되어 있다. 따라서 가해학생의 선도가 긴급한 경우라도 학교의 장의 판단에 따라 이를 시행하지 않고, 다른 방법을 모색하는 것도 가능하다.

(3) 실질적 요건

① 상황 및 목적 요건

학교장 직권의 긴급조치는 학교폭력의 발생 상황에서 가해학생에 대한 선도를 그 목적으로 하는 경우에 내려져야 한다.

② 필요성 요건

긴급조치는 '긴급한 조치가 필요한 경우'에 취해질 수 있다는 점에서 보충적으로만 허용된다. 만약 통상적인 수단이나 절차로 상황을 해결할 수 있다면 긴급조치는 발할 수 없다고 보는 것이 맞다. 이 필요성 요건은 법문에는 나와 있지 않으나 긴급조치가 심의위원회의 개최 이전에 취해지는 예외적인 조치의 성격을 고려할 때 개념 내재적 요건이라 할 수 있다.

(4) 절차적 요건

가해학생에 대한 긴급조치는 학교의 장의 결정으로 하고, 사후 절차로 학교의 장은 심의위원회에 즉시 보고하여 추인을 받아야 한다. 또한, 다른 긴급조치와 마찬가지로 학교의 장은 조치할 때 가해학생과 그 보호자에게 이를 통지하여야 한다.

(5) 긴급조치의 내용

학교의 장은 가해학생에 대한 선도가 긴급하다고 인정하는 경우 법 제17조 제1항 제1호, 제3호, 제5호부터 제7호까지 모두 다섯 가지의 종류 어느 하나의 조치를 할 수 있고, 동시에 병과할 수도 있다. 현행법 이전에는 제5호와 제6호 조치만 병과할 수 있었던 것과 비교하면 병과의 대상 폭과 종류가 확대된 것을 알 수 있다.

출석정지에 있어 그 기간은 심의위원회 조치결정 시까지로 정할 수 있다(법 제17조 제7항).

(6) 심의위원회의 추인과 긴급조치의 효력

① 추인을 받지 못한 경우

긴급조치는 심의위원회의 추인을 받아야 한다. 추인을 얻게 되면 긴급조치를 한 시점부터 그 효력이 유효하게 유지된다. 물론 긴급조치의 경우 일련의 사실관계가 확정되기 이전의 결정이기에 심의위원회는 심의 결과 '일부추인' 또는 '미추인'의 결정이 가능하다. 물론, '일부추인', '미추인'의 결정을 하였다 하더라도 긴급조치 결정 당시 필요성이 인정된다면 당시 긴급조치의 결정 그 자체는 크게 문제 되지 않는다.56)

② 미추인 시 긴급조치로 내린 출석정지의 처리

심의위원회가 학교장의 긴급조치를 추인하지 않으면 이는 소

---

56) 다시 말하면 긴급조치 발령 당시 긴급조치 전체의 요건에는 부합하지 않으나 그럼에도 필요성은 인정될 수 있는 경우가 있다는 것이다.

급하여 효력을 잃게 된다. 예를 들어, 가해학생에게 긴급조치로 출석정지(제6호)를 하였다면 이는 무단결석이 아닌 출석으로 인정되어야 한다. 실무적으로 이러한 경우는 기타 부득이한 사유로 학교장의 허가를 받아 결석하는 경우로 보아 출석으로 인정할 수 있을 것이다.[57]

③ 추인과 학교생활기록부 기재

심의위원회가 긴급조치를 추인한 경우 이는 결국 심의위원회의 조치가 되므로 이는 당연히 여타의 조치와 함께 학교생활기록부에 기재해야 한다.

④ 긴급조치로 내린 출석정지와 학교장 자체해결 사안과의 관계

학교장 직권의 긴급조치로 출석정지를 한 후에 학교의 장이 해당 사안을 자체해결한 경우이다. 왜냐하면 법 제13조의2의 학교장 자체해결 역시 절차에 있어 심의위원회의 개최 이전의 문제로 학교장 직권의 긴급조치와 학교장 자체해결은 시간상으로 중첩할 수 있기 때문이다.[58]

이때는 "학교장이 긴급조치를 직권으로 취소하고, 긴급조치로 인한 결석 기간을 기타 부득이한 사유로 학교장의 허가를 받아 결석하는 경우로 보아 결석 기간을 출석기간으로 인정할 수 있다"는 견해가 있다.[59] 아직 심의위원회의 심의절차 개시 전이기에 조치의 최종 심의·결정권자가 아닌 발령권자인 학교장에게 취소 권한을 부여한다는 논리인데, 국민(여기서는 가해학생)의 불

---

57) 가이드북 52면 참조.
58) 긴급조치이건 자체해결이건 둘 다 학교에 머물러 있는 상태이다.
59) 가이드북 52면 참조.

이익을 제거하는 방편으로 행정법의 일반원칙을 유추 적용하는 취지는 수긍할 수 있다.

(7) 우선 출석정지·학급교체의 요건 및 처리

> **학교폭력예방법 시행령 제21조(가해학생에 대한 우선 출석정지 등)**
> ① 법 제17조 제5항 전단 및 같은 조 제6항 전단에 따라 학교의 장이 출석정지 또는 학급교체 조치를 할 수 있는 경우는 다음 각 호와 같다.
> 1. 2명 이상의 학생이 고의적·지속적으로 폭력을 행사한 경우
> 2. 학교폭력을 행사하여 전치 2주 이상의 상해를 입힌 경우
> 3. 학교폭력에 대한 신고, 진술, 자료제공 등에 대한 보복을 목적으로 폭력을 행사한 경우
> 4. 학교의 장이 피해학생을 가해학생으로부터 긴급하게 보호할 필요가 있다고 판단하는 경우
> 5. 피해학생 및 그 보호자가 가해학생과의 분리를 요청하는 경우

① 입법취지

학교의 장의 긴급조치 세 종류 중 학교장 직권의 긴급조치(법 제17조 제5항), 피해학생 요청의 긴급조치(법 제17조 제6항)는 그 조치로 출석정지(제6호), 학급교체(제7호)까지 내릴 수 있다.

원래 가해학생에 대한 조치는 심의위원회가 가·피해 사실관계를 바탕으로 이를 둘러싼 정황적 요소를 고려하여 내린다. 또한, 심의위원회가 결정하는 제1호부터 제9호까지의 조치는 단계적 양정을 통하여 가해행위와 피해 상황에 부합하게 내려져야 한다. 그렇다면 특별한 상황에서 예외적으로만 학교의 장에 의해 내려지는 긴급조치는 더욱더 이에 신중해야 한다. 애초에 자

기 권한이 아니기 때문이다.

그런데 여기서 고민되는 것이 과연 이렇게 심의위원회가 아닌 학교의 장에 의해서 내려지는 예외적 상황의 조치에 비교적 강도가 강한 출석정지(제6호)와 학급교체(제7호)를 전면 허용할 수 있는가, 문제 된다. 만약 전면 허용하지 않는다면, 또 어느 정도까지 허용할 수 있는가도 역시 문제 된다. 이에 대해 입법자는 전면 허용이 아닌 그 허용을 제한해 놓았고, 학교폭력예방법 시행령은 허용되는 예외적 사유를 다음과 같이 정하고 있다.

- a. 2명 이상의 학생이 고의적·지속적으로 폭력을 행사한 경우
- b. 학교폭력을 행사하여 전치 2주 이상의 상해를 입힌 경우
- c. 학교폭력에 대한 신고, 진술, 자료제공 등에 대한 보복을 목적으로 폭력을 행사한 경우
- d. 학교의 장이 피해학생을 가해학생으로부터 긴급하게 보호할 필요가 있다고 판단하는 경우
- e. 피해학생 및 그 보호자가 가해학생과의 분리를 요청하는 경우

② 의견의 청취

학교의 장이 출석정지 또는 학급교체 조치하려는 경우 해당 학생 또는 보호자의 의견을 들어야 한다. 다만, 학교의 장이 해당 학생 또는 보호자의 의견을 들으려 하였으나 이에 따르지 아니한 경우에는 그러하지 아니하다(시행령 제21조 제2항).

여기서 의견을 청취하는 주체는 결정권자인 학교장이다. 법 제17조 제8항에 마련하고 있는 심의위원회 심의절차에서 주어지는 의견진술의 기회와는 다른 절차이다.

한편, 조문 상 가해학생이 아닌 "해당 학생"이라고 하였는데, 이는 긴급조치의 근거 규정인 법 제17조 제4항부터 제6항까지와 비교해 특이한 모습이다.

의견의 청취는 출석정지 또는 학급교체를 하기 전에 들어야 하는 사전절차이고, 학교의 장이 긴급조치 할 때 가해학생과 그 보호자에게 이를 통지하는 법 제17조 제10항과는 구별된다. 전자는 조치를 결정하기 전에 의견을 듣는 것이라면, 후자는 어떠한 조치가 결정되었다는 것을 알려주는 말 그대로 통지이다.

③ 우선 출석정지·학급교체의 실무 처리

법 제17조 제5항 및 제6항 즉, 학교장 직권의 긴급조치 및 피해학생 요청의 긴급조치에 따른 출석정지 조치는 미인정 결석으로 처리한다(학교생활기록 작성 및 관리지침, 별표8). 출석정지 기간의 한계는 심의위원회 조치결정 시(심의위원회 의결일)까지로 정할 수 있다(법 제17조 제7항).

또한, 학급교체에 따른 학적 변동은 심의위원회에서 추인된 이후 반영하되, 학급교체는 해당 학년도까지 유효한 것으로 본다.60)

---

60) 가이드북 51면 참조.

4. 피해학생 요청의 긴급조치(제17조 제6항의 긴급조치)

> 학교폭력예방법 제17조(가해학생에 대한 조치)
> ⑥ 학교의 장은 피해학생 및 그 보호자가 요청할 경우 전담기구 심의를 거쳐 제1항 제6호 또는 제7호의 조치를 할 수 있다. 이 경우 심의위원회에 즉시 보고하여 추인을 받아야 한다.

(1) 의의

법 제17조 제4항의 필수적 긴급조치와 더불어 입법 개정으로 신설된 긴급조치이다.

(2) 성격

피해학생 요청의 긴급조치는 학교장 직권의 긴급조치와 마찬가지로 학교의 장이 결정권자이며 그 권한 행사의 재량이 학교의 장에게 유보되어 있다. 다른 점은 권한 행사의 계기가 자신의 직권적 판단이 아니라 피해학생의 요청에 기인한다는 것이다.

(3) 실질적 요건

① 긴급조치는 피해학생 및 그 보호자의 요청이 있어야 한다. 학교장 직권의 긴급조치와 구별되는 점이다.

② 긴급조치의 필요성이 인정되어야 한다. 이는 학교장 직권의 긴급조치와 마찬가지로 권한 행사의 재량이 학교의 장에게 부여된 것과 관련이 있다. 학교의 장은 조치 여부에 대한 필요성에 대해 검토해야 하고, 이는 전담기구의 심의로 이루어질 것이다.

(4) 절차적 요건

전담기구 심의	학교의 장은 피해학생 및 그 보호자가 요청할 경우 전담기구 심의를 거쳐 제1항 제6호 또는 제7호의 조치를 할 수 있다(법 제17조 제6항 전문).
피조치자 의견 청취	학교의 장은 출석정지 또는 학급교체 조치를 하려는 경우에는 해당 학생 또는 보호자의 의견을 들어야 한다(시행령 제21조 제2항 전문).
가해학생에 통지	학교의 장이 조치를 한 때에는 가해학생과 그 보호자에게 이를 통지하여야 한다(법 제17조 제10항 전단).
심의위원회 보고·추인	이 경우 심의위원회에 즉시 보고하여 추인을 받아야 한다(법 제17조 제6항 후문).

(5) 긴급조치의 내용

학교의 장은 전담기구 심의를 거쳐 가해학생 조치 제6호 출석정지 또는 제7호 학급교체 중 하나를 할 수 있다. 학교장 직권의 긴급조치와 달리 규정이 없어 이 둘의 조치는 병과 할 수 없다.

출석정지에 있어 그 기간은 심의위원회 조치결정 시까지로 정할 수 있다(법 제17조 제7항).

(6) 심의위원회의 추인과 긴급조치의 효력

학교장 직권의 긴급조치와 내용이 같다.

(7) 우선 출석정지 · 학급교체의 요건 및 처리

학교장 직권의 긴급조치와 내용이 같다.

제3장 학교생활기록부

I 가해학생에 대한 조치사항 학교생활기록부 기재

1. 관련 법령

> **초·중등교육법 제25조(학교생활기록)**
> ① 학교의 장은 학생의 학업성취도와 인성(人性) 등을 종합적으로 관찰·평가하여 학생지도 및 상급학교(「고등교육법」 제2조 각 호에 따른 학교를 포함한다. 이하 같다)의 학생 선발에 활용할 수 있는 다음 각 호의 자료를 교육부령으로 정하는 기준에 따라 작성·관리하여야 한다.
> 1. 인적사항
> 2. 학적사항
> 3. 출결상황
> 4. 자격증 및 인증 취득상황
> 5. 교과학습 발달상황
> 6. 행동특성 및 종합의견
> 7. 그 밖에 교육목적에 필요한 범위에서 교육부령으로 정하는 사항
>
> **초·중등교육법 시행규칙 제21조(학교생활기록의 기재내용 등)**
> ① 법 제2조에 따른 학교(이하 "학교"라 한다)의 장이 법 제25조 제1항에 따라 같은 항 제1호부터 제6호까지의 자료를 학교생활기록으로 작성하는 경우 그 기재내용은 다음 각 호와 같다.
> 1. 인적사항: 학생의 성명·주민등록번호 및 주소 등
> 2. 학적사항: 학생이 해당 학교에 입학하기 전에 졸업한 학교의 이름, 졸업 연월일 및 재학 중 학적 변동이 있는 경우 그 날짜·내용 등

3. 출결상황: 학생의 학년별 출결상황 등
4. 자격증 및 인증 취득상황: 학생이 취득한 자격증의 명칭, 번호, 취득 연월일 및 발급기관과 인증의 종류, 내용, 취득 연월일 및 인증기관 등
5. 교과학습 발달상황: 학생의 재학 중 이수 교과, 과목명, 평가결과 및 학습활동의 발전 여부 등
6. 행동특성 및 종합의견: 학교교육 이수 중 학생의 행동특성과 학생의 학교교육 이수 상황을 종합적으로 이해할 수 있는 의견 등

② 법 제25조 제1항 제7호에서 "교육부령으로 정하는 사항"과 그 기재내용은 각각 다음 각 호와 같다.

6. 학교폭력 조치상황 관리:「학교폭력예방 및 대책에 관한 법률」제17조 제1항에 따른 조치사항이 있는 경우 그 내용

③ 제2항 제6호에 따라「학교폭력예방 및 대책에 관한 법률」제17조 제1항 제1호부터 제3호까지에 따른 조치사항에 관한 내용을 적어야 하는 경우는 다음 각 호의 어느 하나에 해당하는 경우로 한정한다. 이 경우 제2호에 해당하는 경우에는 그 다른 학교폭력사건으로 받은「학교폭력예방 및 대책에 관한 법률」제17조 제1항 제1호부터 제3호까지에 따른 조치사항에 관한 내용도 함께 적어야 한다.

1. 해당 학생이「학교폭력예방 및 대책에 관한 법률」제17조 제1항 제1호부터 제3호까지에 따른 조치사항을 이행하지 않은 경우
2. 해당 학생이「학교폭력예방 및 대책에 관한 법률」제17조 제1항 제1호부터 제3호까지에 따른 조치를 받은 후 동일 학교급에 재학하는 동안(초등학생인 경우에는 그 조치를 받은 날부터 3년 이내의 범위에서 동일 학교급에 재학하는 동안) 다른 학교폭력사건으로 같은 조 제1항의 조치를 받은 경우

학교생활기록 작성 및 관리지침 제16조의2 (학교폭력 조치상황 관리)
「학교폭력예방 및 대책에 관한 법률」제17조 제1항에 따른 가해학생에 대한 조치사항을 입력한다.

2. 의의

(1) 학교폭력예방법 연계의 법적 근거

초·중등교육법 제25조에 따라 학교의 장은 학교생활기록을 작성·관리하여야 하고 이를 학교생활기록부라 부른다. 학생의 학업성취도와 인성을 종합적으로 관찰·평가하게 되는데, 학교생활기록은 학생지도 및 상급학교 학생선발에 활용한다.

이러한 학교생할기록 자료를 교육정보시스템으로 작성·관리하여야 하고(초·중등교육법 제25조 제2항), 이 교육행정정보시스템을 소위 NEIS(나이스)라고 부른다.

학교생활기록에 작성되는 자료 중 「학교폭력예방 및 대책에 관한 법률」 제17조 제1항에 따른 조치사항이 있는 경우 그 내용도 포함하게 되어(초·중등교육법 시행규칙 제21조 제2항 제6호). 결국 학교생활기록부에 가해학생에 대한 학교폭력 조치사항 이력이 일정 기간 남게 되었다.1)

(2) 학교폭력 조치사항의 기재 및 보존의 목적

기재·보존의 목적은 결국 학교폭력의 예방과 대책이라는 과제 실현에 맞닿아 있을 것이다. 헌법재판소도 이에 대해서 "기재조항 및 보존조항은 학교폭력 가해학생에 대한 교정 및 선도와 학교폭력 예방을 그 목적으로 하는바, 그러한 입법목적의 정당

---

1) 최근 학교폭력예방법에 행정심판과 행정소송 규정을 마련하여 피해학생 등의 절차 보장을 도모한 것처럼 학교생활기록부 기재의 법적 근거나 초·중등교육법과의 연계를 학교폭력예방법에 직접 규정하는 것도 입법적으로 고민해 볼 부분이다.

성이 인정된다. 학교생활기록부에 학교폭력 관련 조치사항을 기재·보존하게 하면 담당교사가 학생 개인의 과거 행동에 대한 정보를 파악할 수 있어 학생의 선도 및 교육 자료로 활용할 수 있을 뿐만 아니라, 상급학교의 학생 선발자료로 활용될 수 있다는 측면에서 학생들의 경각심을 고취하여 학교폭력을 예방하거나 재발을 방지하는 효과가 있다 할 것"(헌법재판소 2016. 4. 28. 선고 2012헌마630 결정)이라 하며 기재·보존 조항의 정당성과 적합성을 인정한 바 있다.

(3) 학교폭력 예방의 실효성 확보

학교폭력 관련 조치사항들을 학교생활기록부에 기재하고 보존하게 된 것은, 학교폭력이 점점 심각해지고, 기존의 학교폭력 예방을 위한 수단들의 실효성에 의문이 제기되었기 때문이다.[2] 학교생활기록부는 해당 학생에 대한 학생 지도뿐 아니라 학생 선발의 자료로 활용할 수 있다. 이때 당연히 학교폭력의 가해 전력은 불리한 요소로 작용할 수 있고, 수시지원이 활성화되는 최근의 대학입시 추세에서는 그 유불리가 더욱 커지게 되었다.

이러한 입시에의 영향력으로 인해 학교폭력의 유무 및 정도에 대한 기재는 학생 및 그 보호자의 관심사가 되고, 그 반사효과로 학교폭력 예방의 실효성이 확보된 것이다.

(4) 점점 강화되는 추세

학교폭력이 사회에서 이슈가 될 때마다 학교폭력의 근절에 대

---

[2] 헌법재판소 2016. 4. 28. 선고 2012헌마630 결정.

한 사회의 요구가 높아지게 되고, 학교생활기록부 기재의 강화는 이에 대한 실효적인 대책의 하나로 등장하게 되었다. 예를 들어, 강제전학의 경우는 졸업 후 2년까지 그 내용이 절대 삭제 불가능하게 변경되더니 이후 다시 그 기간이 졸업 후 4년까지로 늘어났다. 그래서 이제는 고등학교 1학년 때 받은 강제전학 전력이 최대 대학 졸업 시까지 공적 기록에 존재하게 되는 것이다.

(5) 대학 입시 반영의 확대

2025년 대학별 자율적 시행을 거쳐 2026년 대입부터는 모든 대학에 있어 학교폭력 조치사항을 대학 입시전형에 의무화하여 확대 시행한다.

3. 학교폭력 조치사항의 학교생활기록부 기재

학교폭력 가해학생에 대한 조치사항의 경우 학교에서 조치결정 통보 공문을 접수한 즉시, 학교생활기록부에 기재하고 구체적인 작성·관리에 관한 사항은 「학교생활기록 작성 및 관리지침」에 따른다.

한편, 가해학생 조치사항에 대한 행정심판이 청구되거나 소송이 제기된 경우에도 기재된 조치사항을 삭제하지 아니하며, 이후 조치가 변경되거나 취소되어 이를 수정하는 경우에도 조치결정 일자는 변경하지 않는다.[3]

---

[3] 가이드북 108면.

4. 학교폭력 조치사항 기재의 일원화

2024년 신입생부터는 기재 방식을 개선하여 학교생활기록부 내 3개 항목(행동특성 및 종합의견, 출결상황 특기사항, 인적·학적사항 특기사항)에 조치별로 분산 기재하지 않고, '학교폭력 조치상황 관리'란에 일원화하여 통합 기록한다. 2024년 이전 입학자의 경우 소급하여 일원화하지 아니하고, 종전의 규정에 따른다.4)

5. 학교폭력 조치사항 기재 시 특색

(1) 피해학생 조치사항

학교폭력 관련 피해학생에 대한 조치사항은 기재하지 않는다.

(2) 가해학생에 대한 조치사항

① 주된 조치 모두 기재

가해학생에 대한 심의위원회의 조치는 제1호부터 제9호까지 어느 조치를 받았더라도 모두 기재 대상이다. 만약 조치가 병과된 경우라면 병과된 조치 전부를 기재한다. 이는 당장 기재할지 말지에 대한 조건부 기재유보와는 다른 맥락이다.

---

4) 일원화 적용 시기 및 적용학년
  ① 2025년 3월 1일 ▶ 초등학교 1~2학년, 중학교 1~2학년 및 고등학교 1~2학년
  ② 2026년 3월 1일 ▶ 초등학교 1~3학년, 중학교 및 고등학교 전체 학년
  ③ 2027년 3월 1일 ▶ 초등학교 1~4학년, 중학교 및 고등학교 전체 학년
  ④ 2028년 3월 1일 ▶ 초등학교 1~5학년, 중학교 및 고등학교 전체 학년
  ⑤ 2029년 3월 1일 ▶ 초등학교, 중학교 및 고등학교 전체 학년.

② 부가 조치 미기재

예를 들어, 법 제17조 제3항에 따른 부가적 성격의 특별교육 이수(또는 심리치료)는 기재하지 않는다.

(3) 긴급조치 유형과 기재 여부

구분	필수적 긴급조치 (§17④)	학교장 직권의 긴급조치(§17⑤)	피해학생 요청 긴급조치(§17⑥)
1호		기재○	
2호	기재×		
3호		기재○	
4호			
5호		기재○	
6호		기재○	기재○
7호		기재○	기재○
8호			
9호			

가해학생에 대한 긴급조치의 학교생활기록부에 기재 여부는 심의위원회의 추인과 연동된다. 가해학생에 대한 조치는 원래가 심의위원회의 권한이기 때문이다. '학교장 직권의 긴급조치' 및 '피해학생 요청의 긴급조치'는 심의위원회의 추인이라는 승인 과정을 통해 결국 심의위원회가 내린 조치가 되므로 이를 기재하는 것이다. 반대로 심의위원회의 추인이 예정되어 있지 않은 법 제17조 제4항의 '필수적 긴급조치'는 기재하지 않는다.

(4) 조치결정 일자[5]

조치결정 일자는 심의위원회의 조치 요청에 따라 교육장이 조치를 결정한 날(교육지원청 내부결재일)을 의미한다. 행정심판 청구나 소송 제기가 있는 경우, 조치사항을 먼저 입력하고 향후 조치가 변경되면 결정일자는 변경하지 않고 조치사항만 수정한다.

(5) 조치사항 관리대장

학교생활기록부의 기재와 별도로 전담기구에서는 「학교폭력 가해학생 조치사항 관리대장」(이하 "조치사항 관리대장")〈양식4-1〉을 관리한다. 해당 학생이 학적 변동 시에는 조치사항 관리대장은 전입한 학교에서 보유·관리한다. 따라서 학적 변동 시 전출교는 전입교에 조치사항 관리대장을 송부한다.[6]

조치사항 관리대장은 다음과 같다.

학교폭력 가해학생 조치사항 관리 대장(20○○학년도 입학생)

인적사항			조치 일자	졸업 예정일 (월)	학교폭력 조치사항 (기재유보 조치 포함)	졸업 2년 또는 4년 후 삭제 사항	
학년	반	번호	성명			전담기구 심의 사항 (제4호, 제5호, 제6호, 제7호)	삭제 시기(월)
6	1		A	2025. 3. 12.	2026. 2	제3호	
6	1		A	2025. 6. 23.	2026. 2	제1호 제2호 제3호	

---

5) 가이드북 109면.
6) 가이드북 109면.

인적사항				조치 일자	졸업 예정일 (월)	학교폭력 조치사항 (기재유보 조치 포함)	졸업 2년 또는 4년 후 삭제 사항	
학년	반	번호	성명				전담기구 심의 사항 (제4호, 제5호, 제6호, 제7호)	삭제 시기(월)
6	1		A	2025. 8.4.	2026. 2	제2호 제5호	(2건 이상의 학교폭력 사안으로 제5호는 심의 대상 아님)	2028. 2.
6	4		B	2025. 12.12.	2026. 2	제1호 제7호 (제1호 기재유보)	(졸업학년도 2월말까지 6개월이 경과되지 않아 제7호는 심의 대상 아님)	2030. 2.

※ 보존기간: 졸업 후 4년
※ 학교폭력 가해학생 조치 조건부 기재유보 관리대장을 참고하여 학교폭력 조치사항 관리대장에 기재
※ 전출교에서는 전입교에 학교폭력 가해학생 조치사항 관리대장을 송부

☞ 2025년도부터 보존 연한이 4년으로 일괄 조정되었음을 안내하고 있다.
☞ 삭제시기를 유의해서 살펴볼 필요가 있음

    2025년부터 조치사항 관리대장의 보존 연한이 일괄 4년으로 조정되었음을 안내하고 있다.[7]

제7호 학급교체 조치의 경우 원칙은 졸업 후 4년이 지나야 삭제할 수 있으나, 같은 4년 연한인 전학과는 달리 전담기구 심의에 의해서 졸업 시에 삭제하는 방법도 있다. 그러나 이것도 졸업하기 6개월 전에 기재되어야만 가능하다. 즉, 너무 졸업이 임박하여 기재 되면 삭제하지 않겠다는 것이다.

위의 표에서 졸업 예정일은 2026년 2월이기에 B가 자신의 제7호 조치를 졸업 시기에 삭제 받으려면 그 기재일이 적어도 졸업 6개월 이전이어야 하는데, 2025년 12월 12일에 기재되었으므로 전담기구의 심의를 통한 삭제는 불가능하다.

6. 조건부 기재유보

(1) 의의

학교폭력 가해학생 조치 중 상대적으로 경미한 제1호, 제2호 및 제3호 조치는 일정 조건인 경우만 한정하여 기재한다. 즉, 기재 대상임에도 예외적일 때에만 기재한다는 것이다.

(2) 기재하는 경우

① 조치의 미이행 시(초·중등교육법 시행규칙 제21조 제3항 제1호)

② 재차 조치를 받은 경우[8](초·중등교육법 시행규칙 제21조 제3항 제2호)

---

7) 이는 강제전학의 4년 경과 후 삭제 기조에 맞춘 것으로 보인다.
8) 형사법의 재범과 유사하다.

제1호부터 제3호 조치(선행조치)를 받은 후 기재되지 않고 있었는데, 이후 다른 학교폭력 사건으로 가해학생 조치(후행조치)를 받은 경우 후행조치는 물론 기재되지 않고 있던 선행조치도 부활하고, 결국 후행조치와 선행조치 두 개 모두가 기재된다.

(3) 조치의 미이행이란(이행기간의 미준수)

　예외적 기재 사유인 조치의 미이행이란 심의위원회가 정한 이행기간 내 조치사항을 이행하지 않는 것을 말한다. 기재되고 나면 설령 이후 조치사항을 이행하여도 그 기내내용은 유지된다.

(4) 이행기간과 집행정지

　가해학생이 제1호부터 제3호까지의 어느 조치를 받았으나, 이행기간 만료 전에 해당 조치의 집행을 저지하는 인용 결정을 받은 경우, 그 결정으로 조치 효력은 정지되어 이행기간이 진행되지 않는다. 따라서 조치를 미이행했더라도 그 기재를 유보한다.

　효력중지 이후 본안에서 청구가 최종적으로 기각된 경우에는 그때부터 집행정지의 효력은 상실된다. 집행정지 결정 당시 남아 있는 기간이 기각 시부터 진행되고 이 남은 기간 내에 조치를 이행했는지 여부로 조치사항에 대한 기재 여부를 결정하면 된다.

(5) 조건부 기재유보 관리대장

　기재유보 사항은 「학교폭력 가해학생 조치(제1호 · 제2호 · 제3호) 조건부 기재유보 관리대장」(이하 "조건부 기재유보 관리대장")

〈양식4-2〉에 기재하고 학적변동에 따라 소속 학교에서 보유·관리한다. 조건부 기재유보 관리대장은 다음과 같다.

학교폭력 가해학생 조치(제1호·제2호·제3호) 조건부 기재유보 관리대장
(20○○학년도 입학생)

인적사항				조치일자	조치사항	이행 완료일	비고
학년	반	번호	성명	(이행기간)			
3	1	25	김삿갓	2025.4.5. (2025.00.00)	제1호	2025.00.00.	
3	2	20	홍길동	~~2025.5.12.~~ ~~(2025.00.00)~~	~~제3호~~	~~2025.00.00.~~	다른 학교폭력 사안으로 조치를 받음

※ 조치일자는 교육장 내부결재일(교육지원청에서 학교로 통보함)
※ 조치이행 기간 내에 이행하지 않은 경우에는 해당란에 취소선을 그음

※ 보존기간: 졸업학년도 2월말에 폐기
※ 전출교에서는 전입교에 학교폭력 가해학생 조치 조건부 기재유보 관리대장을 송부

[참고] 학교폭력 가해학생 조치(제1호·제2호·제3호) 조건부 기재유보
- 가해학생 조치사항(제1호·제2호·제3호)을 이행한 가해학생이 동일 학교급에서 다른 학교폭력 사안으로 가해학생 조치를 받지 않은 경우(초등학생은 조치를 받은 날로부터 3년이 경과한 경우)에 한해서 조건부로 기재하지 않음.
- 다만, 해당 학생이 동일 학교급(초등학생은 조치를 받은 날로부터 3년 내)에서 다른 학교폭력 사안으로 가해학생 조치를 받은 경우에는 이전에 적지 않은 조치사항을 포함하여 기재함.
- 심의위원회가 정한 이행기간 내에 조치사항을 이행하지 않으면 조치사항을 기재하고 이후 조치사항을 이행하여도 기재내용은 유지됨.

Ⅱ 학교생활기록부 기재의 삭제

1. 관련 법령

초·중등교육법 시행규칙 제22조(학교생활기록의 관리·보존 등)
① 학교의 장은 「공공기록물 관리에 관한 법률」 및 같은 법 시행령에 따라 학교생활기록부 및 학교생활 세부사항기록부를 관리·보존해야 한다.
② 학교의 장은 학교생활기록의 기록 사항 중 「학교폭력예방 및 대책에 관한 법률」 제17조 제1항 제1호부터 제3호까지의 조치사항을 해당 학생의 졸업과 동시에 삭제해야 한다.
③ 학교의 장은 학교생활기록의 기록 사항 중 「학교폭력예방 및 대책에 관한 법률」 제17조 제1항 제4호부터 제8호까지의 조치사항을 다음 각 호의 구분에 따른 기간이 지난 후에 지체 없이 삭제해야 한다. 다만, 「학교폭력예방 및 대책에 관한 법률」 제17조 제1항 제4호부터 제7호까지의 조치사항은 교육부장관이 정하는 바에 따라 해당 학생이 졸업하기 직전에 「학교폭력예방 및 대책에 관한 법률」 제14조 제3항에 따른 전담기구의 심의를 거쳐 해당 학생의 졸업과 동시에 삭제할 수 있다.
1. 「학교폭력예방 및 대책에 관한 법률」 제17조 제1항 제4호 및

제5호의 조치사항: 해당 학생이 졸업한 날부터 2년
  2. 「학교폭력예방 및 대책에 관한 법률」 제17조 제1항 제6호부터 제8호까지의 조치사항: 해당 학생이 졸업한 날부터 4년
  ④ 학년도별 학교생활기록의 작성이 종료된 이후에는 해당 학교생활기록의 내용을 정정할 수 없다. 다만, 정정을 위한 객관적인 증명자료가 있는 경우에는 정정할 수 있다.

학교생활기록 작성 및 관리지침 제18조(자료의 보존)
  ④ 학교의 장은 학교생활세부사항기록부(학교생활기록부Ⅱ)의 '학교폭력 조치상황 관리'에 입력된 「학교폭력예방 및 대책에 관한 법률」 제17조 제1항 제4호부터 제8호까지의 조치사항은 「초·중등교육법 시행규칙」 제22조 제3항에서 정한 기간이 지난 후에 삭제하여야 한다. 다만, '학교폭력 조치상황 관리'에 입력된 「학교폭력 예방 및 대책에 관한 법률」 제17조 제1항 제4호부터 제7호까지의 조치사항은 해당 학생의 반성 정도와 긍정적 행동변화 정도를 고려하여 졸업하기 직전에 「학교폭력예방 및 대책에 관한 법률」 제14조 제3항에 따른 학교폭력 전담기구의 심의를 거쳐 학생의 졸업과 동시에 삭제할 수 있다.
  ⑤ 제4항 단서에도 불구하고 다음 각 호의 어느 하나에 해당하는 경우 학교폭력 전담기구의 조치사항 삭제 심의 대상이 될 수 없다.
  1. 재학기간 동안 서로 다른 학교폭력 사안 2건 이상으로「학교폭력예방 및 대책에 관한 법률」 제17조 제1항 각 호의 조치사항을 각각 받은 경우
  2. 「학교폭력예방 및 대책에 관한 법률」 제17조 제1항 조치사항의 조치결정일로부터 졸업학년도 2월 말일까지 6개월이 경과되지 않은 경우
  ⑥ 학교의 장은 학교생활세부사항기록부(학교생활기록부Ⅱ)의 '학교폭력 조치상황 관리'에 입력된 「학교폭력예방 및 대책에 관한 법률」 제17조 제1항 제1호·제2호·제3호의 조치사항을 학생의 졸업과 동시에 삭제하여야 한다.

2. 조치사항 삭제 기준

가해학생에 대한 조치 제1호부터 제3호까지의 조치는 졸업과 동시에 제4호부터 제7호까지의 조치는 졸업하기 직전 전담기구에서 심의를 거쳐 졸업과 동시에 삭제가 가능하다. 이때 해당 학생의 반성 정도와 긍정적 행동변화 정도 등을 고려한다(학교생활기록 작성 및 관리지침 제18조 제4항 단서).

3. 삭제시기

(1) 삭제시기의 강화 추세

가해학생 조치	삭제시기(신고일 기준[9])		
	2023. 2. 28. 이전 신고	2023. 3. 1. ~2024. 2. 29.	2024. 3. 1. 이후 신고
	2가지로 구분	3가지로 구분	4가지로 구분
1호	졸	졸	졸
2호	졸	졸	졸
3호	졸	졸	졸
4호	졸 or 졸2	졸 or 졸2	졸 or 졸2
5호	졸 or 졸2	졸 or 졸2	졸 or 졸2
6호	졸 or 졸2	졸 or 졸2	졸 or 졸4
7호	졸	졸 or 졸2	졸 or 졸4
8호	졸 or 졸2	졸2	졸4
9호	삭제 대상 아님	삭제 대상 아님	삭제 대상 아님

---

[9] 사건 발생일 기준이 아닌 신고일 기준임을 유의.

(2) 강제전학의 경우(졸업 후 4년)

2023년 2월 28일 이전에는 다른 조치들과 마찬가지로 졸업과 동시에 삭제되는 것이 가능했었다. 그러나 이후 법령 개정을 통해 졸업 시에 삭제하지 못하도록 다른 조치를 받은 경우와 차별화했고, 재차 그 삭제 연한을 2년에서 4년으로 강화했다.

그래서 이론적으론 초등학생의 재학 중 강제전학 조치를 받았다면 졸업 후 4년 경과 시점인 고등학교 1학년이 지나야 중학생의 경우는 대학교 1학년이 지나서야 고등학생의 경우에도 통상 대학교를 졸업하고 나서야 삭제될 수 있게 된다.

중학교, 고등학교 3년제 교육과정에서 졸업 후 2년은 그 기재 여파가 다음 상급학교 예를 들어, 초등학교라면 중학교 중학교라면 고등학교 입학까지 미치지만, 4년이면 초등학교는 고등학교 입학 시까지 중학교는 대학 진학 시까지 영향을 준다.

4. 삭제 방법 및 유형

학생부 영역	가해학생 조치사항	삭제 유형 및 방법		
		졸업 동시 삭제	전담기구 심의로 삭제	기간의 경과로 삭제
행동특성 및 종합의견	1호	○		
	2호	○		
	3호	○		
출결상황 특기사항	4호		○	○(2년)
	5호		○	○(2년)
	6호		○	○(2년)
행동특성 및 종합의견	7호		○	○(4년)
인적·학적사항 특기사항	8호			○(4년)
	9호	삭제대상 아님	삭제대상 아님	삭제대상 아님

(1) 의의

 기재 된 가해학생에 대한 조치가 삭제되는 시기는 가장 빠르면 졸업 시점이고, 가장 늦어지면 졸업 후 4년의 경과 시점이다. 경미한 조치일수록 삭제시기가 빠르고 중한 조치는 그 반대다.

 삭제 방편에는 세 가지가 있다. 먼저, 졸업과 동시에 무조건 삭제되는 것, 그리고 무조건은 아니지만 심의를 거쳐 통과된다는 전제하에 졸업 시에 마지막으로는 졸업 이후 일정 시간의 경과로만 삭제되는 경우이다.

삭제를 기다리는 가해학생의 입장에서는 첫 번째가 제일 유리하고 세 번째의 경우가 가장 불리할 것이다.

(2) 삭제 유형 및 방법

제1호부터 제3호 조치는 상대적으로 가벼워 졸업과 동시에 무조건 삭제된다. 가장 무겁고 엄한 처분인 제8호 전학조치는 다른 방법은 없고 졸업 후 4년이 지나야만 비로소 삭제할 수 있다.

나머지 조치 제4호부터 제7호의 조치는 원칙과 예외 두 가지 삭제 방법이 존재한다. 우선 강제전학처럼 졸업 후 시간의 경과를 기다려 삭제하는 것이다. 제4호, 제5호 조치는 2년의 경과 제6호, 제7호 조치는 4년의 경과가 필요하다. 그러나 예외적으로 심의를 거쳐 졸업과 동시에 삭제하는 방법도 있다.

5. 삭제 시 유의 사항

(1) 제1호 · 제2호 · 제3호 삭제 시

해당 학생의 졸업과 동시에 삭제하되, 졸업식 이후부터 당해 2월 말(NEIS 졸업생 학적반영 이전) 사이에 하고 함께 기재된 '긍정적인 행동변화와 관련 기재 사항'도 같이 삭제한다.

(2) 제4호 · 제5호 · 제6호 · 제7호 삭제 시

해당 학생의 졸업일로부터 제4호, 제5호 조치는 2년 후, 제6호 및 제7호 조치는 4년 후에 삭제하는 것을 원칙으로 한다. 심의 대상자 요건을 만족하는 경우 해당 학생의 반성 정도와 긍정

적 행동변화 정도를 고려하여 졸업 직전 전담기구 심의를 거쳐 졸업과 동시에 삭제할 수 있다.

6. 심의 대상자 요건

> 학교생활기록 작성 및 관리지침 제18조(자료의 보존)
> ⑤ 제4항 단서에도 불구하고 다음 각 호의 어느 하나에 해당하는 경우 학교폭력 전담기구의 조치사항 삭제 심의 대상이 될 수 없다.
> 1. 재학기간 동안 서로 다른 학교폭력 사안 2건 이상으로「학교폭력예방 및 대책에 관한 법률」제17조 제1항 각 호의 조치사항을 각각 받은 경우
> 2. 「학교폭력예방 및 대책에 관한 법률」제17조 제1항 조치사항의 조치결정일로부터 졸업학년도 2월 말일까지 6개월이 경과되지 않은 경우

(1) 다른 사안으로 가해학생 조치(제1호 · 제2호 · 제3호 포함)를 받은 사실이 없을 것

① 각각 다른 사안으로 제4호(선행조치), 제5호(후행조치) 받아 기재 된 경우(예시)

선행조치 후행조치 모두 삭제를 위한 다른 조치를 받은 것이 없을 것이라는 요건을 충족하지 못해서 심의 대상이 되지 못한다.

② 각각 다른 사안으로 제1호(선행조치), 제5호(후행조치) 받아 기재 된 경우(예시)

선행조치는 애초에 삭제를 위해 별도의 심의가 필요하지 않으므로 졸업과 동시에 자동 삭제되나, 후행조치는 다른 조치를 받

은 것이 없어야 한다는 심의 대상 요건을 충족하지 못해서 심의 대상이 되지 못한다.

(2) 졸업학년도 2월 말 기준 6개월 이전에 조치결정을 받았을 것(졸업 6개월 시효)

 2026년 2월에 졸업하는 학생이라면 2026년 2월 28일로부터 6개월 전인 2025년 8월 말이 기준이다. 예를 들어 2025년 9월 2일에 제5호 조치결정을 받았다면 심의 대상이 될 수 없다. 졸업 근접한 시기의 결정은 심의 대상에서 제외하겠다는 것이다.

III 학교생활기록부 활용의 제한

1. 관련 법령

> 초·중등교육법 제30조의6(학생 관련 자료 제공의 제한)
> ① 학교의 장은 제25조에 따른 학교생활기록과 「학교보건법」 제7조의3에 따른 건강검사기록을 해당 학생(학생이 미성년자인 경우에는 학생과 학생의 부모 등 보호자)의 동의 없이 제3자에게 제공하여서는 아니 된다. 다만, 다음 각 호의 어느 하나에 해당하는 경우에는 그러하지 아니하다.
> 1. 학교에 대한 감독·감사의 권한을 가진 행정기관이 그 업무를 처리하기 위하여 필요한 경우
> 2. 제25조에 따른 학교생활기록을 상급학교의 학생 선발에 이용하기 위하여 제공하는 경우
> 3. 통계작성 및 학술연구 등의 목적을 위한 것으로서 자료의 당사자가 누구인지 알아볼 수 없는 형태로 제공하는 경우
> 4. 범죄의 수사와 공소의 제기 및 유지에 필요한 경우

> 5. 법원의 재판업무 수행을 위하여 필요한 경우
> 6. 그 밖에 관계 법률에 따라 제공하는 경우
> ② 학교의 장은 제1항 단서에 따라 자료를 제3자에게 제공하는 경우에는 그 자료를 받은 자에게 사용목적, 사용방법, 그 밖에 필요한 사항에 대하여 제한을 하거나 그 자료의 안전성 확보를 위하여 필요한 조치를 하도록 요청할 수 있다.
> ③ 제1항 단서에 따라 자료를 받은 자는 자료를 받은 본래 목적 외의 용도로 자료를 이용하여서는 아니 된다.

2. 제3자 제공의 금지

학교의 장은 해당 학생(미성년자인 경우에는 학생과 부모 등 보호자)의 동의 없이는 학교생활기록을 제3자에게 제공하여서는 아니 된다(초·중등교육법 제30조의6 제1항 본문).

3. 예외적 제3자 제공 및 목적외 사용금지

예외적으로 범죄 수사나 법원의 재판 등 필요한 경우 학생의 동의 없이 제3자에게 학교생활기록을 제공할 수 있으나, 이 경우 학교의 장은 그 자료를 받은 자에게 사용목적, 사용방법, 그 밖에 필요한 사항에 대하여 제한을 하거나 그 자료의 안정성 확보를 위하여 필요한 조치를 하도록 요청할 수 있다(초·중등교육법 제30조의6 제1항 단서, 제2항). 그리고 자료를 제공받은 자는 본래 목적 외의 용도로 자료를 이용할 수 없다(동조 제3항).

4. 제재

　만약 학교의 장이 학생이나 보호자의 동의 없이 학교생활기록을 제3자에게 제공하거나, 제공받은 자가 그 자료를 본래 목적 외의 용도로 이용한 경우에는 3년 이하의 징역 또는 3천만 원 이하의 벌금에 처한다(초·중등교육법 제67조 제2항 제4호).

학교폭력, 법이 다스리다:
따돌림에서 딥페이크까지

제**5**편
학교폭력 사안처리 절차

제1장 절차의 개관

I 의의

(1) 성격

정책적 관점에서 학교폭력은 사안의 발생을 기준으로 해서 발생 이전에는 예방에 주력하고 구체적 사건의 발생 이후에는 대책에 집중하는 것이 이치에 상응한다. 법률명 "학교폭력예방 및 대책에 관한 법률"에도 이러한 부분이 드러난다.

여기에서 대책의 주된 모습은 발생 폭력 사건의 사안처리이다. 이를 통해 가해자에 대한 선도·교육과 피해학생에 대한 보호 나아가 재발 방지에 이르게 된다.

(2) 예외 절차의 마련

학교폭력예방법상 학교폭력 사안은 조사절차를 거쳐 심의절차로 진행하는 것이 일반적이다. 즉, 학교폭력 사안처리 과정에는 심의위원회의 심의가 반드시 예정되어 있고 의무화 되어있다.

이런 부분은 심의위원회 구성·운영에 관한 규정인 법 제13조 제2항에서 위원회의 필수 소집 사유로 "학교폭력이 발생한 사실을 신고받거나 보고받은 경우(제4호)", "가해학생이 협박 또는 보복한 사실을 신고받거나 보고받은 경우(제5호)"를 정하고 있는 것에도 기인한다. 어떠한 경우라도 일단 학교폭력이 신고되거나 인지 된 경우는 위원회가 소집되게 되어있고, 소집되어 개최된 심의위원회는 피해학생의 보호와 가해학생에 대한 교육, 선도 및 징계 사항을 심의하게 된다(법 제12조 제2항, 제3항).

그런데 최근 법 개정을 통해 이 원칙의 예외적인 절차를 마련하였다. 즉, 심의위원회의 심의절차가 없어도(즉, 심의위원회가 개최되지 않아도) 해당 학교폭력의 사안처리 절차를 종료할 수 있는 제도를 마련하였는데, 바로 '학교장 자체해결 제도'이다.

이는 모든 사안에 있어 적용할 수 있는 것은 아니고, 일정한 요건을 충족한 경우에만 가능하다.

결론적으로 모든 학교폭력 사안은 심의위원회의 심의절차를 거치는 것이 원칙이나(법 제13조 제2항), 예외적인 경우 심의절차를 거치지 않고 학교 단계에서 학교장 자체해결 절차로 마무리 된다(법 제13조의2).

Ⅲ 사안처리 절차의 흐름

1. 신고·인지에 따른 접수1)

학교폭력 사건은 신고나 인지를 거쳐 접수되면 사안처리 절차로 도입되게 된다. 접수되면 「학교폭력 신고 접수 대장」에 기록된다. 사안처리 절차는 '조사', 조사에 따른 '심의' 및 심의 결과의 '집행(조치의 이행)' 세 단계로 구분되어 진행된다.

2. 조사·심의·집행 절차

(1) 절차의 분절

사안처리의 주요 단계인 조사, 심의 및 집행의 절차는 각기 분절된 절차를 가지고 있다. 이는 각 절차가 형식적으로 분리되어 자기만의 독립된 절차 진행이 가능하다는 것을 먼저 의미한다. 또한, 각 절차의 고유 목표를 설정하여 이를 추구하는 기능적 분리도 의미한다. 이러한 절차의 분절은 행정절차가 추구하는 목

---

1) 학교폭력예방법은 학교폭력 사안처리에 대한 절차를 비교적 잘 마련하고 있다. 교원의 경우 학교폭력 신고의무를 부과하고 있기도 하다. 이와 별도로 117 신고 전화나 스쿨폴리스라고 하는 학교폭력전담경찰관 제도도 운용하고 있다. 학교폭력의 피해를 당한 경우 학교의 담임교사 또는 상담교사 등에게 신고하면 된다. 그러면 학교의 전담기구에서 가·피해행위에 대한 조사가 이루어지고, 이 조사를 바탕으로 교육지원청의 심의위원회가 열리게 되어 이를 통해 학교폭력 여부와 그에 따른 가해학생 조치와 피해학생 조치를 내리게 된다. 여기서 담임교사 등에게 학교폭력 피해를 알리는 방법은 직접 말해도 되고, 문자 또는 이메일 등 모든 방법이 다 가능함은 물론이다. 만약 여러 이유로 학교에 직접 이를 신고하기가 곤란한 상황이라면 최근 교육지원청에 사안을 조사하고 피해학생을 도와주는 학교폭력제로센터가 생겼으니, 이곳에 요청하는 것도 하나의 방법이다.

표인 공정성, 투명성, 신뢰성의 기반이자 초석이 된다.

(2) 절차 담당 주체(담당 기구)의 구분

 절차 담당 주체를 구분하여 각자의 역할을 수행하도록 하고 있다. 전담기구, 학교폭력대책심의위원회, 학교장이 절차의 주체로서 기능적 역할 분담을 하고 있다. 이에 더해 최근 심의위원회는 학교에서 지역 교육지원청으로 그 설치가 이관됨에 따라 심의 주체의 기능뿐 아니라 존속에 있어서도 독립이 이루어졌다.

3. 사안처리의 역할 분담(담당 기구)

 사안처리의 역할 분담 즉, 담당 기구(주체)를 살펴보는 이유는 누가 그 절차의 수범자인지 측면도 있지만, 그 절차가 어디에서 진행되고 있는가의 의미도 있다. 예를 들어, 형사사건의 조사인 수사절차는 수사관서인 경찰이나 검찰에서 이뤄지고 이에 대한 판단은 재판절차로 법원에서 진행되는 것과 궤를 같이하여 이해할 수 있는 것이다.

 학교폭력 사안도 조사·심의·집행 각 절차의 담당 기관이 속해 있는 곳에서 절차가 진행되는 것을 알 수 있다.

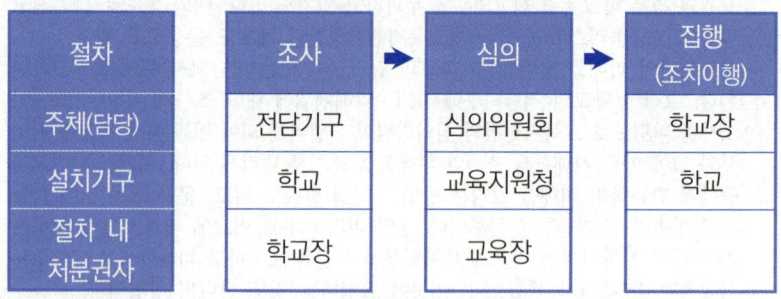

절차	조사	심의	집행 (조치이행)
주체(담당)	전담기구	심의위원회	학교장
설치기구	학교	교육지원청	학교
절차 내 처분권자	학교장	교육장	

조사절차를 담당하는 전담기구는 각 학교에 구성되어 있고, 심의절차를 담당하는 심의위원회는 교육지원청에 두고 있다. 집행절차는 일종의 조치의 이행 절차로 가·피해 학생이 속한 학교에서 학교장의 협조하에 이루어진다.

최근에는 조사절차 단계에 조사관 제도를 도입하여 조사의 전문성을 확보하고 학교폭력제로센터가 교육지원청마다 설치되어 역할 분담을 하는 등 실무적 변화를 상당 부분 꾀하고 있다. 이는 가·피해 사실의 실체 진실에 다가서며 조사 자체의 완성도를 높이고, 피해 신고를 적극적으로 유도하여 피해회복의 계기를 부여하는 등 조사 과정의 기능을 강화하는 측면도 있지만, 종국에는 피해학생 보호와 가해학생 선도·교육을 위한 보다 적절한 판단과 조치를 하는 심의 과정에 기여하는 측면이 있다.

III 학교장 자체해결 절차

1. 학교장 자체해결 제도 도입

> 학교폭력예방법 제13조의2(학교의 장의 자체해결)
> ① 제13조 제2항 제4호 및 제5호에도 불구하고 다음 각 호에 모두 해당하는 경미한 학교폭력에 대하여 피해학생 및 그 보호자가 심의위원회의 개최를 원하지 아니하는 경우 <mark>학교의 장은 학교폭력사건을 자체적으로 해결할 수 있다.</mark> 이 경우 학교의 장은 지체 없이 이를 심의위원회에 보고하여야 한다.

⑴ 학교장 자체해결 권한 인정

최근 법 개정으로 2019년 9월부터 학교장 자체해결 제도가 도입되었다. 경미한 학교폭력에 해당하고(객관적 요건), 피해학생과 그 보호자 모두의 심의위원회 개최 불원 의사가 있으면(주관적 요건) 전담기구의 심의를 거쳐(절차적 요건) 학교의 장은 재량으로 심의위원회 개최를 요구하지 않고서 학교 단계에서 그 절차를 종료할 수 있다.

⑵ 전담기구의 심의

학교장 자체해결 제도의 도입으로 기존 조사 기능이 주였던 전담기구에 학교장 자체해결 요건 충족을 심사하는 심의 기능이 부여되었다.

2. 심의위원회의 미개최(심의절차의 미진행)

⑴ 심의위원회의 미개최

아예 심의 절차 자체가 개시되지 않는다. 학교폭력이 조기에 종결되는 의의가 크고, 가·피해 학생 간에 추가적인 갈등이 빚어지지 않을 뿐 아니라 조속히 학교생활에 복귀하는 장점도 있다.

심의위원회와 그 소속된 교육지원청의 절차 부담이 경감되는 효과도 있다. 다만, 절차 부담의 경감은 학교장 자체해결의 반사적 효과인 것이지 본말이 전도되어 절차 편의에만 기대어 무리하게 학교장 자체해결을 추진하는 것은 경계해야 할 부분이다.

(2) 가해학생 조치 및 피해학생 조치의 미발생

본디 학교폭력 사안에 있어 조치의 심의 및 결정은 심의위원회의 고유 권한이다. 심의위원회를 거치지 않고서는(정례적인 형식이든, 추인의 형식이든) 어떠한 종국적인 조치가 내려질 수 없다. 따라서 학교장 자체해결 사안에서는 가해학생 조치나 피해학생 조치의 발생 없이 사안이 종결된다.[2]

Ⅳ 불복절차

불복절차는 행정심판과 행정소송이 대표적이다. 행정심판은 시·도교육청에 설치된 행정심판위원회에 심판 청구를 통해서, 행정소송은 관할 행정법원(또는 지방법원 본원)에 소의 제기를 통해서 이루어진다. 이에 대한 자세한 사항은 후술한다.

Ⅴ 사안처리 절차에 있어 양식

1. 학교폭력 사안처리와 각종 양식

학교폭력 사건의 사안처리에 있어 여러 자료와 문서 등이 작성되고 제출된다. 이 중 사안처리 일련의 과정에서 거의 필수적으로 작성되는 문서를 교육 당국은 양식화하여 마련하고 있다.

---

[2] 학교장 자체해결이 예외적 절차라는 것은 절차가 조기 종결된다는 의미이지, 학교의 장이 심의위원회의 권한을 예외적으로 행사할 수 있다는 의미가 아니다.

2. 교육 당국 제공 양식[3]

(1) 양식의 종류

'교육 당국이 사안처리를 위해 마련한 양식'(이하 "사안처리 양식" 또는 "양식")은 크게 다섯 가지로 구분되어 총 23가지가 있다. 이 양식은 교육 당국도 밝히고 있듯이 필요한 경우 변경하여 사용할 수도 있다. 양식의 종류는 다음과 같다.

> 1. 신고 및 접수
>   〈양식1-1〉 학교폭력 신고 접수 대장
>   〈양식1-2〉 가해자와 피해학생 분리 의사 확인서
>   〈양식1-3〉 학교폭력사안 접수 보고서
> 2. 사실확인 및 사안조사
>   〈양식2-1〉 학생 작성 확인서[4]
>   〈양식2-2〉 보호자 확인서
>   〈양식2-3〉 (피해·가해학생) 긴급조치 보고서
>   〈양식2-4〉 학교폭력 사안조사 보고서
>   〈양식2-5〉 피해·가해학생 보호자 개인정보
>   〈양식2-6〉 학교폭력대책심의위원회 개최 요구 공문
>   〈양식2-7〉 학교폭력 전담 조사관 자료 관리 대장
> 3. 학교장 자체해결제
>   〈양식3-1〉 학교폭력 전담기구 심의결과 보고서
>   〈양식3-2〉 학교장 자체해결 동의서(학교폭력대책심의위원회 미개최 요구 의사 확인서)
>   〈양식3-3〉 학교장 자체해결 결과 보고서

---

[3] 가이드북 127면.
[4] 가이드북 127면에서는 '학생 확인서'라고 되어 있으나, 131면 실제 양식에는 "학

〈양식3-4〉 학교폭력대책심의위원회 개최 요청서
　　〈양식3-5〉 학교폭력대책심의위원회 개최 요구 취소 요청서
　　〈양식3-6〉 학교폭력 아닌 사안의 종결 보고서
　　〈양식3-7〉 학교폭력대책심의위원회 미개최 동의서
 4. 학교폭력대책심의위원회
　　〈양식4-1〉 학교폭력 가해학생 조치사항 관리대장
　　〈양식4-2〉 학교폭력 가해학생 조치(제1호·제2호·제3호) 조건부
　　　　　　　기재유보 관리대장
　　〈양식4-3〉 학교폭력 피해학생 관련 정보 제공 동의서
　　〈양식4-4〉 학교폭력 피해학생 관련 정보 카드
　　〈양식4-5〉 집행정지 결정에 따른 피해학생 분리 요청서
 5. 분쟁조정
　　〈양식5-1〉 분쟁조정 신청서

☞ 대장(4), 보고서(6), 확인서(3), 동의서(3), 요청서(3), 신청서(1)

　위 양식 중에서는 「학교폭력사안 접수 보고서」, 「학교폭력 사안조사 보고서」, 「학교폭력 전담기구 심의결과 보고서」, 「학생 작성 확인서」, 「보호자 확인서」 등이 중요한 문서 중 하나이다.[5]

(2) 양식의 작성자

　양식의 작성자를 기준으로 보면 두 가지로 구분된다. 먼저, 학교폭력 업무 담당자에 의해 작성되는 양식이 있고(이하, 편의상 "학교 작성"), 사건 당사자인 가해학생과 피해학생 및 그 보호자에 의해 작성되는 양식이 있다(이하, 편의상 "당사자 작성"). 다만,

---
　생 작성 확인서"로 되어 있다. 향후 가이드북 개정 시 바로 잡아야 할 부분이다.
[5] 이 양식은 대체로 행정심판에 있어 필수적인 증거조사 제출자료 목록이기도 하다.

「학생 작성 확인서」는 사건 당사자인 가·피해 학생뿐 아니라 목격학생 또는 주변학생 등 관련학생에 의해서도 작성된다.

작성자	양식의 종류
학교 작성	〈양식1-1〉 학교폭력 신고 접수 대장 〈양식1-3〉 학교폭력사안 접수 보고서 〈양식2-3〉 (피해·가해학생) 긴급조치 보고서 〈양식2-4〉 학교폭력 사안조사 보고서 〈양식2-5〉 피해·가해학생 보호자 개인정보 〈양식2-6〉 학교폭력대책심의위원회 개최 요구 공문 〈양식2-7〉 학교폭력 전담 조사관 자료 관리 대장 〈양식3-1〉 학교폭력 전담기구 심의결과 보고서 〈양식3-3〉 학교장 자체해결 결과 보고서 〈양식3-6〉 학교폭력 아닌 사안의 종결 보고서 〈양식4-1〉 학교폭력 가해학생 조치사항 관리대장 〈양식4-2〉 학교폭력 가해학생 조치(제1호·제2호·제3호) 조건부 기재유보 관리대장 〈양식4-4〉 학교폭력 피해학생 관련 정보 카드
당사자 작성	〈양식1-2〉 가해자와 피해학생 분리 의사 확인서 〈양식2-1〉 학생 작성 확인서 〈양식2-2〉 보호자 확인서 〈양식3-2〉 학교장 자체해결 동의서(학교폭력대책심의위원회 미개최 요구 의사 확인서) 〈양식3-4〉 학교폭력대책심의위원회 개최 요청서 〈양식3-5〉 학교폭력대책심의위원회 개최 요구 취소 요청서 〈양식3-7〉 학교폭력대책심의위원회 미개최 동의서 〈양식4-3〉 학교폭력 피해학생 관련 정보 제공 동의서 〈양식4-5〉 집행정지 결정에 따른 피해학생 분리 요청서 〈양식5-1〉 분쟁조정 신청서

Ⅵ 학교폭력예방법상의 기구

	기구	소속	성격	기능
정책기구 지방자치 학교관할(×)	학교폭력대책 위원회	국무총리	심의기구	기본계획수립 및 시행 평가
	학교폭력대책 지역위원회	시·도 (광역지자체)	심의기구	지역예방 대책수립
	학교폭력대책 지역협의회	시·군·구 (기초지자체)	협의기구	기관별추진 계획 협의
실무기구 지방교육자치 학교관할(○)	학교폭력대책 심의위원회	교육지원청	심의기구	예방 및 대책에 관련된 사항 심의
	전담기구	학교	학교폭력 담당기구	• 가·피해 사실 확인 • 학교장 자체해결 심의

Ⅶ 교육감·교육장·학교의 장의 책무 및 권한

1. 지위 및 역할

교육감, 교육장 및 학교의 장은 각자 학교폭력예방법이 부여한 권한과 책무 내에서 고유한 지위와 역할을 수행하고 한편으로 협력하는 관계에 있다.

교육감은 특정 시·도 즉, 지방교육자치단체의 수장으로서 관할 시·도의 교육행정을 총괄하는 교육·학예에 관한 사무의 집행기관이다. 학교폭력예방에서도 관할 시·도의 학교폭력에 관한 제도 및 정책을 총괄하는 최고 집행기관으로서의 역할을 수행한다. 따라서 개별 학교폭력 사안에 직접 개입하기보다는 추상적·일반적 지위에서 학교폭력 예방제도 전반을 통할한다.

이에 비해 학교의 장은 학교폭력 사태의 가·피해 사실을 확인하고 해당 사안의 조사절차를 주재하는 역할을 하며 보다 구체적·개별적 지위를 가진다.

교육장은 교육감의 사무에 관한 권한을 위임받은 한도 내에서는 추상적·일반적 지위에 서면서도 발생한 학교폭력 사안에 있어 심의절차를 주재하며 개별 사안에 일정 부분 관여하고 있다.

행정청	교육감	교육장	학교장
조직	시·도 교육청	교육지원청	초·중·고등학교
지위의 성격	추상적·일반적 지위	양 지위의 공존	구체적·개별적 지위
총괄 권한	학교폭력 제도 총괄 권한	교육감의 총괄 권한 위임	교육감에 대한 보고 의무
개별 사안처리	×	심의절차 주재자	조사절차 주재자

2. 주요 책무 및 권한의 비교

행정청	교육감	교육장	학교장
조직	시·도 교육청	교육지원청	초·중·고
지위의 성격	추상적·일반적 지위	추상·구체적 지위 공존	구체적·개별적 지위
총괄 권한	학교폭력 제도 총괄 권한	교육감의 총괄 권한 위임	교육감에게 보고 의무
교육 실시	• 전담기구 구성원 교육 • 학교장 및 교감 교육	학교폭력 예방교육 홍보	학교폭력 예방교육 실시
학교폭력 관련 개인정보 요청권한	○	○	○
기관 구성 및 설치	• 전담부서 • 가해학생 상담·치료 기관 • 통합지원 전문기관	심의위원회	전담기구
개별 사안처리	×	심의절차 주재자	조사절차 주재자
개별 사안의 조사권한	○ (관계직원, 전문가)	○ (관계직원, 전문가)	○ (전담기구, 소속교원)
처분권자 지위	×	피해학생 조치 가해학생 조치	학교장 자체해결 사안
행정심판·소송 상대방 (가·피해학생 조치)	×	○	×

행정청	교육감	교육장	학교장
피해학생 지원 조력인 지정	○	○	×
피해학생 조치 관련 권한	×	피해학생 조치 처분권자	가해자와 분리조치, 피해학생 긴급조치
가해학생 조치 관련 권한	×	가해학생 조치 처분권자	가해학생 긴급조치
강제전학 관련	전학 갈 학교 배정권자	전학 갈 학교 배정권자	학교 배정 요청권자
분쟁조정 권한	○	×	×
고유 권한	과태료 부과·징수 권한		

제2장 신고 및 접수

I 학교폭력의 인지

1. 관련 법령

> **학교폭력예방법 제20조(학교폭력의 신고의무)**
> ④ 누구라도 학교폭력의 예비·음모 등을 알게 된 자는 이를 학교의 장 또는 심의위원회에 고발할 수 있다. 다만, 교원이 이를 알게 되었을 경우에는 학교의 장에게 보고하고 해당 학부모에게 알려야 한다.
>
> **학교폭력예방법 제14조(전문상담교사 배치 및 전담기구 구성)**
> ④ 학교의 장은 학교폭력 사태를 인지한 경우 지체 없이 전담기구 또는 소속 교원으로 하여금 가해 및 피해 사실 여부를 확인하도록 하고, 전담기구로 하여금 제13조의2에 따른 학교의 장의 자체해결 부의 여부를 심의하도록 한다.

2. 학교폭력의 인지

학교폭력이 학교에 알려져 학교가 이를 인지하는 계기는 피해 신고에 의한 것이 대표적이겠으나 이외에도 다양한 경로가 가능하다. 예를 들어, 다음과 같은 경우 등이다.

학교의 자율적 개시	타율적 개시
• 학교폭력 현장의 발견 • 다른 학교폭력 사건 조사 중 발견 • 학교폭력실태조사를 통한 발견 • 상담을 통한 발견	• 피해신고 • 목격자신고 • 제3자신고(사건을 전해 들은 경우 등) • 가해학생의 자수 • 경찰서 등 타기관의 통보 • 진정 · 탄원 · 익명의 신고

 이 중에서 대부분을 차지하는 것은 신고에 의한 인지라고 보아야 할 것이다. 피해당사자이든 제3자에 의한 것이든 학교폭력의 신고는 그 자체로 중요한 의의가 있다.

3. 인지의 범위

 실행된 학교폭력 또는 실행 중인 학교폭력뿐 아니라 실행 전의 학교폭력의 예비 · 음모도 인지의 범위로 보는 것이 마땅하다. 왜냐하면 학교폭력은 발생한 학교폭력의 사후대처 이상으로 그 예방이 중요하기 때문이다. 법은 누구라도 학교폭력의 예비 · 음모를 고발할 수 있도록 정하고 있다(법 제20조 제4항 본문).

참고: 학교폭력예방법상 "학교폭력 인지"는 모두 세 차례 등장한다.

인지 후 조치	내용
가·피해 사실 확인 (제14조 제4항)	학교의 장은 학교폭력 사태를 인지한 경우 지체 없이 전담기구 또는 소속 교원으로 하여금 가해 및 피해 사실 여부를 확인하도록 한다.
가해자 피해학생 분리조치 (제16조 제1항 단서)	학교의 장은 학교폭력사건을 인지한 경우 피해학생의 반대의사 등 대통령령으로 정하는 특별한 사정이 없으면 지체 없이 가해자(교사를 포함한다)와 피해학생을 분리하여야 한다.
필수적 긴급조치 (제17조 제4항)	학교의 장은 학교폭력을 인지한 경우 지체 없이 제1항 제2호의 조치를 하여야 한다.

Ⅱ 학교폭력의 신고

1. 관련 법령

학교폭력예방법 제11조(교육감의 임무)
② 교육감은 관할 구역 안에서 학교폭력이 발생한 때에는 해당 학교의 장 및 관련 학교의 장에게 그 경과 및 결과의 보고를 요구할 수 있다.

학교폭력예방법 제19조(학교의 장의 의무)
③ 학교의 장은 교육감에게 학교폭력이 발생한 사실과 제13조의2에 따라 학교의 장의 자체해결로 처리된 사건, 제16조, 제16조의2, 제17조 및 제18조에 따른 조치 및 그 결과를 보고하고, 관

계 기관과 협력하여 교내 학교폭력 단체의 결성예방 및 해체에 노력하여야 한다.
④ 학교의 장은 학교폭력 예방을 위하여 필요한 경우 해당 학교의 학교폭력 현황을 조사하는 등 학교폭력 조기 발견 및 대처를 위하여 노력하여야 한다.

학교폭력예방법 제20조(학교폭력의 신고의무)
① 학교폭력 현장을 보거나 그 사실을 알게 된 자는 학교 등 관계 기관에 이를 즉시 신고하여야 한다.
② 제1항에 따라 신고를 받은 기관은 이를 가해학생 및 피해학생의 보호자와 소속 학교의 장에게 통보하여야 한다.
③ 제2항에 따라 통보받은 소속 학교의 장은 이를 심의위원회에 지체 없이 통보하여야 한다.
④ 누구라도 학교폭력의 예비·음모 등을 알게 된 자는 이를 학교의 장 또는 심의위원회에 고발할 수 있다. 다만, 교원이 이를 알게 되었을 경우에는 학교의 장에게 보고하고 해당 학부모에게 알려야 한다.
⑤ 누구든지 제1항부터 제4항까지에 따라 학교폭력을 신고한 사람에게 그 신고행위를 이유로 불이익을 주어서는 아니 된다.

학교폭력예방법 제20조의2(긴급전화의 설치 등)
① 국가 및 지방자치단체는 학교폭력을 수시로 신고받고 이에 대한 상담에 응할 수 있도록 긴급전화를 설치하여야 한다.

학교폭력예방법 제21조(비밀누설금지 등)
① 이 법에 따라 학교폭력의 예방 및 대책과 관련된 업무를 수행하거나 수행하였던 사람은 그 직무로 인하여 알게 된 비밀 또는 가해학생·피해학생 및 제20조에 따른 신고자·고발자와 관련된 자료를 누설하여서는 아니 된다.

2. 신고의무 및 보고의무

(1) 신고의무

학교폭력예방법은 학교폭력의 신고의무를 규정하고 있다(법 제20조). 학교폭력 현장을 보거나 그 사실을 알게 된 경우 학교 등 관계 기관에 이를 즉시 신고하여야 하고(법 제20조 제1항), 학교 이외의 기관에서 신고를 받은 경우 학교에 기관통보 하도록 하고 있다(동조 제2항). 또한, 기관통보를 받은 학교의 장은 이를 다시 심의위원회에 지체 없이 통보해야 한다(동조 제3항). 이는 두 가지 측면에서 의미가 있다. 첫째, 학교폭력예방법 제12조 제3항에 의해 학교폭력에 대하여 조사 권한을 가지는 심의위원회가 사안 조사를 위한 사건의 인지가 되었다는 것이고,[1] 둘째, 심의위원회에 통보한다는 것은 심의위원회가 설치되어 있는 교육지원청에 알려지는 것이어서 결국 학교나 교육지원청이나 학교폭력 발생 사실에 대한 인지 시점에 있어 큰 차이가 나지 않게 되는 것이다.

(2) 교원의 보고의무

누구라도 학교폭력의 예비·음모 등을 알게 된 자는 이를 학교의 장 또는 심의위원회에 고발할 수 있다. 다만, 교원이 이를 알게 되었을 경우에는 학교의 장에게 보고하고 해당 학부모에게 알려야 한다(법 제20조 제4항).

---

[1] 제12조(학교폭력대책심의위원회의 설치·기능) ③ 심의위원회는 해당 지역에서 발생한 학교폭력에 대하여 조사할 수 있고 학교장 및 관할 경찰서장에게 관련 자료를 요청할 수 있다.

3. 신고 방법

신고는 학교 내외 관계자 누구에게도 가능하고, 그 방법에도 제한은 없다.2) 직접 해도 되고, 다른 사람을 통해 대신해도 관계 없다.

학교내 신고	학교외 신고
■ 직접신고 - 교사 등 학교 관계자에게 직접 신고 ■ 이메일 - 교사의 메일, 학교전용 메일 ■ SNS - 학교·학급의 SNS ■ 홈페이지 - 비밀게시판, 익명게시판 ■ 휴대전화 - 학교전용전화 문자, 통화 - 교사에게 문자 등	■ 112 경찰청 - 학교폭력(사이버폭력) 발생 시 신고 - 사이버범죄 신고시스템 (ecrm.police.go.kr) ■ 117 학교폭력신고센터3) - 24시간 운영(신고 접수) - 접수 즉시 긴급구조, 수사, 법률상담 등 개시 (전화) 국번 없이 117 (문자) #117 (인터넷) 안전 Dream(또는 117) ■ 학교전담경찰관(SPO) - 해당 학교 SPO에게 문자·전화로 신고

---

2) 신고할 수 있는 매체와 채널은 생각보다 다양하고 많이 존재한다. 물론 이에 대한 홍보도 중요하지만, 신고 채널에 접근할 수 있는 문턱이 낮아야 하고, 낮아진 문턱에 발걸음을 옮길 수 있는 용기와 격려가 더 절실하다.
3) 2012년 6월 전국 지방경찰청에 117 신고센터를 개소하여 경찰청·교육부 합동으로 신고 접수 및 상담의 서비스를 제공하고 있다.

4. 신고자 등의 보호

(1) 신고·고발 학생에 대한 접촉 등 금지의 긴급조치

학교의 장은 학교폭력을 인지한 경우 지체 없이 "피해학생 및 신고·고발 학생에 대한 접촉, 협박 및 보복행위(정보통신망을 이용한 행위를 포함한다)의 금지" 조치를 하여야 한다(법 제17조 제4항).

(2) 신고자에 대한 보복행위의 금지

① 보복행위 시 조치의 가중 및 병과

심의위원회가 교육장에게 가해학생에 대한 조치를 요청할 때 그 이유가 피해학생이나 신고·고발 학생에 대한 협박 또는 보복행위(정보통신망을 이용한 행위를 포함한다)일 경우에는 조치를 동시에 부과하거나 조치 내용을 가중할 수 있다(법 제17조 제2항).

② 보복행위 시 학교장 자체해결 요건에서 배제

학교장 자체해결에 해당하려면 "학교폭력에 대한 신고, 진술, 자료제공 등에 대한 보복행위(정보통신망을 이용한 행위를 포함한다)가 아닌 경우"이어야 한다(법 제13조의2 제1항 제4호).

(3) 신고자에 대한 불이익의 금지

누구든지 학교폭력을 신고한 사람에게 그 신고행위를 이유로 불이익을 주어서는 아니 된다(법 제20조 제5항).

(4) 신고자 · 고발자에 대한 비밀누설 금지

학교폭력의 예방 및 대책과 관련된 업무를 수행하거나 수행하였던 사람은 그 직무로 인하여 알게 된 비밀 또는 가해학생 · 피해학생 및 제20조에 따른 신고자 · 고발자와 관련된 자료를 누설하여서는 아니 된다(법 제21조 제1항).

5. 신고의 효과

(1) 사안의 인지 및 접수

(2) 심의위원회의 필수적 개최

> 참고: 학교폭력예방법상 신고의 대상은 두 가지이다.

신고의 대상	신고의 효과
학교폭력의 신고	심의위원회 회의 필수적 개최(§13②)
	학교장 자체해결 요건 관련(§13의2①)
	학교폭력의 신고의무(§20)
	학교폭력 신고를 위한 긴급전화(§20의2①)
가해학생에게 내린 조치 · 징계 지연 · 미이행시 신고	교육감에게 신고할 수 있으며, 신고하는 경우 교육감은 지체 없이 사실 여부를 확인하기 위하여 교육장 또는 학교의 장을 조사(§17⑯)

Ⅲ 학교폭력의 접수

1. 의의

신고나 기관통지 등을 통해 학교가 학교폭력 사건을 인지하게 되면 '접수'를 통해 해당 사안이 드디어 '공적 절차'가 된다.[4] 실무적으로 사안이 접수되면 '학교폭력 신고 접수 대장'에 기재된다.

2. 신고·접수 절차

(1) 신고 및 접수

신고의 접수는 일종의 사실행위로 신고를 통해 학교가 학교폭력 사실을 인지하는 의미를 가지나 접수만으로는 어떠한 법적 효과를 당장 발생시키지는 않는다. 다만, 신고는 행정청의 수동적 행위로 학교폭력 사안처리라는 행정절차의 출발점으로 기능한다.

(2) 학교폭력 신고 접수 대장에 기록

업무 담당자는 신고 내용을 '학교폭력 신고 접수 대장'(이하 "신고 접수 대장")〈양식1-1〉에 기재하고 보관한다. 그리고 접수가 되었다는 사실을 신고자에게 통보하여 주고, 피해학생과 가해학생의 상태를 확인하는 것까지 신고 접수 대장 기록 단계에서 이뤄진다. '신고 접수 대장'은 다음과 같다.

---

[4] 학교폭력 사안은 세상에 알려지면 절반 이상이 해결된 것이다(사견).

학교폭력 신고 접수 대장

* (   )학교

사안 번호	신고 접수 일시	신고자 (연락처) 또는 신고 기관	관련학생		신고내용	접수 사실 통보		가해자와 피해학생 분리	작성자 (책임교사)
			피해	가해		피해 관련 학생/ 보호자	가해 관련 학생/ 보호자		
2025 -1		김서울 (학생) 010- 0000- 0000	김서울	홍길동	3월부터 신고시까지 홍길동 학생이 김서울 학생에게 수시로 금품갈취 및 학교폭력 신고하면 김서울의 동생에게 위해를 가하겠다는 말로 협박	2025. 3. 8. 유선통보	2025. 3. 8. 유선통보	분리 시행	
2025 -2								분리 미시행 (피해학생 반대의사 표명)	

[참고] 사안번호는 모든 관련 서류에 동일하게 작성

☞ 2025년도 양식에 관련학생(피해 · 가해)란이 신설되었다.

대장에는 ① 사안번호, ② 신고접수일시, ③ 신고자, ④ 관련학생, ⑤ 신고내용, ⑥ 접수 사실 통보, ⑦ 가해자와 피해학생 분리, ⑧ 작성자 모두 여덟 가지 사항을 기재한다.

신고 접수 대장은 학교폭력 사안처리 절차에서 작성되는 최초의 문건이다. 공적 기록에 기재됨으로 신고라는 사실이 객관화되어 존재하게 된다.

여기에서 주목할 점의 하나는 기재란 중에 '가해자와 피해학생 분리'가 있다는 것이다. 이는 2021년까지의 신고 접수 대장에는 없던 항목으로 최근 법 개정 사항을 반영하여 2022년 제공된 양식에서부터 신고 접수 대장의 새로운 기재란으로 인입 되었다.5) 이를 통해서 가해자와 피해학생의 분리조치가 상당히 이른 시점에 이뤄진다는 것을 알 수 있다. 그만큼 최근의 추세는 피해학생의 보호에 있어 가해 원인과의 격리가 중요시된다는 것을 시사한다.

(3) 접수 보고·통보 등 조사전 절차의 진행

업무 담당자의 접수 대장 기재 이후 조사절차가 시작되기 전까지 사안의 초기 단계에 학교폭력 사안처리와 관련되어 여러 행정절차가 실무에서 진행되는데, 다음과 같은 내용을 교육 당국에서 관할 학교에 공통으로 주문하고 있다.6)

---

5) 법률 제17668호, 2020. 12. 22. 일부 개정되어 2021. 6. 23. 시행된 학교폭력 예방법에서 '피해학생과 가해자의 원칙적 분리제도'가 새롭게 도입되었다. 그래서 이를 반영하여 2022년도부터는 교육 당국 제공 양식에 추가하였다.
6) 가이드북 22면 참조.

① 학교장 보고 및 담임교사 통보
② 학생 작성 확인서 작성(최초 작성)
③ 가해학생에 대해 제2호 조치의 시행(법 제17조 제4항)
④ 가해자와 피해학생의 분리(법 제16조 제1항 단서)
⑤ 보호자 통보
⑥ 다른 학교와 관련된 경우 해당 학교에 통보
⑦ 인지 후 48시간 이내 교육(지원)청 보고

3. 신고·접수 단계에서 작성되는 양식

신고 및 접수 이후 조사절차가 시작되기 전까지 단계에서 작성되는 문서 양식은 대략 네 가지가 있다. 이 중 '학교폭력 신고 접수 대장'에 대해서는 전술한 바 있다.

작성자	조사개시 전 신고·접수 단계에서 작성되는 양식
학교 작성	〈양식1-1〉 학교폭력 신고 접수 대장 〈양식1-3〉 학교폭력사안 접수 보고서
당사자 작성	〈양식1-2〉 가해자와 피해학생 분리 의사 확인서 〈양식2-1〉 학생 작성 확인서

(1) 학교폭력사안 접수 보고서

「학교폭력사안 접수 보고서」는 학교폭력 사안에 관해서 최초로 작성되는 보고서로 이는 초기 사건 발생 단계에서 교육(지원)청에 보고되는 양식이기도 하다. 말 그대로 접수 내용을 토대로 접수 일시, 신고자 등 접수 현황과 사실 내용, 관련학생 등 사건의 객관적 현황을 주로 하여 간략히 기재된다. 다만, 사건의 현황이 최초 기재되면서 이후 사안의 진행에 일응 기준이 되기에 나름의 의의가 있다.

'학교폭력사안 접수 보고서'(이하 "접수 보고서")〈양식1-3〉는 학교폭력 사안처리 전 과정에서 있어「학교폭력 사안조사 보고서」,「학교폭력 전담기구 심의결과 보고서」와 함께 가장 핵심적인 보고서 중 하나이다.7)

이 접수 보고서 양식에서 2025년에 들어 새롭게 추가된 부분은 '조사관 배정 요청'란과 '디지털 성범죄'란이다. 2023년도에 도입된 '조사관에 의한 조사'와 기존의 학교 '전담기구에 의한 조사'가 병존하고 있는 현행 법체제에서 어떠한 조사 방식을 취할 것인지 학교와 사건 당사자의 희망 여부를 기재하는 것이다. 피조사자의 의견을 반영할 수 있도록 한 취지에서 타당하다. 또한, 디지털 성범죄란은 최근 사회적으로 계속 문제 되고 우려되는 정보통신망 기반의 폭력 양상을 대비한 것이고, 특히 딥페이크가 학교폭력 중 사이버폭력의 하나로 입법화되는 것과 맞물려 시사하는 바가 크다. 접수 보고서 양식은 다음과 같다.

---

7) 학교폭력 사안처리에 있어 3대 보고서라 할 수 있다(사견임). 이 세 보고서는 모두 행정심판에 있어 행정심판위원회 증거조사 제출자료 필수목록이다.

학교폭력사안 접수 보고서

* 사안번호: (   )학교   2025-(   )호

학교명		교감	성명		담당자 (책임교사)	성명	
			휴대전화			휴대전화	

접수 일시	년 월 일 (오전/오후) 시 분
신고자 (성명, 신분)	* 신고자가 익명을 희망할 경우 익명 처리 / 접수·인지경로 / * 피해자 직접신고 * 담임, 보호자 신고 * 주변 학생 신고
조사관 배정요청	조사관 배정 요청 ☐ 학교 자체 조사 ☐

디지털 성범죄 (불법영상 및 사진 관련)	해당 여부	원스톱 통합지원		
		신청	미신청	미신청 사유
	☐	☐	☐	영상 유포 증거 없음 ☐
		신청 일자*		유포된 영상이 이미 삭제됨 ☐
				학생 신청서 제출 지연(추후 신청 예정) ☐
	* 안심지원센터에 '통합지원 신청 의사 확인서' 메일 송부한 날짜 기재(8150382@seoulwomen.or.kr)			

가해학생 제2호 조치 시행	학교폭력예방법 제16조제1항에 따른 가해학생 제2호 조치 시행(2025. ○○. ○○.)

(학교폭력예방법 제16조제1항에 따른) 가해자와 피해학생 분리 여부	분리 시행 여부		가해자와 분리학생 예외
	시행	미시행	* 피해학생 반대의사 표명( ) * 교육활동 중이 아님( ) * 학교장의 긴급 선도조치로 이미 가해학생과 피해학생이 분리됨( ) * 타학교에 재학 중임 등( )
	*분리기간 ( )일 (1~7일 반드시 기재)		

사실확인 내용	* 육하원칙에 의거 접수한 내용을 간략히 기재					
관련학생	성명	학교명	성별	학번	보호자 통보 여부	비고 (가해(관련)/ 피해(관련)/ 쌍방/ 장애학생/ 다문화학생)

기타 사항	(경찰신고, 고소, 소송 여부 등) * 아동·청소년 대상 성범죄 사안은 반드시 수사기관(112 또는 117) 신고(신고 일시 기재)	
타학교 관련 여부	관련 학교명	* 신고 접수 시 타학교 관련성이 확인되지 않은 경우에는 공란으로 처리
	통보여부	(통보 일시, 방법) (통보 받은 사람) (연락처)
(조사관 배정 요청에 따른) 학생 조사 가능 시간	피해학생	ex. 일시: 2025. 3. 7.(금) 15:00, 장소: ○○실
	가해학생	ex. 일시: 2025. 3. 10(월). ~ 3. 12.(수) 장소: 위(Wee)클래스 분리 중이므로 해당 기간

[참고] 학교폭력 접수 사안을 학교장 및 교육(지원)청에 보고* (48시간 이내 보고)

☞ 접수 보고서에는 크게 총 열두 가지 사항이 기재된다. 그중 대다수는 '학교폭력 신고 접수 대장'에 이미 기재되었던 내용의 세부 확인이다.
☞ 또한, 접수 보고서에는 사안 조사 전임에도 신고된 내용 등을 바탕으로 "사실확인 내용"란에 접수된 내용이 기재된다.
☞ 2025년도 양식에 '조사관 배정 요청'란, '디지털 성범죄'란이 신설되었다.

(2) 학생 작성 확인서[8][9](최초 작성)

「학생 작성 확인서」〈양식2-1〉는 해당 사안에 관해서 가·피해 당사자나 가·피해 관련 학생에 의해 작성되는 문서 양식이다. 주로 사안조사 과정에서 작성되나, 최근에는 '최초 학생 작성 확인서'라는 형태로 사건 초기 단계에서도 대부분 작성되고 있다. 이를 반영하듯이 2023년까지는 별도의 구분이 없었는데, 2024년도 양식에서부터는 아예 별도의 항목으로 '최초 학생 작성'인지 아니면 최초 작성에 이은 '추가 학생 작성'인지를 체크하도록 하고 있다.

학생 작성 확인서는 학생 스스로 사안과 관련된 내용을 기술하는 자기 진술서의 성격을 가진다. 학교폭력 사건에서 가·피해 관련 모든 학생이 작성하게 된다. 학생 작성 확인서는 그 성격상 사건 실체 파악의 핵심이자 사안 해결을 위한 판단의 요체가 될 수밖에 없다.

따라서 사안을 처리하는 학교나 교육지원청 등 교육 당국에 있어서나 사건 결과에 따라 유불리를 감내해야 하는 사건 당사자 입장에서도 확인서가 가지는 중요성은 아무리 강조해도 지나치지 않다. 사안처리 전(全) 과정을 통틀어 「학교폭력 사안조사 보고서」와 함께 가장 핵심인 양식이다.[10]

---

8) 2023년까지 '학생 확인서'에서 2024년부터 '학생 작성 확인서'로 양식 이름이 변경되었다.
9) 가해학생, 피해학생 및 목격학생 등 학생 작성 확인서 일체는 전부 행정심판에 있어 행정심판위원회 증거조사 제출자료 필수목록이다.
10) 사안과 관련된 모든 자료 관점에서 보면, '심의위원회 회의록', '학생 작성 확인서', '학교폭력 사안조사 보고서' 이 세 가지가 가장 주요하고 중요하다(사견).

학생 작성 확인서는 다음과 같다.

학생 작성 확인서

최초 학생 작성 ☐   추가 학생 작성 ☐

* 사안번호: (　　　　　)학교   2025-(　)호

성명		학년 / 반	/	성별 (생년 월일)	남 / 여 (00년 00월 00일)
연락처	학생		보호자		
관련학생					
사안 내용	※ 피해 받은 사실, 가해한 사실, 목격한 사실 등을 육하원칙에 의거하여 상세히 기재하세요. (필요한 경우 별지 사용)				
필요한 도움					
작성일	2025년 ___월 ___일		작성 학생		(서명)

☞ 학생 작성 확인서는 결국 사건 당사자의 사건에 관한 직접 진술을 목적으로 하기에 "사안 내용"란이 대부분을 차지하고 있다.
☞ 최초 작성인지, 추가 작성인지 체크하게 되어 있다.
☞ 2025년도 양식에 학생의 생년월일 기재가 추가되었다.

학생 작성 확인서에서 또 하나 눈여겨 볼 것은 최초 작성인지 추가 작성인지 체크하는 부분과 작성일자이다. 한 번의 작성으로 끝나기도 하지만, 가해학생이나 피해학생이 여러 차례에 걸쳐 확인서를 작성하는 경우도 빈번하다. 수차 작성되는 확인서를 통해 사실관계나 쟁점에 있어 당사자의 주장이 증감·변동하기도 하는데, 반면 이는 진술의 일관성 측면에서 유불리를 다시 따져보아야 하는 부분이기도 하다. '작성일'란은 진술의 신빙성이나 진술의 진행경로 파악을 위해서라도 제대로 기재되어야 한다.11)

(3) 가해자와 피해학생 분리 의사 확인서

「가해자와 피해학생 분리 의사 확인서」〈양식1-2〉는 피해학생이 작성한다. 이 양식은 학교폭력 신고 접수 대장의 '가해자와 피해학생 분리'란과 마찬가지로 학교폭력예방법 제16조 제1항 단서 개정에 따라 2021년 '가해자 피해학생 분리제도'가 도입된 이후인 2022년부터 양식의 하나로 추가되었다. '가해자와 피해학생 분리 의사 확인서(이하 "분리 의사 확인서")'는 다음과 같다.

---

11) 물론 이는 조사자의 몫이기도 하다.

가해자와 피해학생 분리 의사 확인서

■ **사안 번호:** *(학교에서 작성, 학교폭력 신고 접수 대장의 사안 번호)*
아래 내용을 확인하여 해당 칸에 표시하여 주시기 바랍니다.
「학교폭력예방법」제16조 제1항에 따른 '가해자와 피해학생 분리'를
☐ 희망합니다.   ☐ 희망하지 않습니다

○ **제도 도입 취지:** 피해학생의 심리적 불안감 해소 및 2차 피해 방지, 고조된 학교폭력 갈등 상황 완화를 위해 동일 학교에서 발생한 학교폭력 발생 초기에 학교장이 학교폭력을 '인지'한 경우 가해자와 피해학생을 일시 분리합니다(법률 제16조 제1항).
  ※ 사안조사 전 단계이므로, 가해자-피해학생은 가해 추정자-피해 추정학생의 의미입니다.
○ '가해자와 피해학생 분리'는 1일~7일 범위 내*에 실시하되, 제16조 제1항 또는 제17조 제5항 및 제6항에 따라 긴급조치가 시행되어 가해자와 피해학생이 분리되면 **종료**됩니다.
  ※ 가해자와 피해학생의 분리 시행일 당일은 분리 기간에 포함(초일 포함)되며, 공휴일이나 토요일이 분리 기간에 포함되더라도 이를 기간에 포함하여 계산함
○ 관련학생 **쌍방이** 서로 **피해를 주장**하며 **분리를 요청**하는 경우 양측의 의사를 모두 반영하여 상호분리를 하여야 합니다.
○ 가해자와 피해학생의 분리 기간 중에도 제16조 제1항 또는 제17조 제5항 및 제6항에 따라 긴급조치를 시행할 수 있습니다.
○ 학교는 해당 기간 동안 관련학생의 학습권 보장을 위해 학교 내에 별도 공간을 마련하고 교육자료 제공, 원격 수업 등을 실시합니다.
○ 학교 내에 별도 공간 마련이 어려워 가정 또는 기타 학교 외의 장소를 이용하여 분리조치를 시행한 경우, 분리 기간은 「학교생활기록 작성 및 관리지침」의 '기타 부득이한 사유로 학교장의 허가를 받아 결석하는 경우'로 **출석인정 결석**으로 처리됩니다.

2025 년   월   일
피해학생: (서명 또는 인)
○○○○학교장 귀중

☞ 이 양식은 가해자와의 분리 희망 여부를 기재하는 항목 하나로 이루어져 있고, 피해학생은 여기에 자신의 의사를 표기하면 된다.
☞ 2025년도 양식에서 기간 기재 부분을 기존 "최대 7일 범위 내"에서 "1일~7일 범위 내"로 명확히 변경하여 오해의 소지를 줄였다.

그런데 분리 의사 확인서는 피해학생 의사의 확인 이외에 중요한 기능을 가지고 있다. 법문에는 학교폭력을 인지한 경우 가해자와 피해학생을 분리한다고만 할 뿐 구체적인 방법이나 시한 등에 대해서는 정하는 바가 없는데, 마침 이 확인서 양식에 시행방법과 절차 등에 대해서 정하고 있다. 일종의 행정지침 역할을 하고 있다.

이를 살펴보면, 사안조사 전(前) 단계까지는 가해자와 피해학생을 확정하지 않고, 단지 추정할 뿐이라는 것이다.[12]

분리기간은 2022년, 2023년 3일에서 2024년부터 7일로 늘어났다. 피해학생에 대한 긴급조치나 가해학생에 대한 긴급조치로 분리 효과가 발생하면 종료되는 것으로 정하고 있는데, 긴급조치의 시행을 해제조건으로 한 일종의 민법상의 해제조건부 법률행위와 유사하다. 긴급조치와의 관계에서는 임시 조치의 성격을 보유하는 것임을 알 수 있는 부분이다. 그렇기에 분리조치 기간에도 얼마든지 제16조 제1항 또는 제17조 제5항, 제6항에 따른 긴급조치를 시행할 수 있게 된다.

한편, 분리 시행일 당일을 분리기간에 포함하여 초일을 산입한다. 민법상 기간 제도 관점에서 특이하다 볼 수 있다.

---

[12] 이에 더 나아가 실무에서는 심의위원회 결정 전까지는 피해학생, 가해학생을 단정하기보다 관련학생이라는 용어를 사용하려는 모습도 있다. 이는 '사안처리 시 유의사항'을 통해서 교육 당국이 강조하고 있는 부분이기도 하다(가이드북 14면).

참고: 작성자가 피해학생인 양식

단계	작성자 피해학생인 양식
신고 및 접수	〈양식1-2〉 가해자와 피해학생 분리 의사 확인서(○) 〈양식2-1〉 최초 학생 작성 확인서
사실확인 및 사안조사	〈양식2-1〉 학생 작성 확인서
학교장 자체해결 제도	〈양식3-2〉 학교장 자체해결 동의서(학교폭력대책심의위원회 미개최 요구 의사 확인서)(◎) 〈양식3-4〉 학교폭력대책심의위원회 개최 요청서(◎) 〈양식3-5〉 학교폭력대책심의위원회 개최 요구 취소 요청서(◎) 〈양식3-7〉 학교폭력대책심의위원회 미개최 동의서(◎)
학교폭력대책심의위원회	〈양식4-3〉 학교폭력 피해학생 관련 정보 제공 동의서(◎) 〈양식4-5〉 집행정지 결정에 따른 피해학생 분리 요청서(◎)
분쟁조정	〈양식5-1〉 분쟁조정 신청서

(○) 피해학생만 작성하는 양식(가해학생은 작성×)
(◎) 피해학생만 작성하는 양식이자 피해학생과 보호자가 함께 작성하는 양식

제3장 조사절차

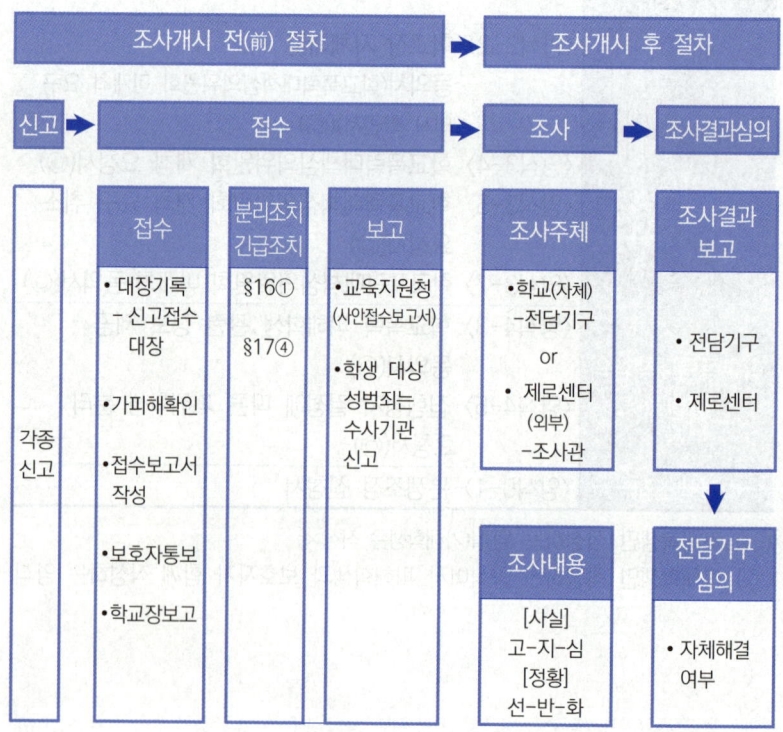

---

1) 학생 작성 확인서는 '최초'와 '추가'로 구분하여 기재한다.

조사개시 전(前) 절차에서 양식		조사절차의 양식	
학교 작성	• 학교폭력 신고 접수 대장 • 학교폭력사안 접수 보고서	학교 작성	• (피해·가해학생) 긴급조치 보고서 • 학교폭력 사안조사 보고서 • 학교폭력대책심의위원회 개최 요구 공문 • 학교폭력 전담기구 심의결과 보고서 • 학교장 자체해결 결과 보고서 • 학교폭력 아닌 사안의 종결 보고서
당사자 작성	• 최초 학생 작성 확인서[1] • 가해자와 피해학생 분리 의사 확인서	당사자 작성	• 학생 작성 확인서 • 보호자 확인서 • 학교장 자체해결 동의서 (학교폭력대책심의위원회 미개최 요구 의사 확인서) • 학교폭력대책심의위원회 개최 요청서 • 학교폭력대책심의위원회 개최 요구 취소 요청서 • 학교폭력대책심의위원회 미개최 동의서

Ⅰ 조사절차의 성격

1. 조사

 학교폭력예방법이 예정한 '피해학생 보호조치'나 '가해학생에 대한 조치' 등을 하기 위한 준비로서 학교폭력 사안에 대해서 가해 사실 및 피해 사실 여부를 확인하는 조사기관의 활동을 말하며, 조사 활동이 연속적으로 진행되는 일련의 과정을 조사절차라고 부른다. 이는 범죄사실의 조사, 범인의 발견·확보 및 증거의 발견·수집·보전을 위한 수사기관의 활동을 의미하는 수사와는 구별된다.

2. 조사절차의 개시 및 종결

학교폭력의 발생으로 인해 개시된 조사절차는 사건에 관하여 사안의 진상을 파악하고 법령을 적용하여 전담기구의 심의를 통해 학교의 장에게 처리 의견을 건의할 수 있을 정도에 이르면 종결한다고 보아야 한다.

물론 조사절차는 종결되더라도 이후 심의절차에서 보완조사 등 심의에 필요한 조사가 불가능한 것이 아니다. 이는 실체 진실의 발견뿐 아니라 피해학생 보호와 가해학생 선도·교육의 취지에 따를 때도 그러하다. 학교폭력예방법은 "심의위원회는 해당 지역에서 발생한 학교폭력에 대하여 조사할 수 있고 학교장 및 관할 경찰서장에게 관련 자료를 요청할 수 있다(법 제12조 제3항)"라고 정하고 있다.

3. 조사절차의 기능적 분화

(1) 학교폭력예방법상 조사절차의 기능 확대 및 역할 강화

학교폭력예방법상 사안처리에 있어 주된 관심은 해당 사건의 '학교폭력 인정 여부'와 '인정된 학교폭력에 상응하는 처분의 결정'이었고, 이는 당장 학교폭력 당사자의 보호와 선도·교육 뿐 아니라 이후 진학과 진로에도 상당한 영향력을 주기 때문이었다. 따라서 사안처리 전체에 있어 그 중심은 피해학생 조치 및 가해학생 조치를 판단하고 결정하는 심의위원회의 심의절차였고, 이는 심의 기능과 역할이 학교에서 교육지원청으로 옮겨 간 현재에도 마찬가지이다. 따라서 조사절차는 심의절차의 앞 단계로서 심의위원회 판단의 적정한 기초를 마련하는 것이 그 주된 핵심 요지이고 기능임은 여전하다.

최근에는 조사절차에 있어 심의절차와 관련한 이러한 기능 및 역할 외에도 사건 초반 피해학생의 보호를 강화하고, 경미한 사안의 경우 학교 단계에서 그 절차를 조기에 종료하는 제도를 도입하면서 이전에 비해서 조사 단계의 기능과 역할이 증가하였다. 그로 인해 자연스레 조사절차가 이전에 비해 분화되고 강화되게 되었다.

(2) '학교폭력을 인지한 경우' 그 의무 사항 증가로 조사개시 전 단계의 역할 확대

변화	이전	현재
학교폭력 인지 시 학교장 책무	• 가해 및 피해 사실 여부 확인(§14④)	• 가해 및 피해 사실 여부 확인 (§14④) • 가해자와 피해학생 분리 (§16①)[2] • 필수적 긴급조치 시행 (§17④)[3]

☞ 학교폭력 인지 시 학교장의 책무가 한 가지에서 세 가지로 증가했다. 학교폭력 인지 시 학교장의 책무는 이전에는 전담기구를 통한 가·피해 사실 여부를 확인하는 정도였는데, 이에 더하여 최근 법 개정을 거치면서 '가해자와 피해학생 분리' 및 '필수적 긴급조치'[4]의 시행이 추가되었다.

---

[2] 2021. 6. 23. 시행(법률 제17668호, 2020. 12. 22. 일부개정).
[3] 2024. 3. 1. 시행(법률 제19741호, 2023. 10. 24. 일부개정).
[4] 필수적 긴급조치란 법 제17조 제4항에 규정된 조치로 "학교의 장이 학교폭력을 인지한 경우 지체 없이 피해학생 및 신고·고발 학생에 대한 접촉, 협박 및 보복행위(정보통신망을 이용한 행위를 포함한다)의 금지 조치를 내리는 것"으로 이는 학교의 장 재량이 아닌 법상 필수(의무) 조치이다.

(3) 조사절차 내에서 전담기구의 심의 기능 추가

학교장 자체해결 제도를 도입5)함에 따라 경미한 학교폭력 사안의 경우 심의절차로 진행하지 아니하고 사안 조사절차 단계에서 종료하게 되었다. 즉, 사안의 조기 종결 제도가 도입되었고, 종결 여부에 대한 심의 권한이 전담기구에 부여되었다. 따라서 조사절차의 전담기구 기능과 역할이 이전에는 주로 사안의 조사였다면, 현재는 조사뿐 아니라 심의 기능까지 보유하게 되었고, 그로 인해 절차 조기 종결의 한 역할을 담당하고 있다.

(4) 조사절차 전체를 이루는 구성요소

변화	이전	현재
조사절차의 기능적 분화	• 신고·접수 • 조사 • 필요시 긴급조치	• 신고·접수 • 가해자와 피해학생 분리 • 필수적 긴급조치 • 조사 • 필요시 긴급조치 • 학교장 자체해결 여부 심의

---

5) 2019. 9. 1. 시행(법률 제16441호, 2019. 8. 20. 일부개정).

4. 조사절차의 단계적 분화

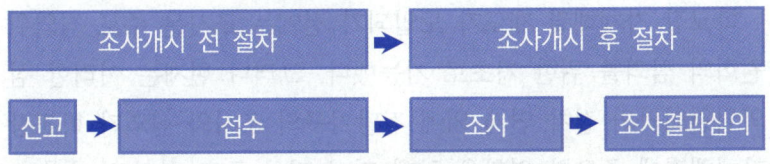

(1) 조사개시 전(前) 절차의 필요

현재 조사절차는 신고·접수 및 이에 따른 일련의 사안 초기 대응을 하는 조사개시 전 절차와 본격적인 조사를 개시하는 조사개시 후 절차로 분화되었다고 보아야 한다. 최근 법 개정으로 조사개시 전에도 피해학생 보호의 각종 조치가 확대된 점이나 구체적인 조사 이전에도 업무 담당자의 보고, 통지 등 여러 업무가 수행되는바 조사개시 전 절차의 비중이 결코 작지 않다.

(2) 심의 단계의 필요

조사절차 내에서도 심의 단계가 필요하게 되었다. 학교장 자체해결 제도가 활성화되면서, 학교장 자체해결 부의 여부를 심사하는 전담기구의 심의 기능이 중요해졌기 때문이다.

5. 조사절차의 성격 변화

학교장 자체해결 제도 도입 전후	도입 이전	도입 이후 현재
절차의 성격	• 절차 연계 기능	• 절차 연계 기능 • 절차 종료 기능

(1) 성격의 분화

학교장 자체해결 제도가 도입되기 전에는 조사는 주로 심의위원회의 심의를 위한 기초로 기능했다. 그러나 현재는 이러한 심의위원회와의 절차 연계 외에 전담기구의 조사와 심의가 학교장 자체해결에 중요한 역할을 하게 되어 절차 종료 성격도 가진다.

(2) 조사와 조사절차의 분리

이전에는 조사가 곧 조사절차의 대부분이었다면, 이제는 조사절차에 조사 외에도 심의, 피해학생 보호를 위한 긴급조치의 발동 등 여러 요소로 구성되고 있는 현실이다.

6. 조사절차 단계에서 작성되는 양식

(1) 학생 작성 확인서

신고·접수 단계에서 최초 학생 작성 확인서를 작성했다면, 조사절차에서 작성하는 것은 '추가 학생 작성 확인서'로 분류된다. 학생 작성 확인서는 여러 차례 작성되기도 한다. 양식의 모습은 앞의 신고·접수 단계에서 작성되는 양식 부분을 참조하면 된다 (본문 241p).

(2) 보호자 확인서

보호자 확인서

* 사안번호: (　　　　　　)학교　2025-(　)호

| 1. 본 확인서는 학교폭력 사안 조사를 위한 것입니다. |
| 2. 자녀와 상대방 학생에 관련된 객관적인 정보를 제공해 주셨으면 합니다. |
| 3. 사안 해결을 위해 학교는 객관적이고 적극적인 자세로 임할 것입니다. |

학생 성명		학년 / 반	/	성별	남 / 여
보호자 성명		연락처			
학생과의 관계		도로명 주소	(우편번호:　　　)		
사안 인지 경위					
현재 자녀의 상태		신체적 - 정신적 -			
자녀 관련 정보	교우 관계	(친한 친구가 누구이며, 최근의 관계는 어떠한지 등)			
	학교폭력 경험 유무 및 내용	(실제로 밝혀진 것 외에도 의심되는 사안에 대해서도)			
	자녀 확인 내용	(사안에 대해 자녀가 보호자에게 말한 것)			
현재까지의 보호자 조치		(병원 진료, 화해 시도, 자녀 대화 등)			
사안 해결을 위한 관련 정보 제공		(특이점, 성격 등)			
현재 보호자의 심정		(어려운 점 등)			

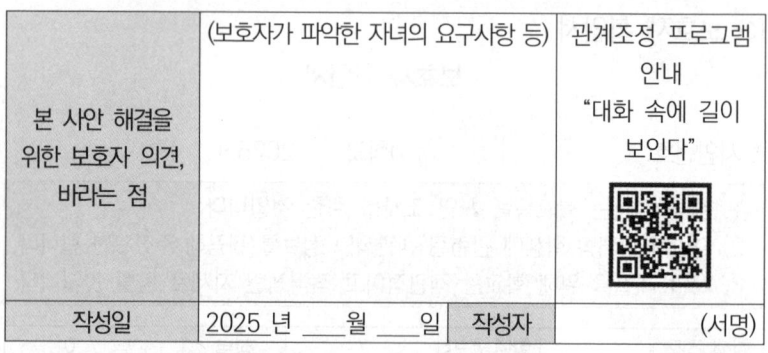

본 사안 해결을 위한 보호자 의견, 바라는 점	(보호자가 파악한 자녀의 요구사항 등)	관계조정 프로그램 안내 "대화 속에 길이 보인다"
작성일	2025 년 ___월 ___일	작성자 (서명)

[학교폭력 사안처리 절차 안내]

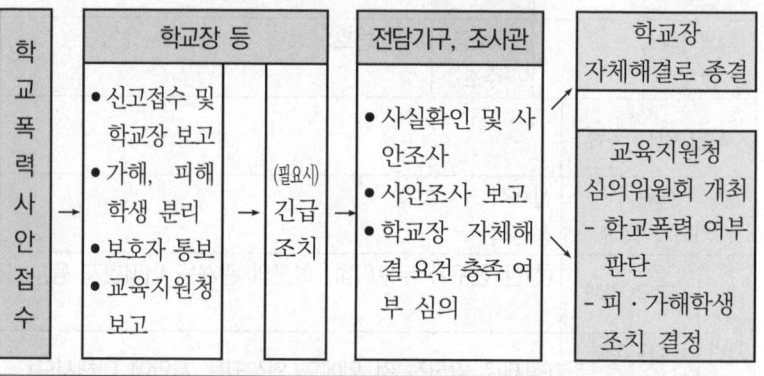

▶ 사안 접수 및 초기 대응

- 사안이 접수되면 피해학생의 분리 의사를 확인 후, 가해학생을 최대 7일(주말 및 공휴일 포함) 이내 분리합니다. 또한, 가해학생에게 제2호(피해 및 신고·고발 학생에 대한 접촉·협박·보복행위 금지) 조치를 합니다.
- 필요시, 학교장은 학교폭력대책심의위원회 의결 시까지 피해학생 보호와 가해학생 선도·교육을 위한 긴급조치를 할 수 있습니다.
- 양측이 동의하는 경우 관계회복을 위한 프로그램을 운영할 수 있습니다.

피해·가해학생은 피해관련(추정)학생 및 가해관련(추정) 학생을 포괄적으로 의미합니다.

↓

▶ **사실확인 및 사안 조사**
- 관련학생 면담을 통해 피해·가해사실 여부를 확인합니다. 먼저 학교에서 최초 학생확인서를 접수하고, 사안에 따라 교육지원청의 학교폭력 전담조사관이 학교를 방문하여 추가 학생확인서를 접수하게 됩니다.
- 조사 과정에서 필요시 보호자 면담, 목격학생 면담 등을 실시합니다.

관련학생이 다른 학교에 재학 중인 경우, 해당학교별로 조사하고, 조사 결과를 공유하는 등 협력함을 안내합니다.

↓

▶ **학교장 자체해결 여부 심의**
- 사안조사를 마치면, 학교의 전담기구에서 학교장 자체해결의 요건 충족 여부를 심의합니다. 학교장 자체해결의 요건은 다음과 같습니다.
  1. 2주 이상의 신체적·정신적 치료가 필요한 진단서를 발급(제출)받지 않은 경우
  2. 재산상 피해가 없거나 즉각 복구되거나 복구 약속이 있는 경우
  3. 학교폭력이 지속적이지 않은 경우
  4. 학교폭력에 대한 신고, 진술, 자료제공 등에 대한 보복행위(정보통신망을 이용한 행위를 포함한다)가 아닌 경우
  ☞ 위 4가지 요건을 모두 충족하고, 피해학생 및 그 보호자가 동의하면 학교장 자체해결이 가능합니다.
- 학교장 자체해결이 되지 않는 사안은 교육지원청 학교폭력대책심의위원회로 넘어갑니다. 경미한 사안에 대해 심의위원회 개최를 원하는 경우 학교에서는 관계회복을 위한 프로그램을 권유할 수도 있습니다.

'학교장 자체해결'이란 법률에 근거하여 경미한 학교폭력 사안에 대해 심의위원회에 회부하지 않고 학교장이 교육적으로 해결하는 방법입니다.

↓

▶ 심의위원회 개최 및 조치 결정

- 교육지원청 심의위원회에서 심의를 통해 학교폭력 여부를 판단하고, 피·가해학생 조치를 의결합니다.
  ☞ 가해학생 조치는 사안의 심각성, 지속성, 고의성 및 가해학생의 반성정도, 양측의 화해정도를 고려하여 결정됩니다.
- 교육장은 조치를 최종 결정하여 피·가해학생과 학교에 통보합니다.

다만, 피해학생 보호 및 가해학생 선도가능성, 피해학생 장애여부를 고려하여 가중하거나 감경할 수 있습니다.

⬇

▶ 조치 이행, 조치 불복, 생기부 기재

- 피·가해학생은 조치를 이행하고, 조치에 이의가 있으면 행정심판이나 행정소송 등 불복을 제기할 수 있습니다.
- 가해학생 조치는 학교생활기록부에 기재됩니다. 단, 1~3호 조치는 1회*에 한하여 학교생활기록부 기재 유보가 가능합니다.
  *동일 학교급에 재학하는 동안(초등학생은 그 조치를 받은 날부터 3년 이내)

학교는 피해학생의 적응, 가해학생의 재발 방지, 주변학생 교육에 노력합니다.

위 내용을 확인하였습니다.

작성일: 2025년   월   일,   작성자   (성명)

☞ 2025년도 양식에 보호자 기재(성명, 연락처, 학생과의 관계, 주소)란과 관계 조정 프로그램 QR코드 안내가 신설되었다.
☞ 2025년부터 보호자 확인서에 "[학교폭력 사안처리 절차 안내]"가 별도 면으로 첨부되어 제공된다.

「보호자 확인서」〈양식2-2〉는 표현 그대로 작성자가 학교 측이 아닌 학생의 보호자이다. 학생의 평소 성향이나 교우관계, 당해 사건 상황 등 보호자인 부모 등을 통해서만 파악될 수 있는 자료 및 정보에 의의가 있다. 한편으로는 간접적으로나마 학교폭력 사안을 대하는 해당 학생 보호자의 관점과 시각을 접할 수 있기도 하다. 거의 모든 사안에서 작성되어 제출되어 진다.

같은 사안의 관련학생이 여러 명일 때, 해당 학생들의 '학생 작성 확인서'는 대동소이한데, 보호자 확인서는 천양지차인 경우가 있다. 그중에는 한두 단어가 기재 내용의 모두인 확인서가 있는가 하면, 상당 분량이 기재되어 제출되기도 한다.

특히, 전달하려는 메시지가 일목요연하게 잘 정리된 경우는 그 내용의 당부당을 떠나서 학교폭력 사안에 대해서 그 보호자가 얼마나 진지한지, 평소 자녀와의 관계가 어느 정도 원만한지 반추되기도 한다. 그런 경우 실체 진실과 무관하게 "이 보호자는 이번 사건이 앞으로 더욱 자녀를 잘 선도하는 계기가 될 수도 있겠구나"하는 반면교사가 전해지는 경우도 있다.6)

---

6) 사건의 실체 파악에 있어서는 당사자인 학생의 진술이 중요하지만, 보호자 확인서는 부모 등의 몫으로 자녀와의 평소 관계, 학교폭력 사태를 대하는 진지함 등 행간에 있어 여러 부분이 반추된다. 작성에 심혈을 기울여도 부족하지 않다.

(3) (피해·가해학생) 긴급조치 보고서〈양식2-3〉

(피해·가해학생) 긴급조치 보고서

* 사안번호: (   )학교   2025-(   )호

대상학생	학년 / 반			성명	
사안 개요 (조치원인)	※ 접수한 사안 내용을 육하원칙에 의거 간략히 기재				
조치 내용	피해학생	조치 사항			
		법적 근거	「학교폭력 예방 및 대책에 관한 법률」 제16조 제1항			
	가해학생	조치 사항		조치의 종류	조치의 기간
				출석정지(6호)	5일 (2025. 5. 19 ~ 5. 23.)
		법적 근거	☐ 「학교폭력 예방 및 대책에 관한 법률」 제17조 제5항 (학교장의 일반 긴급조치) ☐ 「학교폭력 예방 및 대책에 관한 법률」 제17조 제6항 (피해측의 요청에 의한 6,7호 긴급 조치)			
조치 일자	2025년 월 일				

긴급 조치의 필요성	예시) 피해관련학생에게 지속적으로 폭력을 행사하였고, 학교폭력 신고에 대한 보복 위험이 있어 가해 관련학생의 선도가 시급하다고 인정되어 조치를 시행함
관련학생 또는 보호자 의견청취 여부	① 의견청취 완료 (일시: _____ , 방법: _____) ② 의견을 들으려 하였으나 이에 따르지 않음 ※ 출석정지 및 학급교체 조치를 하고자 할 경우 의견청취는 필수 절차임 ※ 추후 불필요한 민원 방지를 위해 의견 청취에 대한 기록을 남겨두는 것을 권장함

관련학생 및 보호자 통지	통지일자	
	통지방법	

작성자 :
확인자 :   학교장

[참고] 피해학생 긴급 보호조치는 법률 제16조제1항에 의거 즉시 심의위원회에 보고
가해학생 긴급 선도조치는 법률 제17조제5항 및 제6항에 의거 즉시 심의위
원회에 보고 및 추인을 받아야 함

☞ 학교 작성의 보고서이다. 피해학생이나 가해학생에 대한 학교폭력예방법 상의 긴급조치가 취해진 경우 작성된다.
☞ 2025년도 양식부터는 조치 사항을 '조치의 종류'와 '조치의 기간'으로 세분하여 기재한다.

(4) 학교폭력 사안조사 보고서

(1차 조사□ / 보완조사□) 학교폭력 사안조사 보고서

* 사안번호: (   )학교   2025-(   )호

신고접수 일자	년 월 일	책임교사 성명 및 연락처	
사안조사 일자	년 월 일	조사관 성명 및 연락처	
사안 유형	유형: 신체폭력/ 언어폭력/ 금품갈취/ 강요/ 따돌림/ 성폭력/ 사이버폭력/ 기타(중요도 순서로 기재) ●						
관련학생	학교	학년 반/번호	성 명	성 별	(공동사안인 경우) 관련 학교의 사안 번호	학생선수 여부 (V 표시, 가해(관련) 학생에 한함)*	비고 (가해(관련)/ 피해(관련))
		/					
		/					
	* 국민체육진흥법 개정으로 「학생징계정보 수집」이 시행('22.8.11.)됨에 따라 학교의 학생선수 담당 교사로부터 학생선수 확인 서류를 제출 받은 경우, V 표시						
사안개요 (주요 내용)	※ 신고내용과 관련하여 확인한 내용을 육하원칙에 의거 구체적으로 기재(피해관련학생의 신고내용이 누락되지 않도록 주의)						

사안 경위 (세부내용 전체)	※ 사안의 전후, 사안 접수, 전담기구 및 조사관 조사, 양측의 주장을 포함한 전체 사건 내용, 등을 시간의 흐름에 맞춰 구체적으로 기재 •			
가해자와 피해학생의 분리 여부	분리 시행 여부		가해자와 피해학생 분리 예외	
	시행	미시행	* 피해학생 반대의사 표명( ) * 교육활동 중이 아님( ) * 학교장의 긴급 선도조치로 이미 가해학생과 피해학생이 분리됨( ) * 타학교에 재학 중임 등( )	
	*분리기간: 2일 (예시), (1일~ 7일) ※ 필수 기재			
자체해결 요건 충족 여부	(조사관 조사시) '객관적 요건 충족 여부'에 대한 전담 조사관의 의견			자체해결 동의 여부
	학교장 자체해결 요건	의견(충족 여부)		※ 현재까지 확인된 내용 기재
	1. 2주 이상의 신체적·정신적 치료를 요하는 진단서를 발급받지 않은 경우			
	2. 재산상 피해가 없는 경우 또는 재산상 피해가 즉각 복구되거나 복구 약속이 있는 경우			
	3. 학교폭력이 지속적이지 않은 경우			
	4. 학교폭력에 대한 신고, 진술, 자료제공 등에 대한 보복행위(정보통신망을 이용한 행위를 포함한다)가 아닌 경우			

쟁점 사안	주요 쟁점 1.	• ※ 기타 쟁점 사안이 있는 경우 추가 작성	근거자료 (※ 예시: 설문조사, CCTV 영상자료, 녹음자료, 사진, SNS, 문자 메시지, 진단서 등) - 출처, 장소, 날짜, 시간 등 주요 내용 기재
	피해(관련) 학생의 주장 내용	•	
	가해(관련) 학생의 주장 내용	•	
	목격학생의 진술 등	•	
	주요 쟁점 2.	※ 위와 동일	근거자료 ※ 위와 동일
	....	...	...
시행령 제19조 판단요소 관련 확인 사실 기재 ※ 작성 시 참고사항에 따라 각 판단요소별 <u>구체적으로 사실을 기재</u> (책임교사나 조사관이 판단하는 <u>점수를 기재하는 것이 아님</u>) ※ 가해학생별로 구별하여 작성				
학교폭력의 심각성	•		

학교폭력의 지속성	•
학교폭력의 고의성	•
가해학생의 반성 정도	•
가해학생 및 보호자와 피해학생 및 보호자간 화해 정도	관계회복 프로그램·갈등조정 등을 진행하였는지, 진행할 의사가 있는지 •
해당 조치로 인한 가해학생의 선도 가능성	•
피해학생이 장애학생인지 여부	•

긴급조치 여부	피해관련	
	가해관련	

가해학생 학교폭력 재발 현황	※ 학교폭력 가해학생 조치사항 관리대장을 통해 확인될 수 있는 가해학생의 학교폭력 횟수 기재		
	학년	사안번호	가해학생 선도조치(학교장 자체해결 포함)

특이사항 및 고려사항	※ 성 관련 사안 여부, 치료비 분쟁, 피해학생이 다문화학생인지 여부, 관련학생 및 그 보호자의 요구사항, 언론보도 등 특이사항 기재

	기타 사항
	※ 보완조사 보고서의 경우 사례회의 개최 일시, 사례회의에서 결정한 주요 보완사항 등을 작성

[참고]
1. 시행령 제19조 판단요소 확인 시 참고 사항

학교폭력 사안조사 시 판단사항	작성 시 참고 사항
1. 심각성 판단 요소	▶ 성폭력 여부 및 피해의 정도 ▶ 폭력 유형의 복합성 여부 및 정도 ▶ 집단폭행 여부 및 집단폭행의 주도 여부 ▶ 폭력행위에 사용된 도구의 특성 ▶ 폭력행위가 발생한 장소 및 시간의 특성 ▶ 언어폭력 또는 사이버폭력 행위의 위험 정도 ▶ 폭력행위로 인하여 발생한 피해의 정도
2. 지속성 판단 요소	▶ 폭력행위 자체의 지속 여부 ▶ 폭력행위 자체의 반복 여부 ▶ 사이버폭력 행위의 지속 여부
3. 고의성 판단 요소	▶ 폭력행위 전 피·가해학생 간 관계와 마찰 여부 ▶ 폭력행위의 사전계획 여부 ▶ 폭력행위가 발생한 장소에 있게 된 이유 ▶ 피해학생의 거부 의사가 있었는데도 폭력행위를 했는지 여부 ▶ 주변의 만류에도 불구하고 폭력행위를 지속했는지 여부 ▶ 폭력행위의 결과에 대한 예측 여부
4. 반성 정도 판단 요소	▶ 학교폭력 신고 이전에 가해학생의 사과가 있었는지 여부 ▶ 조사과정에 성실히 참여했는지 여부 ▶ 조사과정에서 자신의 잘못 인정 여부와 정도 ▶ 심의위원회 진행 과정에 성실히 참석했는지 여부 ▶ 심의위원회 진행 과정에서 자신의 잘못 인정 여부와 정도 ▶ 가해학생의 사과 및 관계회복, 분쟁조정 참여 의지 ▶ 가해학생이 피해학생의 피해 복구를 위한 노력 정도 ▶ 가해학생의 재발방지에 대한 의지 ▶ 피해학생과의 추가적인 갈등 또는 보복행위 발생 여부 ▶ 맞신고 제기 여부 (보복 등 악용 여부 등)

학교폭력 사안조사 시 판단사항	작성 시 참고 사항
5. 화해 정도 판단 요소	▶ 가해학생 및 보호자의 피해학생과 보호자 대상 사과 또는 관계회복(화해) 여부 ▶ 상호 간 손해배상이나 분쟁조정이 되었는지 여부 (고소·고발 취하 여부 포함) ▶ 피해학생의 가해학생에 대한 처벌 의사 정도 ▶ 피해학생이 가해학생 및 보호자 대상 사과를 받거나 화해할 의지 정도 등 ▶ 관계회복 또는 관련 프로그램에 대한 참여 의사 여부
6. 가해학생의 선도 가능성 판단 요소	▶ 학교폭력대책심의위원회에서 받은 조치가 있는지 여부(해당 학교급) ▶ 학교장 자체해결로 처리된 적이 있는지 여부(해당 학교급) ▶ 사안발생(접수) 전 평소 생활태도와 사안접수 이후의 생활태도 변화 ▶ 기본 판단요소 점수에 따른 조치가 가해학생 선도·교육에 충분한 교육적 조치인지 ▶ 기본 판단요소 점수에 따른 조치가 피해학생 보호에 충분한 조치인지 ▶ 기본 판단요소 점수에 따른 조치가 실질적으로 이행될 수 있는지, 실효성이 있는지
7. 피해학생이 장애학생 인지 여부	▶ 장애학생의 장애 정도 확인 ▶ (가해학생이 학교폭력 당시) 피해학생의 장애를 인식하였거나 인식할 수 있었는지 여부 ▶ 폭력행위가 피해학생의 장애와 직접적으로 관련된 것인지

☞ 2025년도 양식은 2024년도 대비 상당한 변화가 있다.
☞ 이 중 보고서 맨 마지막에 덧붙여지는 '시행령 제19조 판단 요소 작성 시 확인되는 사항' [참고] 부분도 대거 내용이 추가·정리 되었다.
☞ 접수부터 사안조사에 이르기까지 작성되는 거의 모든 보고서(접수 대장도 포함하여)에 가해자와 피해학생의 분리 여부가 확인되고 기재된다.

학교폭력 사안조사 보고서(이하 "사안조사 보고서")〈양식2-4〉는 사안 조사의 최종적 보고서이다. 그래서 접수부터 조사 과정까지의 거의 모든 정보가 들어있다. ① 학교·학생 등 기본정보, ② 신고 접수 일자, 사안 유형, 사안 개요 및 사안 경위 등 기초사실, ③ 피해학생의 분리 여부, 자체해결 충족 여부, 긴급조치 여부 등 절차 진행 확인, 그리고 사안조사 보고서의 핵심이라 할 수 있는 ④ 쟁점 사안의 정리 및 시행령 제19조 판단 사항 등이 기재된다.

2025년도 양식에는 기존 사안조사 보고서가 마치 조사관 조사 방식을 전제하던 모습에서 벗어나 전담기구 조사에도 활용할 수 있도록 변경됐다.7) 또한 조사일자란이 탈루되어 있던 것을 신설하며 이를 보완했다. 그리고 가해학생 조치결정의 시행령상 기준인 학교폭력의 고의성·지속성·심각성 부분이 한 항목으로 되어있던 것을 각각의 기재 항목으로 구분했는데, 적절한 가해학생 조치의 측면에서 타당해 보인다. 한편, '전담 조사관'과 '조사관' 명칭을 구분하여 사용하려는 시도를 엿볼 수 있기도 하다.

심의 과정에서 사안조사 보고서가 나름의 역할과 기능을 가지나 그렇다고 심의위원회가 꼭 사안조사 보고서만을 그 기준으로 하거나 보고서의 기재 내용에 구속되는 것은 아니다. 심의위원회는 사안조사 보고서 외에도 심의 전후의 여러 정황, 심의 당일 가해학생 및 피해학생 각 그 보호자의 진술 내용과 진술 태도 등

---

7) 조사자로 책임교사의 성명과 연락처 기재란 추가나 사안 경위 부분에 예시로 전담기구에 의한 조사도 언급한 부분, 또한 조사관 조사 시에만 기재하도록 한 사항을 마련한 부분 등이 있다.

심의 전(全) 과정에서 드러난 사실과 정황 그리고 심의 전체의 취지를 고려하여 종합적으로 판단한 후 그 결론에 이르게 된다.

(5) 피해·가해학생 보호자 개인정보〈양식2-5〉

피해·가해학생 보호자 개인정보

* 사안번호: (　　　　　)학교　2025-(　　)호

연번	사안번호	학생성명	보호자				
			성명	학생과의 관계	연락처	우편번호	주 소

[참고] 심의위원회는 법률에 의해 이루어지는 것이기 때문에 보호자 개인정보 수집시, 별도의 동의를 필요하지 않음. 교육지원청에서 관련 학생 및 보호자에게 참석 안내를 서면 통지하기 위해 필요한 자료이므로, 사전 확인을 거쳐 정확한 개인정보를 기재. 정확한 등기우편 발송을 위해 도로명 주소, 우편번호 등을 상세히 기재.

(6) 학교폭력 전담 조사관 자료 관리 대장

학교폭력 전담 조사관 자료 관리 대장

* (   )학교

책임교사: 김○○   (서명)

사안 번호	자료명	제공일	제공자	조사관명	자료 폐기	
					폐기일	폐기자
2025-1	학생 작성 확인서 사본, 각종 증거자료 일체	2025.3.6.(목)	책임교사 김○○	조사관 이○○	2025.3.10.(월)	조사관 이○○

[참고]
○ 학교는 사안번호별로 기재
○ 책임교사는 위 대장을 작성하고 관리함
○ 학교는 교육지원청(학교폭력제로센터)으로부터 사안조사보고서를 공문으로 받은 후, '자료폐기'란을 기록함

Ⅲ 조사

1. 관련 법령

> **학교폭력예방법 제14조(전문상담교사 배치 및 전담기구 구성)**
> ④ 학교의 장은 학교폭력 사태를 인지한 경우 지체 없이 전담기구 또는 소속 교원으로 하여금 가해 및 피해 사실 여부를 확인하도록 하고, 전담기구로 하여금 제13조의2에 따른 학교의 장의 자체해결 부의 여부를 심의하도록 한다.
>
> **학교폭력예방법 제11조의2(학교폭력 조사·상담 등)**
> ① 교육감은 학교폭력 예방과 사후조치 등을 위하여 다음 각 호의 조사·상담 등을 수행할 수 있다.
> 1. 학교폭력 피해학생 상담 및 가해학생 조사
> 2. 필요한 경우 가해학생 학부모 조사
> 3. 학교폭력 예방 및 대책에 관한 계획의 이행 지도
> 4. 관할 구역 학교폭력서클 단속
> 5. 학교폭력 예방을 위하여 민간 기관 및 업소 출입·검사
> 6. 그 밖에 학교폭력 등과 관련하여 필요한 사항
> ④ 교육감 및 「지방교육자치에 관한 법률」 제26조 제1항에 따라 교육감 권한을 위임받은 교육장은 제1항에 따른 조사·상담 등을 위하여 필요한 경우 관계 직원을 지정하여 조사·상담업무를 수행하게 하거나 조사·상담에 대한 지식과 경험이 풍부한 전문가를 학교폭력 조사·상담자로 위촉하여 활용할 수 있고, 그 관계 직원 및 학교폭력 조사·상담자로 하여금 현장조사·문서열람 등을 하게 하거나 피해학생·가해학생·목격학생·관련교사·보호자 등 관계인에게 출석·진술·조사협조 및 자료제출을 요청하게 할 수 있다.
> ⑩ 제1항 제1호 및 제4호의 조사 등의 결과는 학교의 장 및 보호자에게 통보하여야 한다.

2. 조사의 권한 및 주체

(1) 연혁(조사의 권한 및 조사의 주체(담당자))

학교폭력예방법 제정 당시에는 개별 학교폭력 사건을 조사하는 주체나 기구에 관한 규정이 존재하지 않았다. 그러다 2008년 3월 14일의 전부개정법률에 의해 비로소 법률에 처음 조사의 권한을 가진 기구가 나타나게 된다.[8] '전담기구'로 이때 학교에 구성되면서, 학교폭력에 관련된 조사결과를 학교의 장에게 보고하게 되었다. 이후 2012년 3월의 법률 개정으로 전담기구의 조사 권한이 가해 및 피해 사실 여부를 확인하도록 좀 더 구체화 되었고, 소속 교원에게도 사실 여부의 확인 권한이 부여되었다.[9] 다시금 최근에는 법령의 개정을 통하여 교육(지원)청에 관계 직원을 지정하거나 전문가를 조사자로 위촉하여 조사할 수 있도록 하였다.[10]

(2) 현행법상 조사의 권한 및 조사의 주체(담당)

현행 학교폭력예방법은 학교폭력 사안의 조사 권한 뿐 아니라 그 조사 권한을 수행하는 담당(조사 주체)까지 규정하고 있다. 적어도 학교폭력에 관해서는 사안 관련 조사의 권한과 주체가 법적 근거를 가지고 제도로서 운용되고 있다.

현행법상 학교폭력 사안의 조사 권한은 크게 두 축으로 학교

---

8) 법률 제8887호, 2008. 3. 14. 전부개정(2008. 9. 15. 시행).
9) 법률 제11388호, 2012. 3. 21. 일부개정(2012. 5. 1. 시행).
10) 대통령령 제34233호, 2024. 2. 27. 일부개정(2024. 3. 1. 시행), 시행령에서 먼저 규정한바 논란의 여지가 있어 이후 법 개정을 통해 시행령 내용의 법적 근거를 신설한 후, 이를 부칙 제3조를 통해 소급 적용하는 형태를 취하였다.

의 장과 교육감·교육장에게 부여되어 있다.11) 연혁적으로 조사 권한은 학교의 장에서 교육감 및 교육장으로 확대되어 왔다. 또한, 현재 학교의 장에게 부여된 조사 권한은 '학교에 구성된 전담기구' 또는 '소속 교원'을 통해 수행되어 진다(법 제14조 제4항 전단). 교육감·교육장에게 부여된 권한도 역시 법상 관계 직원 또는 위촉된 조사자를 통해 이루어진다(법 제11조의2 제4항). 연혁적으로 학교에는 조사 권한의 부여와 함께 조사 업무를 구체적으로 수행하는 담당 기구를 정하며 입법했다. 반면, 교육청의 경우에는 교육감에게 조사 권한을 법적으로 부여할 당시 조사 주체에 대해서는 별도 법상 정하지 않다가 한참 후인 최근에야 입법으로 이를 정하여 2025년 1월부터 조사 담당자에 대한 법적 근거가 마련되었다.

		제정법률 (2004년)	제8887호 (2008년 9월 15일)	제11388호 (2012년 5월 1일)	제20670호 (2025년 1월 21일)
학교	권한	×	학교의 장	학교의 장	학교의 장
	담당	×	전담기구	전담기구·소속교원	전담기구·소속교원
교육청	권한	×	×	교육감	교육감
	담당	×	×	×	관계직원·조사자
교육지원청	권한	×	×	×	교육장
	담당	×	×	×	관계직원·조사자

---

11) 최근 법률 개정(법률 제20670호, 2025. 1. 21. 일부개정(시행 2025. 1. 21.))을 통해 교육감에게 부여된 조사·상담의 권한이 교육장에게 확대되었다(법 제11조의2 제4항 참조).

그래서 현재는 법상 학교를 통한 조사와 교육(지원)청을 통한 조사가 가능하다. 학교는 사건의 주된 장소이기도 하거니와 학교폭력의 당사자가 학생이라는 점에서12) 결국 사안의 귀결은 학교로 돌아 올 수밖에 없기에 학교폭력 사건을 처리하는 데 학교에 조사 권한을 부여한 것은 필요성이나 적합성 관점에서 지극히 당연하다. 교육(지원)청도 상급 기관으로 학교폭력 사안에 대해서 통할하여 감독·관리하는 것을 넘어 여러 학교에 걸쳐있거나 사회적 이슈가 되는 경우 등 특별히 조사할 만한 사정이 있는 사안에 있어서는 개별 사안에 대해서도 조사가 필요할 것이다.

그러나 특정 사안에 대해서 조사할 필요가 있다는 것과 모든 사안에 대해서도 그러하다는 것은 다른 차원의 문제이다. 즉, 학교와 교육(지원)청은 입장이 조금 다르다. 어느 학교에서 발생한 학교폭력 사안을 해당 학교가 조사하지 않는다면, 그 사건은 조사가 되지 않은 채 방치될 확률이 높다. 그렇기에 학교에서 발생한(또는 학교와 관련된) 모든 사건에 대해서 학교에서는 필요성 여부를 떠나 조사해야 한다. 학교폭력 사건을 학교에서 조사해야 하는 것은 어느 공동체이건 그 공동체에서 발생한 일에 스스로 책임지고 해결해 가야 한다는 일반적인 통념에 비추어 보아도 그렇다. 거기에다가 학교폭력예방법은 아예 학교폭력을 인지한 경우 학교의 장에게 사실 여부를 확인하도록 하고 있어 학교가 모든 자기 사건에 대해서 조사하는 계기를 부여하기도 한다. 반면, 교육(지원)청은 입장이 학교와 같지 않다. 관할 지역에서 발

---

12) 학교폭력의 요건상 피해자는 예외 없이 학생이다. 가해자는 학생이 아니어도 학교폭력의 성부에는 관계없으나, 현실에서 대부분 가해자는 학생임은 자명하다.

생한 모든 학교폭력 사건을 조사하는 것도 쉽지 않지만, 꼭 그래야 할 필요가 있는 것도 아니다. 그래서 어쩌면 우리 입법자는 교육감에게 조사 권한을 부여하면서도 학교의 경우와 달리 한동안 법에서 조사의 주체를 정하지 않고 있었는지도 모른다.[13]

(3) 조사 주체의 확장 및 병존(현행의 모습)

조사의 종류	학교에 의한 조사	교육지원청에 의한 조사
권한	학교의 장	교육감(교육장)
근거	제14조 제4항	제11조의2 제1항
조사 기구(담당)	전담기구	학교폭력제로센터
조사 업무 수행	전담기구 업무담당자	조사관[14]

현재 학교폭력 조사의 권한은 법상 학교와 교육(지원)청에 부여되어 있다. 그 조사 담당 주체는 학교는 전담기구(또는 소속 교원[15]), 교육(지원)청은 관계 직원 또는 조사자로 사건의 조사는 전담기구나 관계 직원 또는 조사자에 의해서 이루어진다. 그리고 제도 운용의 실무는 학교와 교육지원청 양 체제로 움직인다. 즉, 학교의 전담기구에 의한 조사와 교육지원청의 학교폭력제로센터에 소속된 조사관에 의한 조사가 현행 조사 체제의 모습이다.

---

13) 물론, 법상 조사 담당자가 정해져 있지 않다고 하더라도, 교육감의 권한으로 개별 사건을 조사하는 것이 불가능한 것은 아니다. 이미 법 제11조 제1항을 통해 학교폭력의 예방과 대책을 담당하는 전담부서를 설치·운영하고 있기도 했다.
14) 법상 명칭인 '조사자'를 '조사관'이라 칭함.
15) 법상 전담기구 또는 소속 교원이라 명시하고 있으나, 실무에 있어서는 각급 모든 학교에 의무적으로 설치되어 있는 전담기구에 의해서 이루어진다.

⑷ 조사관 조사와 전담기구 조사의 병존하는 제도 운용

　법상 전담기구에 의한 조사와 조사자에 의한 조사가 가능하고 양자는 병존하고 있다.

　조사관 제도 초창기 실무에서는 "학교폭력 사안 발생 시 학교폭력제로센터에서 학교폭력 전담 조사관을 배정하여 사안 조사를 진행하는 것이 원칙이지만, 학교가 자체조사를 희망할 경우 학교 전담기구에서 사안 조사를 할 수 있음"이라고 하며 조사관 조사를 원칙으로 하는 태도를 보인 바 있다.16) 그러나 2025년 들어 이러한 태도를 바꿔 조사관 조사와 전담긱구에 의한 조사의 병존 체제를 받아들였다.17)

⑸ 조사관에 의한 조사와 조사절차의 관계

　학교폭력 사안처리 절차는 크게 '조사절차', '심의절차', '집행절차'로 구분할 수 있다. 조사절차는 다시 신고·접수 등이 이루어지는 조사개시 전(前) 절차와 본격적인 조사가 개시되는 조사개시 후 절차로 나뉜다.

　조사관에 의한 조사는 조사절차 일련의 전체 흐름 중에서 조사개시 후 조사 단계에 해당한다. 즉, 조사관은 학교를 근간으로 진행되고 있는 조사절차 내에서 조사 업무를 수행하는 역할을 맡고 있다. 그러나 이때에도 조사절차 전체의 주재는 학교가 맡고 있다고 보아야 한다. 예를 들어, 교육 당국이 마련한 양식인

---

16) 교육부·이화여자대학교 학교폭력예방연구소, "학교폭력 사안처리 가이드북, 2024(이하 "2024 가이드북") 8면 참조.
17) 2025 가이드북 8면에는 2024 가이드북 8면의 조사관 조사 원칙에 관한 언급을 삭제했고, 책의 내용에도 일정 부분 이를 반영하고 있다.

「보호자 확인서」의 기재 문구에는 "본 확인서는 학교폭력 사안 조사를 위한 것입니다."라고 한 후, "사안 해결을 위해 학교는 객관적이고 적극적인 자세로 임할 것입니다"고 쓰여 있다. 사안 조사의 책무가 학교에 있음을 확인 할 수 있는 대목이다.

3. 조사의 대상 및 내용

(1) 심의를 위한 조사

현재는 사안처리의 전 과정에서 법상 두 가지의 심의가 있다. 첫째 심의위원회의 심의로 가·피해 학생에 대한 조치를 심의·결정한다. 둘째, 조사절차 내 심의로 전담기구를 통해 학교장 자체해결 여부를 심의하도록 하고 있다. 조사절차는 학교를 기반으로 진행되기에 조사절차 중 어떤 심의가 필요하다면 아무래도 학교에 구성·설치된 기구(기관)에 의지할 수밖에 없는데, 법은 전담기구에 이 심의 기능과 역할을 부여하고 있다.

결국 조사절차에서 크게는 심의위원회 심의의 판단 기초를 위한 조사를 수행하고, 작게는 학교장 자체해결 여부의 판단을 위한 조사를 수행한다.

(2) 조사의 내용(무엇을 조사하는가?)

① 관련학생 정보
② 사안의 개요 및 경위
③ 가해자와 피해학생 분리 여부
④ 학교장 자체해결 요건 충족 여부

⑤ 쟁점별 당사자의 주장 및 근거자료
⑥ 가해학생 행사 학교폭력의 고의성·지속성·심각성
⑦ 해당 조치로 인한 가해학생의 선도가능성
⑧ 가해학생의 반성 정도
⑨ 가해학생측과 피해학생측의 화해 정도
⑩ 피해학생이 장애학생인지 여부
⑪ 가해학생의 학교폭력 재발 현황
⑫ 특이사항 및 고려사항(성 관련 사안 여부, 다문화학생인지 여부, 언론보도 등)

(3) 조사의 기준(왜 조사하는가?)

① 사실의 확인
② 정상관계 확인
③ 증거 자료 수집·확보
④ 자료 제출 요청(진단서 등)

참고: 진단서가 별도 요건으로 기능하는 경우

효과	요건
학교장 자체해결 사안의 경미한 학교폭력 판단	2주 이상의 신체적·정신적 치료가 필요한 진단서를 발급받지 않은 경우(법 제13조의2 제1항 제1호)
가해학생에 대한 우선 출석정지·학급교체 사유	학교폭력을 행사하여 전치 2주 이상의 상해를 입힌 경우(시행령 제21조 제1항 제2호)

(4) 조사의 목적

 심의위원회의 판단을 위해 사실관계와 정상관계를 확인하고 그 증거자료를 수집하게 된다. 사실관계는 해당 학교폭력 사건에서 고의성, 지속성, 심각성의 관점에서 정상관계는 해당조치로 인한 선도가능성, 가해학생의 반성 정도, 가해학생과 피해학생 간의 화해 정도를 그 관점으로 한다.

 또한, 학교장 자체해결 여부 결정을 위한 전담기구 심의의 판단자료를 조사하게 된다. 자체해결의 객관적 요건인 사안의 경미성에 관한 네 가지 지표와 주관적 요건인 피해학생과 피해학생 보호자 모두의 동의 여부를 살피면 된다.

(5) 조사의 방법

> 학교폭력예방법 제11조의2(학교폭력 조사·상담 등)
> ④ 교육감 및 「지방교육자치에 관한 법률」 제26조 제1항에 따라 교육감 권한을 위임받은 교육장은 제1항에 따른 조사·상담 등을 위하여 필요한 경우 관계 직원을 지정하여 조사·상담업무를 수행하게 하거나 조사·상담에 대한 지식과 경험이 풍부한 전문가를 학교폭력 조사·상담자로 위촉하여 활용할 수 있고, 그 관계 직원 및 학교폭력 조사·상담자로 하여금 현장조사·문서열람 등을 하게 하거나 피해학생·가해학생·목격학생·관련교사·보호자 등 관계인에게 출석·진술·조사협조 및 자료제출을 요청하게 할 수 있다.
> ⑨ 제1항 및 제4항에 따라 조사·상담 등을 하는 관계 직원 및 학교폭력 조사·상담자는 그 권한을 표시하는 증표를 지니고 이를 관계인에게 보여주어야 한다.

> 학교폭력예방법 제11조의3(관계 기관과의 협조 등)
> ① 교육부장관, 교육감, 지역 교육장, 학교의 장은 학교폭력과 관련한 개인정보 등을 경찰청장, 시·도경찰청장, 관할 경찰서장 및 관계 기관의 장에게 요청할 수 있다.
> ② 제1항에 따라 정보제공을 요청받은 경찰청장, 시·도경찰청장, 관할 경찰서장 및 관계 기관의 장은 특별한 사정이 없으면 그 요청을 따라야 한다.

① 현장조사
② 문서열람
③ 진술 청취(면담조사)
④ 서면조사
⑤ 자료제출 요청

위 조사 방법 중에서 가장 주된 조사는 면담 조사일 것이다. 면담 조사는 사건 당사자인 가해학생, 피해학생 및 목격자(목격학생 등)나 주변인(관련교사 등)에 대해 이뤄진다.

(6) 사안조사 시 조사자(조사관)의 개입 여부

미성년자 특히 초등학생이나 중학교 저학년생의 경우 그 특수성을 고려할 필요가 있다. 특히, 성인인 조사자가 미성년자인 피조사자에게 대한 일말의 영향력을 행사하거나 불필요한 권위를 내세우는 것은 공정하고 객관적인 조사에 해가 된다. 성장기 학생이어서 조사 자체에 무엇을 어떻게 대응해야 할지 모르는 경우가 있어 설령 도와줄 필요가 있다고 하더라도 정도를 넘어 자칫 개입하는 수준에 이르면 안 될 것이다.

4. 학교폭력이 아닌 사안의 종결처리

(1) 학교폭력이 아닌 경우

학교폭력으로 신고 또는 인지되었으나, 학교폭력이 아닌 경우가 있다. 예를 들어, 오인 신고나 허위 신고의 경우 또는 단순 사고로 고의성이 없음이 명백한 경우 등이다.

학교폭력이 아닐 수 있는 다양한 경우 중에서 교육 당국은 세 가지를 아래와 같이 예시하고 있고, 이에 대해서 종결 보고 형식으로 종결하도록 하고 있다.18)19)

① 제3자가 신고한 사안에 대한 조사 결과, 학교폭력이 아닌 경우
② 학교폭력 의심사안(담임교사 관찰로 인한 학교폭력 징후 발견 등)에 대한 조사 결과, 학교폭력이 아닌 경우
③ 피해학생(보호자)이 신고한 사안에서 피해학생(보호자)이 오인 신고였음을 스스로 인정하고, 조사결과 학교폭력이 아닌 경우

(2) 사안의 처리

사안처리의 구체적인 기준과 방법에 대해 법령의 규정은 없으나, 교육 당국은 학교장이 초기 사실확인 또는 조사관으로부터 조사 결과를 통보받은 후 전담기구의 회의를 통해 학교폭력이 아님을 확인한 후, 교육(지원)청으로 보고하도록 하고 있다.20)

---

18) 가이드북 42면의 기재는 이 세 가지가 예시라고 설명하면서도, 〈양식3-6〉에서는 이 세 가지에 한정하는 듯한 모습을 보인다.
19) 법 체계적으로 세 가지가 선행적으로 해결되어야 한다. 첫째, "학교에서 이렇게 학교폭력 아닌 사안으로 종결할 수 있는가?", 둘째 "만약 그럴 수 있다면, 그 법적 근거를 어디서 찾아야 할 것인가?", 셋째, "이 세 가지 사유에 한정하는가 아니면 예시일 뿐인가?"이다.

(3) 학교폭력이 아닌 사안의 종결 보고서

학교의 장은 전담기구 회의를 통해 학교폭력이 아니었음을 다음의 양식 「학교폭력이 아닌 사안의 종결 보고서」〈양식3-6〉를 통해 확인한 후 상급 기관인 교육(지원)청에 보고한다.

5. 가해자가 학생이 아닌 사안의 처리

(1) 학교폭력 사안

학교폭력예방법상 가해자는 학생일 것을 요하지 않는다. 그래서 피해자만 학생이면, 학교폭력 사안이고 학교폭력예방법의 적용을 받는다. 이때 가해자에 대해서는 학교폭력예방법으로는 실효적인 처분을 할 수 없기에 일반 형사법이나 아동학대처벌법 등의 적용 여지가 크다.

(2) 사안의 처리

여타의 학교폭력 사안처럼 심의위원회가 개최되어 피해학생의 보호조치를 결정하면 된다. 물론 가해자가 학생인 경우와 달리 피해자만 학생이기에 심의위원회의 심의 내용도 이에 한정된다. 교육 당국은 이때 "피해학생과 그 보호자가 피해학생 보호조치를 원하지 않는다면, 학교장은 심의위원회 요청을 하지 않을 수 있다"라고 밝히고 있다.[21][22] 즉, 피해학생과 그 보호자로부터

---

20) 가이드북 42면.
21) 가이드북 43, 68면.
22) 그러나 피해학생의 궁극적 보호를 위해 보다 신중한 접근과 논의가 필요하다고 본다. ① 가해자가 학생이 아닌 경우도 법상 학교폭력이기에 다른 학교폭력 사

「학교폭력대책심의위원회 미개최 동의서」〈양식3-7〉를 받는다면,23) 심의위원회는 더 이상 개최되지 않고 사안은 그 상태에서 종료되는 것이다.

그러나 이러한 경우에도 절차 편의를 강조하여 심의위원회를 미개최 할 것이 아니라 피해학생의 실질적 보호를 위해 일단 심의위원회를 개최한 후,24) 이를 안건으로 삼아 피해학생임에도 그 보호조치를 원하지 않는다는 취지를 담아 결정하면 될 일이다.25) 왜냐하면, 법 제16조 제1항에 의할 때, 피해학생의 경우는 보호조치의 요구가 필수가 아닌 심의위원회의 재량이므로 그러한 결정을 해도 심의위원회는 큰 부담이 없다. 또한, 심의위원회가 개최되어 해당 사안을 심의했다는 절차 기록만으로도 자칫 발생할지 모르는 향후 가해자와의 법적 다툼에 있어 피해학생의 증거 확보 등 실효적 측면에도 도움이 되기 때문이다.

건과 동일하게 다루어야지 이를 달리 다룰 법적 근거가 없는 점, ② 가해자가 학생이 아닌 경우와 격리의 상황이 유사한 가해자가 다른 학교의 학생인 학교폭력 사안은 심의위원회가 예외 없이 개최되고 있는 점, ③ 사적 절차가 아닌 공적 절차를 절차 당사자의 의사 표시로 쉽게 몰각할 수 있는 것인지 의문인 점, ④ 공법적 권리의 성격을 인정하더라도 공법적 권리는 사법적 권리와 달리 포기에 있어 그 성격이 다른 점, ⑤ 심의위원회 절차는 피해학생 보호 조치 이외에도 여러 절차의 존재의의가 있는 점, 예를 들어 역사적으로나 공적으로 해당 사안을 기록으로 남길 필요가 있는 점, ⑥ 그런 심의위원회 절차가 있었다는 것만으로 해당 사안의 피해학생을 보호하는 취지가 공표되는 것이고 가해자에 대해 경고하며, 일반에게는 위하가 되는 점 등이다.
23) 미개최 동의를 받은 경우 학교장은 상급청인 교육지원청에 보고한다.
24) 이때 심의위원회에 피해학생이 참석하지 않아도 심의위원회 개최는 가능하다.
25) 만약, 학교장 자체해결 제도를 유추 적용하는 것이라면 유추의 법적 기반이 조성되어 있는지가 선행 검토되어야 하는데, 과연 가해자가 학생이 아닌 경우가 이러한 유추 가능한 경우인지 의문이다. 만약 학교장 자체해결을 유추하는 것이 아니라 이와 무관하게 그렇게 정하는 것이라면, 이에 대한 법적 근거가 불분명하다. 공적 권리의 포기 여부는 사적 권리와 다르다는 측면도 또한 간과하면 안 된다.

(3) 학교폭력대책심의위원회 미개최 동의서

학교폭력대책심의위원회 미개최 동의서
(가해자가 학생이 아니고 피해학생 보호조치를 원하지 않는 경우)

* 사안번호: (   )학교   2025-(   )호

피해(관련) 학생	소속학교	학년/반	학생 성명	보호자 성명

신고 내용	

가해자가 학생이 아니고, 피해학생 보호조치를 원하지 않아
학교폭력대책심의위원회 미개최에 동의합니다.

2025.00.00.

피해학생   (서명 또는 인)
피해학생 보호자   (서명 또는 인)

○○학교장 귀중

[참고]
- 가해자가 학생이 아니고, 피해학생과 그 보호자가 피해학생 보호조치를 원하지 않는 경우, 학교장은 학교폭력대책심의위원회 개최를 요청하지 않을 수 있음
- 피해학생과 그 보호자의 미개최 동의서(본 양식)를 받아 교육지원청에 보고

참고: 심의위원회 개최 여부와 관련하여 피해학생 측이 의사표시자로 작성자인 문서 양식

심의위원회 개최 여부 관련 피해학생 측이 의사표시자로 작성자인 문서 양식		
양식 명칭	용도	양식 작성에 따른 심의위원회 개최 여부
학교장 자체해결 동의서 (학교폭력대책심의위원회 미개최 요구 의사 확인서)〈양식3-2〉	피해학생 측의 심의위원회 미개최 의사 확인서	심의위원회 미개최
학교폭력대책심의위원회 개최 요청서 〈양식3-4〉	학교장 자체해결 된 사안임에도 특단의 이유로 다시 개최를 요청 ※ 일종의 동의의 번복	심의위원회 개최
학교폭력대책심의위원회 개최 요구 취소 요청서 〈양식3-5〉	심의위원회 개최 요구했으나 이후 개최 취소 요청하는 경우 ※ 일종의 고소의 취소 같은 ※ 심의위원회 의결 전까지 요청 가능	심의위원회 미개최
학교폭력대책심의위원회 미개최 동의서 〈양식3-7〉	가해자가 학생이 아닌 학교폭력 사안의 처리에 있어 피해학생 측이 심의위원회 미개최를 동의하는 경우 ※ 학교장 자체해결과 무관	심의위원회 미개최

☞ 양식 모두 결국은 심의위원회 개최 여부에 달린 것이다.

III 전담기구

1. 의의 및 근거

> **학교폭력예방법 제14조(전문상담교사 배치 및 전담기구 구성)**
> ③ 학교의 장은 교감, 전문상담교사, 보건교사 및 책임교사(학교폭력문제를 담당하는 교사를 말한다), 학부모 등으로 학교폭력문제를 담당하는 전담기구(이하 "전담기구"라 한다)를 구성한다. 이 경우 학부모는 전담기구 구성원의 3분의 1 이상이어야 한다.
> ④ 학교의 장은 학교폭력 사태를 인지한 경우 지체 없이 전담기구 또는 소속 교원으로 하여금 가해 및 피해 사실 여부를 확인하도록 하고, 전담기구로 하여금 제13조의2에 따른 학교의 장의 자체해결 부의 여부를 심의하도록 한다.
> ⑤ 전담기구는 학교폭력에 대한 실태조사(이하 "실태조사"라 한다)와 학교폭력 예방 프로그램을 구성·실시하며, 학교의 장 및 심의위원회의 요구가 있는 때에는 학교폭력에 관련된 조사결과 등 활동결과를 보고하여야 한다.
> ⑧ 전담기구는 성폭력 등 특수한 학교폭력사건에 대한 실태조사의 전문성을 확보하기 위하여 필요한 경우 전문기관에 그 실태조사를 의뢰할 수 있다. 이 경우 그 의뢰는 심의위원회 위원장의 심의를 거쳐 학교의 장 명의로 하여야 한다.
> ⑨ 그 밖에 전담기구 운영 등에 필요한 사항은 대통령령으로 정한다.
>
> **학교폭력예방법 시행령 제16조(전담기구 운영 등)**
> ① 법 제14조 제3항에 따른 학교폭력문제를 담당하는 전담기구(이하 "전담기구"라 한다)의 구성원이 되는 학부모는 「초·중등교육법」 제31조에 따른 학교운영위원회에서 추천한 사람 중에서 학교의 장이 위촉한다. 다만, 학교운영위원회가 설치되지 않은 학교의 경우에는 학교의 장이 위촉한다.
> ② 전담기구는 가해 및 피해 사실 여부에 관하여 확인한 사항을 학교의 장에게 보고해야 한다.
> ③ 제1항 및 제2항에서 규정한 사항 외에 전담기구의 운영에 필요한 사항은 학교의 장이 정한다.

전담기구는 학교폭력예방법의 시행으로 학교에 구성된 기구이다. 이는 두 가지 전담기구는 법적 근거가 있고, 나아가 '법률'상 지위에 위치하는 기관임을 표상한다. 초·중등교육법의 적용을 받는 모든 학교에는 반드시 전담기구가 구성되어 있어야 하고, 법이 부여한 학교폭력에 관한 기능과 역할을 수행해야 한다.

2. 전담기구의 구성 및 운영

(1) 구성권자

전담기구의 구성권자는 학교의 장이다(법 제14조 제3항).

(2) 구성원

전담기구는 교감, 전문상담교사, 보건교사 및 책임교사(학교폭력 문제를 담당하는 교사를 말한다), 학부모 등으로 구성하고, 그중 학부모는 전담기구 구성원의 3분의 1 이상이어야 한다(법 제14조 제3항). 학교 내부 인원으로만 구성하던 이전과 달리 법이 개정되어 학부모를 구성원으로 받아들였다. 이는 전담기구가 심의 기능을 가지게 된 것과 궤를 같이하는 것으로 그 결정의 객관성, 공정성, 신뢰성에 기여하는 측면이 있다.

(3) 구성원의 위촉

전담기구의 구성원이 되는 학부모는 학교운영위원회에서 추천한 사람 중에서 학교의 장이 위촉한다. 다만, 학교운영위원회가 설치되지 않은 학교의 경우에는 학교의 장이 위촉한다(시행령 제16조 제1항).

(4) 전담기구 운영

전담기구 기구의 장의 선정, 심의방법, 전담기구 업무분장, 학부모 구성원의 임기, 구성원의 해임 및 해촉 등 전담기구 운영에 필요한 사항은 학교의 장이 정한다(시행령 제16조 제3항).

3. 전담기구의 역할

(1) 조사 역할

전담기구의 조사는 연혁적으로도 학교폭력예방법상의 법정 기구로 도입될 때 설정되었던 임무로 전담기구의 가장 근본적인 역할에 해당한다. 법상 전담기구는 "학교폭력 사태의 가해 및 피해 사실을 확인하도록" 규정되어 있다(법 제14조 제4항 전단).

(2) 심의 역할

전담기구는 조사 역할 외에 심의에 관한 역할도 수행하고 있다. 연혁적으로 조사 역할 이후 전담기구의 새로운 역할로 추가되었다. 가장 대표적인 것이 '학교장 자체해결의 요건에 관한 심의(법 제13조의2 제2항 제2호)'이고 이 외에 학교장의 긴급조치 중 '피해학생 요청에 의한 긴급조치에 대한 심의(법 제17조 제6항)', '집행정지 인용 결정에 따른 가해학생과 피해학생의 분리에 관해 심의'할 수 있다(법 제17조의4 제3항). 또한, 학교생활기록부 기재 된 '가해학생 조치사항 삭제에 관한 심의'도 수행한다(초·중등교육법 시행규칙 제22조 제3항).

참고: 전담기구의 심의 기능 및 역할의 확대

		심의 기능의 확대 추이		
		1단계 (2019. 9 1.)	2단계 (2020. 3. 1.)	3단계 (2024. 3. 1.)
전담기구 심의 기능	학교장 자체해결 여부 심의(§13의2)	○	○	○
	졸업 전 가해학생 조치사항 삭제 심의(초·중등교육법 시행규칙 §22③)	×	○	○
	학교장 긴급조치 여부 심의(§17⑥)	×	×	○
	집행정지 인용 결정에 따른 가해학생과 피해학생 분리 심의(§17의4③)	×	×	○

(3) 학교폭력 관련 업무 수행 역할

전담기구는 학교폭력 사안처리에 있어 조사와 심의 역할 외에 학교에서 학교폭력 관련 업무 전반을 학교장의 지휘·감독 아래 처리하는 역할을 맡고 있다. 학교를 기반으로 진행되는 조사절차를 주관하고, 상급 기관인 교육(지원)청의 카운터파트너 기구의 역할을 수행한다.

4. 전담기구 역할에 따른 기능 및 권한

근거	기능	역할
법상	학교폭력 사실 확인(§14④)	조사 역할
	학교폭력에 관련된 조사결과 등 활동결과 보고(§14⑤)	
	학교폭력 실태조사 및 실태조사 의뢰(§14⑤, ⑧)	
	학교장 긴급조치 여부 심의(§17⑥)	심의 역할
	학교장 자체해결 부의 여부 심의(§13의2②)	
	집행정지 인용 결정에 따른 가해학생과 피해학생 분리 심의(§17의4③)	
	졸업 전 가해학생 조치사항 삭제 심의(초·중등교육법 시행규칙 §22③)	
실무상	사안접수 및 보호자 통보	업무수행 역할26)
	교육(지원)청 보고	
	피해학생과 그 보호자의 심의위원회 개최 요구 의사 확인	
	집중보호 또는 관찰대상 학생에 대한 생활지도	

(1) 사안접수 및 보호자 통보

전담기구는 「학교폭력 신고 접수 대장」〈양식1-1〉을 비치·관리하면서, 학교폭력 현장을 보거나 그 사실을 알게 된 자의 신고나 기관으로부터 통보받은 사안 등 인지된 모든 사안에 대해 이를 접수·기록한다.

학교폭력 신고 접수 대장은 단순한 기록 장부가 아니라, 신고처리의 신뢰성과 공정성을 보장하고, 조직 운영의 투명성을 확

---

26) 가이드북상 실무의 기능을 정리했다. 실무상 기능의 일례이고, 학교 현장에서는 여러 기능이 증감한다.

보하는 중요한 도구이다. 또한, 법적 근거 및 증거로 활용될 수 있고, 신고자의 권리를 보호하고 학교가 적절한 대응을 할 수 있도록 돕는 역할을 한다. 또한, 학교폭력이 은폐되지 않도록 하는 중요한 시금석의 역할을 한다고 보아야 한다.27)

접수한 사안에 대해서는 즉시 관련학생(가해학생, 피해학생) 보호자에게 통보하고, 통보일자·통보방법 등을 접수 대장에 기록한다.

> **참고: 학교폭력의 축소·은폐 금지에 관한 학교폭력예방법 규정**

법조항	내용
제11조 제11항	교육감은 관할 구역에서 학교폭력이 발생한 때에 해당 학교의 장 또는 소속 교원이 그 경과 및 결과를 보고하면서 축소 및 은폐를 시도한 경우에는, 징계의결을 요구하여야 한다.
제19조 제2항	학교의 장은 학교폭력을 축소 또는 은폐해서는 아니 된다.

(2) 학교장 긴급조치(피해학생 요청 긴급조치)의 심의

> **학교폭력예방법 제17조(가해학생에 대한 조치)**
> ⑥ 학교의 장은 피해학생 및 그 보호자가 요청할 경우 전담기구 심의를 거쳐 제1항 제6호 또는 제7호의 조치를 할 수 있다. 이 경우 심의위원회에 즉시 보고하여 추인을 받아야 한다.

---

27) 이에 대해서 "학교폭력 신고 접수 대장은 학교장, 교원의 학교폭력 은폐 여부를 판단하는 중요한 기초자료로 활용되므로, 사소한 폭력이라도 신고한 것은 접수하여야 한다"고 가이드북은 기술하고 있다(35면 참조).

피해학생 측 요청의 긴급조치에 있어 학교의 장이 가해학생에 대한 제6호 조치(출석정지) 또는 제7호 조치(학급교체)를 내릴지 여부에 대해서 전담기구가 심의한다. 2024년 3월 1일 이후 발생하는 학교폭력에 대하여 적용한다.28)

(3) 학교폭력 사실 확인

학교폭력을 인지한 경우 가해 및 피해 사실 여부에 관해 확인한다(법 제14조 제4항). 전담기구의 본래며 가장 주된 기능이다.

(4) 교육(지원)청 보고

전담기구는 학교폭력 사태를 인지 후 48시간 이내에 교육(지원)청으로 사안 보고하는 것을 원칙으로 한다. 특히, 긴급하거나 중대 사안(성폭력 사안 등)일 경우에는 이와 별도 유선으로 보고도 해야 한다.29)

아동·청소년 대상 성범죄에 있어서는 반드시 수사기관에 신고하도록 하고 있다. 여기의 수사기관 신고는 112(경찰청), 117(학교폭력 상담 신고센터) 등을 의미하고, 학교전담경찰관(SPO)에 대한 '상담' 등은 신고로 볼 수 없다.30)

---

28) 법률 제19741호, 2023. 10. 24. 부칙 제5조 참조.
29) 이는 법상 의무는 아니나 교육부 방침에 근거한 실무의 태도이다(가이드북 35면).
30) 가이드북 35면.

(5) 학교장 자체해결 부의 여부 심의

> **학교폭력예방법 제13조의2(학교의 장의 자체해결)**
> ① 제13조 제2항 제4호 및 제5호에도 불구하고 다음 각 호에 모두 해당하는 경미한 학교폭력에 대하여 피해학생 및 그 보호자가 심의위원회의 개최를 원하지 아니하는 경우 학교의 장은 학교폭력사건을 자체적으로 해결할 수 있다. 이 경우 학교의 장은 지체 없이 이를 심의위원회에 보고하여야 한다.
> 1. 2주 이상의 신체적·정신적 치료가 필요한 진단서를 발급받지 않은 경우
> 2. 재산상 피해가 없는 경우 또는 재산상 피해가 즉각 복구되거나 복구 약속이 있는 경우
> 3. 학교폭력이 지속적이지 않은 경우
> 4. 학교폭력에 대한 신고, 진술, 자료제공 등에 대한 보복행위(정보통신망을 이용한 행위를 포함한다)가 아닌 경우
> ② 학교의 장은 제1항에 따라 사건을 해결하려는 경우 다음 각 호에 해당하는 절차를 모두 거쳐야 한다.
> 1. 피해학생과 그 보호자의 심의위원회 개최 요구 의사의 서면 확인
> 2. 학교폭력의 경중에 대한 제14조 제3항에 따른 전담기구의 서면 확인 및 심의

학교장 자체해결 사안에 대한 객관적 요건의 충족 여부를 확인하고 심의해야 한다. 객관적 요건의 충족 여부란 법 제13조의2 제1항 각호에서 제시하는 네 가지 요건에 모두 해당하는지에 대한 사실 및 가치 판단이다.

(6) 집행정지 인용 결정에 따른 가해학생과 피해학생 분리 심의

> 학교폭력예방법 제17조의4(집행정지) ③ 제17조 제1항에 따른 조치에 대한 집행정지 신청이 인용된 경우, 피해학생 및 그 보호자는 학교의 장에게 가해학생과의 분리를 요청할 수 있고, 학교의 장은 전담기구 심의를 거쳐 가해학생과 피해학생을 분리하여야 한다.

가해학생 조치에 대한 집행정지 신청이 인용된 경우에 피해학생 측이 가해학생과의 분리 요청을 하면 학교의 장이 분리하기에 앞서 전담기구가 이를 심의한다.

다만, 법문이 "심의를 거쳐 … 분리하여야 한다"고 규정된바, 심의 결과와 관계없이 반드시 분리하도록 하고 있다. 그렇다면 여기서 전담기구 심의의 대상에 분리 여부에 대한 것은 포함되지 아니하고, 분리 가부 외의 사항 즉, 분리방법 또는 분리형태나 분리의 기간·기한 등 분리의 구체적인 시행과 관련된 것이 해당할 것이다.

(7) 졸업 전 가해학생 조치사항 삭제 심의

학교생활기록부에 기재 된 가해학생 조치 중 제4호, 제5호, 제6호. 제7호에 대한 삭제를 심의한다(초·중등교육법 시행규칙 제22조 제3항).[31] 심의 대상자가 일정 요건을 만족하면 졸업과 동시에 삭제할 수 있다.

---

31) 2023년 2월 28일 이전에 신고된 학교폭력 사안에 대해서는 제4호, 제5호, 제6호, 제8호가 심의 대상이다.

(8) 학교폭력 실태조사 및 실태조사 의뢰

> 학교폭력예방법 제14조(전문상담교사 배치 및 전담기구 구성)
> ⑤ 전담기구는 학교폭력에 대한 실태조사(이하 "실태조사"라 한다)와 학교폭력 예방 프로그램을 구성·실시하며, 학교의 장 및 심의위원회의 요구가 있는 때에는 학교폭력에 관련된 조사결과 등 활동결과를 보고하여야 한다.
> ⑧ 전담기구는 성폭력 등 특수한 학교폭력사건에 대한 실태조사의 전문성을 확보하기 위하여 필요한 경우 전문기관에 그 실태조사를 의뢰할 수 있다. 이 경우 그 의뢰는 심의위원회 위원장의 심의를 거쳐 학교의 장 명의로 하여야 한다.

(9) 학교폭력 관련 조사결과 등 활동결과 보고

> 학교폭력예방법 제14조(전문상담교사 배치 및 전담기구 구성)
> ⑤ 전담기구는 학교폭력에 대한 실태조사(이하 "실태조사"라 한다)와 학교폭력 예방 프로그램을 구성·실시하며, 학교의 장 및 심의위원회의 요구가 있는 때에는 학교폭력에 관련된 조사결과 등 활동결과를 보고하여야 한다.

5. 전담기구 심의 기능과 심의위원회의 비교

	전담기구	심의위원회
설치 및 구성	학교(§14④)	교육지원청(§12①)
조직 내 위상	조직 내 부속기구	조직 내 독립기구
학부모 참여 여부	필수적(구성원의 1/3 이상)	필수적(전체 위원의 1/3 이상)
심의권한의 성격	기관 내 심의 기능	독자적 심의기구
심의의 독립성	독립성이 상대적으로 적다	독립성이 크다

	전담기구	심의위원회
심의의 성격	절차 진행 여부 판단 잠정판단	사안의 실체 판단 종국판단
심의결과의 확정효	심의 결과는 절차 내적 효과	심의 결과는 불복절차로 다투지 않는 한 종국적 확정
심의사항	• 학교장 자체해결 부의 여부 • 학교장 긴급조치의 심의 • 집행정지 인용 결정에 따른 가·피해학생 분리 심의 • 졸업 전 가해학생 조치사항 삭제 심의	• 학교폭력의 예방 및 대책 • 피해학생의 보호 • 가해학생에 대한 교육, 선도 및 징계 • 피해학생과 가해학생 간의 분쟁조정 • 그 밖에 대통령령으로 정하는 사항
심의 개최 시 통지의무	규정 ×	교육장은 가·피해학생 및 그 보호자에게 회의 일시·장소·안건, 결과 통지(§13④)
진술 청취 의무	규정△(시행령에 관련 규정)	피해학생 측 요청시 반드시 의견청취(§13⑤)

(1) 심의위원회와의 구별

전담기구는 학교 내 부속기구로 그 역할에 따른 심의 기능을 일부 가지고 있는 것이나, 심의위원회는 독립된 위원회로 교육지원청에 설치된 심의 기구이다. 물론 이전과 달리 전담기구도 구성원 구성에 있어 학부모의 참여가 보장되어 심의의 독립성과 공정성, 신뢰성이 보다 강화된 측면이 있으나, 그 성격상 심의위원회의 독립성과 그 보장의 정도가 동일하다고 보기는 어렵다.

(2) 절차 내 심의(vs 사안의 심의)

학교장 자체해결 여부에 대한 심의를 보면 심의절차 개시 전에 사안을 종료할 만한 것인지에 대한 일종의 절차 진행에 관련된 판단을 하는 것이고, 설령 실체 판단을 하더라도 그 한도 내인 것이다. 또한, 전담기구가 해당 사안 가해행위의 학교폭력 여부 및 정도를 판단하더라도 이는 잠정적 성격을 가짐에 그친다.

피해학생 측 요청에 의한 학교장의 긴급조치에 있어 그 심의도 사안조사 과정에서 해당 조치의 필요성을 판단하는 것으로 이 역시 조사절차 내 한 지점의 판단이다.32)

(3) 절차 진행의 엄격성 차이

심의위원회의 심의는 심의위원회 소집에 있어 반드시 일정 사항을 당사자에게 통보하는 등 법상 여러 절차 관련 책무가 있다. 피해학생 또는 그 보호자의 의사를 확인하여 피해학생 또는 그 보호자의 요청이 있는 경우 반드시 의견을 청취해야 하는 당사자의 절차 권리 보장 의무도 있다. 그에 비해 전담기구 심의에 있어서는 이러한 절차 진행에 관한 필요적 의무 사항은 없다.33)

---

32) 나머지 집행정지 결정에 따른 '가해학생 피해학생 분리 심의'나 '졸업 전 가해학생 조치사항 삭제 심의'는 사안처리 절차가 완료된 이후 불복절차 등 심의위원회와는 거리가 있는 것으로, 여기서는 논외로 한다.
33) 학교장 자체해결 사안에 있어 피해학생과 그 보호자의 의사를 확인하나 이는 자체해결 요건에 관한 의사를 확인하는 것이고, 심의절차에 관련된 절차 보장 규정이 아니다.

참고: 학교폭력예방법 및 시행령 상 보고 의무

보고의무자	보고내용	보고대상	비고
교육감	학교폭력의 실태 및 대책에 관한 사항(§11⑦)		보고 및 공표
교육장 (교육지원청)	공동심의위원회 구성(§12①단서)	교육감	
학교의 장	학교폭력의 경과 및 결과(§11②)	교육감	요구 시
학교의 장	학교장 자체해결 결과 보고(§13의2①)	심의위원회	지체 없이
학교의 장	피해학생 보호를 위한 긴급조치(§16①)	심의위원회	즉시
학교의 장	가해학생에 대한 긴급조치(§17⑤)	심의위원회	보고 및 추인 즉시
학교의 장	가해학생에 대한 긴급조치(§17⑥)	심의위원회	보고 및 추인 즉시
학교의 장	학교장 자체해결로 처리된 사건(§19③)	교육감	
학교의 장	피해학생 조치 및 결과(§19③) 장애학생 보호에 관한 조치 및 결과(§19③) 가해학생에 대한 조치 및 결과(§19③) 분쟁조정에 관한 조치 및 결과(§19③)	교육감	
전문상담교사	피해학생 및 가해학생과의 상담결과(§14②)	학교의 장 및 심의위원회	요구시
전담기구	학교폭력에 관련된 조사결과 등 활동결과(§14⑤)	학교의 장 및 심의위원회	요구시
전담기구	가해 및 피해 사실 여부에 관하여 확인한 사항(시행령 §16②)	학교의 장	
교원	학교폭력 예비·음모 등을 알게 된 경우 보고(§20④단서)	학교의 장	
소위원회	소위원회의 심의 결과(시행령 §14의2④)	심의위원회	
심의위원회 위원장	분쟁조정의 결과(시행령 §29③)	교육감	

Ⅳ 조사관 제도(학교폭력 전담 조사관)

1. 관련 법령

> **학교폭력예방법 제11조(교육감의 임무)**
> ① 교육감은 시·도교육청에 학교폭력의 예방·대책 및 법률지원을 포함한 통합지원을 담당하는 전담부서를 설치·운영하여야 한다.
> ⑭ 제1항에 따라 설치되는 전담부서의 구성과 제8항에 따라 실시하는 학교폭력 실태조사, 제9항에 따른 전문기관의 설치 및 제13항에 따른 교육의 실시에 필요한 사항은 대통령령으로 정한다.
>
> **학교폭력예방법 제11조의2(학교폭력 조사·상담 등)**
> ① 교육감은 학교폭력 예방과 사후조치 등을 위하여 다음 각 호의 조사·상담 등을 수행할 수 있다.
> 1. 학교폭력 피해학생 상담 및 가해학생 조사
> 2. 필요한 경우 가해학생 학부모 조사
> 3. 학교폭력 예방 및 대책에 관한 계획의 이행 지도
> 4. 관할 구역 학교폭력서클 단속
> 5. 학교폭력 예방을 위하여 민간 기관 및 업소 출입·검사
> 6. 그 밖에 학교폭력 등과 관련하여 필요한 사항
> ② 교육감은 제1항의 조사·상담 등의 업무를 대통령령으로 정하는 기관 또는 단체에 위탁할 수 있다.
> ③ 교육감 및 제2항에 따른 위탁 기관 또는 단체의 장은 제1항에 따른 조사·상담 등의 업무 수행에 필요한 경우 관계 기관의 장에게 협조를 요청할 수 있다.
> ④ 교육감 및 「지방교육자치에 관한 법률」 제26조 제1항에 따라 교육감 권한을 위임받은 교육장은 제1항에 따른 조사·상담 등을 위하여 필요한 경우 관계 직원을 지정하여 조사·상담업무를 수행하게 하거나 조사·상담에 대한 지식과 경험이 풍부한 전문가를 학교폭력 조사·상담자로 위촉하여 활용할 수 있고, 그 관

계 직원 및 학교폭력 조사·상담자로 하여금 현장조사·문서열
람 등을 하게 하거나 피해학생·가해학생·목격학생·관련교사
·보호자 등 관계인에게 출석·진술·조사협조 및 자료제출을
요청하게 할 수 있다.
⑤ 교육감 또는 제4항에 따른 교육장은 학교폭력 조사·상담자
운영을 위한 행정적·재정적 지원을 할 수 있다.
⑥ 다음 각 호의 어느 하나에 해당하는 사람은 학교폭력 조사·
상담자가 될 수 없다.
1. 「국가공무원법」 제33조 각 호의 어느 하나에 해당하는 사람
2. 「아동·청소년의 성보호에 관한 법률」에 따른 아동·청소년
  대상 성범죄, 「성폭력범죄의 처벌 등에 관한 특례법」에 따른
  성폭력범죄, 「아동복지법」에 따른 아동학대관련범죄를 저질
  러 벌금형을 선고받고 그 형이 확정된 날부터 10년이 지나지
  아니하였거나, 금고 이상의 형이나 치료감호를 선고받고 그
  집행이 끝나거나 집행이 유예·면제된 날부터 10년이 지나지
  아니한 사람
⑦ 교육감 또는 제4항에 따른 교육장은 학교폭력 조사·상담자
로 위촉하고자 하는 사람이 제6항에 따른 결격사유에 해당하는
지를 확인하기 위하여 본인의 동의를 받아 관계 기관의 장에게
범죄경력조회를 요청하여야 한다. 다만, 위촉하고자 하는 학교
폭력 조사·상담자가 범죄경력조회 회신서를 교육감 또는 교육
장에게 직접 제출한 경우에는 범죄경력조회를 한 것으로 본다.
⑧ 제7항에 따라 범죄경력조회 요청을 받은 관계 기관의 장은 정
당한 사유가 없으면 이에 따라야 한다.
⑨ 제1항 및 제4항에 따라 조사·상담 등을 하는 관계 직원 및
  학교폭력 조사·상담자는 그 권한을 표시하는 증표를 지니고
  이를 관계인에게 보여주어야 한다.
⑩ 제1항 제1호 및 제4호의 조사 등의 결과는 학교의 장 및 보호
자에게 통보하여야 한다.
⑪ 그 밖에 학교폭력 조사·상담자의 위촉 및 운영 등에 관한 사
  항은 교육감이 정한다.

> 학교폭력예방법 시행령 제8조(전담부서의 구성 등)
> ① 법 제11조 제1항에 따라 다음 각 호의 업무를 수행하기 위하여 시·도교육청 및 교육지원청에 과·담당관 또는 팀을 둔다.
> 1. 학교폭력 예방과 근절을 위한 대책의 수립과 추진에 관한 사항
> 2. 학교폭력 피해학생의 치료 및 가해학생에 대한 조치에 관한 사항
> 3. 학교폭력 피해학생과 가해학생 간의 관계 회복을 위하여 필요한 조치에 관한 사항
> 3의2. 학교폭력 피해학생을 위한 법률 자문 등 법률지원에 관한 사항
> 3의3. 학교폭력 관련 조사·상담에 관한 사항
> 4. 그 밖에 학교폭력의 예방·대책 및 통합지원과 관련하여 교육감이 정하는 사항

2. 의의

조사관은 학교폭력 사안의 조사·상담 업무 수행을 위하여 임명되는 관계 직원 또는 위촉되는 전문가인 상담·조사자이다(법 제11조의2 제4항). 실무에서는 이를 '학교폭력 전담 조사관'이라고 칭하고 있다. 2024년 3월 전국 각 교육지원청에 학교폭력제로센터가 설치·운영 되면서 조사관 제도가 함께 출범하였다.

조사관의 법적 근거와 자격 조건 등에 대해 최근 법 개정을 통해 학교폭력예방법에 마련되었다.34) 조사관 제도가 출범되면서 법률이 아닌 시행령에 일부 근거를 마련하고 있었으나, 조사관의 지위와 역할을 감안할 때 법치행정 등 논란 여지가 있을 수

---

34) 학교폭력예방법의 개정이유로 "학교폭력에 관한 조사 업무를 수행하는 자에게 현장조사, 문서열람, 관계인 대상 출석·진술·조사협조 및 자료제출 요청 권한이 있음을 명시함으로써 학교폭력에 관한 조사의 공정성과 객관성을 높이려는 것임"이라고 들고 있다(법률 제20670호 개정이유 참조).

있어 구체적인 법적 근거와 중요 자격 요건 등을 법률로 규정한 것으로 보인다.35)

3. 조사관의 임명·위촉

(1) 임명·위촉권자

조사관의 임명·위촉권자는 교육감 또는 교육장이다(법 제11조의2 제4항). 교육장은 교육지원청의 장으로 「지방교육자치에 관한 법률」 제26조 제1항에 따라 교육감 권한을 위임받아 임명·위촉 권한을 행사한다(법 제21조의236)).

(2) 소속

조사관은 교육지원청 내 학교폭력제로센터에 소속되는 것이 일반적이다. 사안 조사결과를 학교폭력제로센터에 보고한다.

(3) 조사관의 임기

조사관의 역할, 요건, 수당 지급 등 세부사항은 교육감이 정하도록 되어 있다(시행령 제8조 제3항). 조사관의 임기는 실무상 1년으로 하고 있다.37)

---

35) 부칙 조항을 통해서 "이 법 시행 당시 이미 학교폭력 조사·상담자로 위촉된 사람은 제11조의2 개정규정에 따라 위촉된 것으로 본다."라고 하여, 법률유보·법률우위 측면에서 문제 되는 하자를 치유하려 했다(부칙 제3조 참조).
36) 법 제21조의2(「지방교육자치에 관한 법률」에 관한 특례)
교육장은 「지방교육자치에 관한 법률」 제35조에도 불구하고 이 법에 따른 고등학교에서의 학교폭력 피해학생 보호, 가해학생 선도·교육 및 피해학생과 가해학생 간의 분쟁조정 등에 관한 사무를 위임받아 수행할 수 있다.
37) 다만, 해촉 등으로 새로 임명·위촉되는 조사관의 임기는 전임 조사관의 남은

(4) 임명철회 및 해촉 사유38)

① 심신장애로 인하여 직무를 수행할 수 없는 경우
② 직무와 관련하여 비위 사실이 있는 경우
③ 직무태만, 품위 손상이나 그 밖의 사유로 인하여 조사관으로 적합하지 아니하다고 인정되는 경우

(5) 조사관의 규모

조사관의 규모는 지역의 학교 및 학생 수, 학교폭력 발생 건수 등을 고려해서 시·도교육청에서 자율적으로 정한다.39) 참고로 2024년 10월 현재 전국의 학교폭력 전담 조사관은 2,248명에 이른다.40)

4. 조사관의 자격

(1) 법률의 태도(결격사유)

학교폭력예방법에는 조사·상담자가 될 수 없는 결격사유만을 정하고 있다. 결격에 해당하는 제한 사유는 두 가지이다. 첫째, 공무원 임용 결격사유에 해당하는 사람이고 둘째, 아동·청소년 대상 성범죄나 성폭력범죄 그리고 아동학대관련범죄를 저지른 경우이다. 교육감은 결격사유 해당 여부의 확인을 위해 범죄경

기간으로 한다(가이드북 37면).
38) 가이드북 37면 참조.
39) 가이드북 37면.
40) 교육부 보도자료, "학교폭력 사안조사부터 맞춤형 회복 지원까지 2024년 학교폭력제로센터 성과 공유", 2024. 12. 20.

력조회를 요청하여야 한다.

  법에서 결격사유만을 제시하고 있기 때문에 정작 조사관의 구체적인 자격과 요건에 대해서는 실무의 몫으로 넘겨지게 되었다. 그러나 결격사유뿐 아니라 어떠한 자격과 요건을 구비하고 경험과 자질을 갖추어야 하는지 법이나 시행령을 통해서 분명히 할 필요가 있다. 초등학교에서 고등학교에 이르기까지 성장기 청소년을 대하는 업무이고 더군다나 조사 결과는 학생의 성장과 진로에 중요한 역할을 하는 각종 처분의 근간이 되기 때문이다.

(2) 실무상 요구되는 자격요건

  실무상으로는 시·도교육청 또는 각 지역 교육지원청에 따라 지원 자격과 요건이 동일하지는 않다.[41] 다만, 대체로 다음과 같은 기준 내외에서 어느 하나에 해당할 것을 조사관의 지원 자격과 요건으로 정하고 있다.

> - 교원으로 재직했던 사람으로서 학교폭력 또는 생활지도 업무 경력이 2년 이상인 사람
> - 경찰로 재직했던 사람으로서 학교폭력·선도 업무 또는 조사·수사 업무 경력이 2년 이상인 사람
> - 청소년 선도, 보호 및 상담 단체에서 청소년 선도, 보호 및 상담 활동을 2년 이상 담당한 사람
> - 그밖에 학교폭력 예방 및 청소년 보호에 대한 지식과 경험이 풍부하다고 교육장이 인정한 사람

---

[41] 2025년도 조사관 신규 채용에 있어 제시되는 지역교육청 공고의 자격 요건이 동일하지 않은 현실이다.

5. 조사관의 역할 및 권한

법상 조사관의 역할은 학교폭력 피해학생 상담 및 가해학생 조사(법 제11조의2 제1항 제1호), 필요한 경우 가해학생 학부모 조사(법 제11조의2 제1항 제2호)이다. 이를 위해 현장조사나 문서 열람 등을 할 수 있고, 피해학생, 가해학생, 목격학생 또는 관련 교사 보호자등 관계인에게 출석, 진술, 조사협조나 자료제출의 요청을 할 수 있는 권한이 있다(법 제11조의2 제4항).

실무에서는 다음과 같이 조사관의 역할을 세분화하고 있다.[42]

(1) 학교폭력 사안의 조사

① 학교폭력제로센터로부터 사안을 배정받은 후 학교폭력 가·피해 사실에 대한 조사를 실시한다.

② 관련학생의 보호자와도 면담할 수 있다.

③ 학교장 자체해결 동의 시 관련 동의서를 전담기구에 제출할 수 있다는 내용을 안내한다.

(2) 사안조사 보고서 작성 및 조사 결과의 보고

신고된 학교폭력 사안에 대한 조사를 실시하고, 그 조사 결과의 보고서를 작성한 후 전담기구 및 제로센터에 보고한다. 또한, 학교장 요청 시 전담기구에 참석하여 조사결과를 보고한다.

---

[42] 가이드북 37~38면 참조.

(3) 그 밖의 역할

① 학교폭력 사안조사 후 관련학생 및 보호자에게 관계회복 프로그램에 대해 안내할 수 있다.

② 사례회의 개최 시 참석하여 조사결과를 보고하고 설명한다.

③ 학교전담경찰관(SPO)과의 정보 공유 및 조사에 대해 학교전담경찰관에게 자문을 요청한다.

④ 그 밖에 교육감 또는 교육장이 정하는 사항의 역할을 수행한다.

6. 조사관의 의무

조사관은 학교폭력예방법에 따라 학교폭력의 예방 및 대책과 관련된 업무를 수행하는바, 그 직무로 인하여 알게 된 비밀 또는 가해학생·피해학생 및 제20조에 따른 신고자·고발자와 관련된 자료를 누설하여서는 아니 된다(법 제21조 제1항).

7. 조사관 조사의 절차 및 방법

(1) 절차

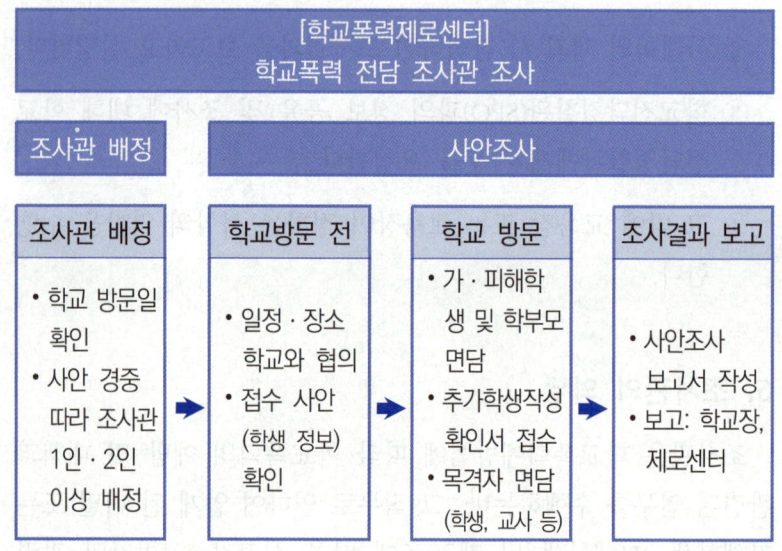

(2) 방법

조사관 조사의 방법은 사안처리의 일반적인 그것과 크게 다를 바 없다. 실무상 조사관에게 강조하는 부분은 다음과 같다.[43]

① 피해 및 가해사실 여부 확인을 위한 구체적인 사안조사를 한다.

② 가·피해 학생을 심층 면담한다.

③ 성폭력의 경우 비밀유지에 특별히 유의한다.

---

43) 가이드북 41면.

④ 장해학생, 다문화학생에 대한 사안조사의 경우, 특수교육 전문가 등을 참여시켜 장애학생 및 다문화학생의 진술 기회 확보 및 조력 제공을 한다.

⑤ 필요한 경우, 보호자 면담을 통해 각각의 요구사항을 파악하고 사안과 관련하여 조사된 내용을 관련 학생의 보호자가 충분히 이해할 수 있도록 안내한다.

⑥ 추가로 발견된 피해 사실 및 쟁점에 대해 피·가해학생 등의 의견이 필요한 경우 추가로 학생 확인서 및 보호자 확인서를 요청할 수 있다.

⑦ 조사한 결과를 바탕으로 사안조사 보고서를 작성한다.

Ⅴ 가해자와 피해학생 분리제도

1. 관련 법령

> 학교폭력예방법제 16조(피해학생의 보호)
> ① ······ 학교의 장은 학교폭력사건을 인지한 경우 피해학생의 반대의사 등 대통령령으로 정하는 특별한 사정이 없으면 지체 없이 가해자(교사를 포함한다)와 피해학생을 분리하여야 하며, 피해학생이 긴급보호를 요청하는 경우에는 제1호부터 제3호까지 및 제6호의 조치를 할 수 있다. 이 경우 학교의 장은 심의위원회에 즉시 보고하여야 한다.
>
> 학교폭력예방법 시행령 제17조의2(가해자와 피해학생 분리조치의 예외)
> 법 제16조 제1항 각 호 외의 부분 단서에서 "피해학생의 반대의사 등 대통령령으로 정하는 특별한 사정"이란 다음 각 호의 경우를 말한다.

> 1. 피해학생이 반대의사를 표명하는 경우
> 2. 가해자 또는 피해학생이 「학교안전사고 예방 및 보상에 관한 법률」 제2조 제4호에 따른 교육활동 중이 아닌 경우
> 3. 법 제17조 제5항 전단 및 같은 조 제6항 전단에 따른 조치로 이미 가해자와 피해학생이 분리된 경우

2. 의의

학교의 장이 학교폭력사건을 인지한 경우 지체 없이 가해자와 피해학생을 분리하는 제도이다. 이는 피해학생 요청 시 취해지는 긴급보호조치(법 제16조 제1항)와 다르고, 학교폭력을 인지한 경우 지체 없이 가해학생에게 제2호의 조치를 내리는 필수적 긴급조치(법 제17조 제4항)와 다르다. 즉, 피해학생 긴급보호조치와 달리 피해학생의 요청이 없어도 학교폭력을 인지하기만 하면 지체 없이 분리되어야 하고, 가해학생에 대한 어떠한 긴급조치가 발동되었는지와 무관하게 내려지게 된다.

학교폭력이 「학교폭력 신고 접수 대장」에 접수되면 업무 담당자가 피해학생 측에 「가해자와 피해학생 분리 의사 확인서」를 교부하여 분리 의사를 확인한다. 만약, 관련학생 쌍방 모두 서로 피해를 주장하며 분리를 요청하는 경우라면, 이때는 양측의 의사를 모두 반영하여 상호 분리하는 것이 실무의 태도이다.[44]

이 분리제도는 가해자와 피해학생이 같은 학교에 속해 있고, 조치 당시 학교 내에서 같이 생활하고 있을 때 그 실효성이 크다.

---

44) 가이드북 47면.

법문의 규정이 가해학생이 아니라 "가해자(교사를 포함한다)"로 되어있다. 가해자가 학생이 아니어서 가해학생에 대한 조치가 애초에 내려질 가능성이 없는 사안에서도 분리조치는 취해지게 된다. 피해학생 보호 측면에서 타당하다.

  학교폭력예방법상 분리제도는 여기의 가해자 피해학생 분리와 '집행정지 인용 결정에 따른 가해학생과 피해학생의 분리제도' 모두 두 가지가 마련되어 있다(법 제17조의4 제3항).[45]

3. 필수적(의무적) 분리

  학교의 장은 분리에 대한 재량이 없다. 무조건 해야 하는 조치다. 법문의 "피해학생의 반대의사 등 대통령령으로 정하는 특별한 사정이 없으면"은 학교장의 재량 여부와는 무관한 부분이다.

  여기서 학교폭력사건을 '인지한 시점'에 대하여 "피해학생 소속학교에 신고·접수된 학교폭력 사안을 보고 받아 알게 된 날"이라고 교육 당국은 보고 있다.[46]

4. 원칙적 분리

  학교의 장은 학교폭력사건을 인지한 경우 '피해학생의 반대의사 등 특별한 사정이 없으면' 가해자(교사를 포함한다)와 피해학생을 분리하여야 한다. 분리가 원칙이고 특별한 사정이 있으면 예

---

[45] 집행정지 인용 결정에 따른 분리제도는 법문상 분리의 대상이 가해자가 아닌 가해학생이다.
[46] 가이드북 47면.

외적으로 분리하지 않는 것이다. 즉, 여기서 원칙과 예외의 기준은 특별한 사정의 존재 여부이지, 학교장의 재량 여부가 아니다.

(1) 분리의 예외 사유(시행령 제17조의2)

① 피해학생이 반대의사를 표명하는 경우

② 가해자 또는 피해학생이 「학교안전사고 예방 및 보상에 관한 법률」 제2조 제4호에 따른 교육활동 중이 아닌 경우

③ 법 제17조 제5항 및 제6항에 따른 조치로 이미 가해자와 피해학생이 분리된 경우47)

(2) 분리가 필요하지 않은 경우

① 가해학생 및 피해학생이 서로 학교가 다른 경우48)

② 가해학생이나 피해학생 어느 일방이 학교에 나오지 않고 있는 경우

5. 분리기간

(1) 최대 7일 범위

분리기간은 「가해자와 피해학생 분리 의사 확인서」〈양식1-2〉

---

47) 학교장의 가해학생에 대한 조치로 이미 가해학생과 피해학생이 분리된 경우이다. 제3호 예외 사유에 '가해자와 피해학생이 분리된 경우'라고 하여 '가해자'라고 적시하고 있으나, 어차피 법 제17조 제5항 및 제6항에 의해 학교장이 조치할 수 있는 대상은 학생에 한정되므로 이는 '가해학생'이라고 보는 것이 맞다. 향후 입법에서 고쳐야 할 부분이기도 하다.
48) 이때 분리조치의 조치권자(결정권자)는 피해학생 학교의 학교장이다.

에도 기재되어 있다. 분리기간은 1일에서 7일 이내의 범위에서 실시하고, 가해학생에 대한 긴급조치 등으로 이미 가해자와 피해학생이 분리된 경우에는 7일 경과 전이라도 종료된다.

(2) 분리기간 중 긴급조치

가해학생과 피해학생의 분리기간에도 피해학생 긴급보호조치(법 제16조 제1항), 학교장 직권의 긴급조치(법 제17조 제5항) 및 피해학생 요청의 긴급조치(법 제17조 제6항)를 시행할 수 있다고 교육 당국은 보고 있다.[49] 분리조치라는 것이 선행적인 임시 조치의 성격이고, 기간도 최장 7일임을 감안하면 긴급조치를 시행하는 것을 막을 필요는 없을 것으로 보아 타당한 태도이다.

6. 분리절차[50]

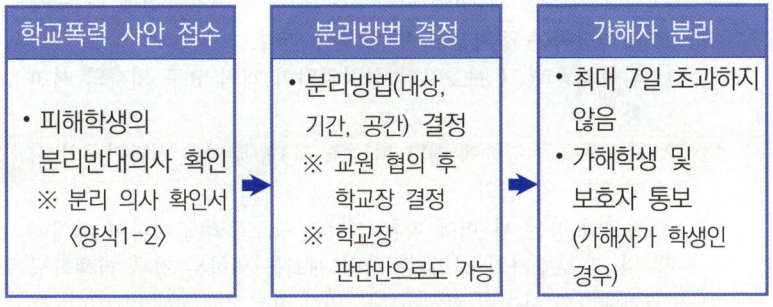

---

49) 가이드북 48면.
50) 가이드북 47면.

Ⅵ 학교장 자체해결 제도

1. 관련 법령

> 학교폭력예방법 제13조의2(학교의 장의 자체해결)
> ① 제13조 제2항 제4호 및 제5호에도 불구하고 다음 각 호에 모두 해당하는 경미한 학교폭력에 대하여 피해학생 및 그 보호자가 심의위원회의 개최를 원하지 아니하는 경우 학교의 장은 학교폭력사건을 자체적으로 해결할 수 있다. 이 경우 학교의 장은 지체 없이 이를 심의위원회에 보고하여야 한다.
> 1. 2주 이상의 신체적·정신적 치료가 필요한 진단서를 발급받지 않은 경우
> 2. 재산상 피해가 없는 경우 또는 재산상 피해가 즉각 복구되거나 복구 약속이 있는 경우
> 3. 학교폭력이 지속적이지 않은 경우
> 4. 학교폭력에 대한 신고, 진술, 자료제공 등에 대한 보복행위(정보통신망을 이용한 행위를 포함한다)가 아닌 경우
> ② 학교의 장은 제1항에 따라 사건을 해결하려는 경우 다음 각 호에 해당하는 절차를 모두 거쳐야 한다.
> 1. 피해학생과 그 보호자의 심의위원회 개최 요구 의사의 서면 확인
> 2. 학교폭력의 경중에 대한 제14조 제3항에 따른 전담기구의 서면 확인 및 심의
> ③ 학교의 장은 제1항에 따른 경미한 학교폭력에 대하여 피해학생 및 그 보호자가 심의위원회의 개최를 원하는 경우 피해학생과 가해학생 사이의 관계회복을 위한 프로그램(이하 "관계회복 프로그램"이라 한다)을 권유할 수 있다.
> ④ 국가 및 지방자치단체는 관계회복 프로그램의 개발·보급 및 운영을 위하여 필요한 경우 행정적·재정적 지원을 할 수 있다.
> ⑤ 그 밖에 학교의 장이 학교폭력을 자체적으로 해결하는 데에 필요한 사항은 대통령령으로 정한다.

> **학교폭력예방법 시행령 제14조의3(학교의 장의 자체해결)**
> 학교의 장은 법 제13조의2 제1항에 따라 학교폭력사건을 자체적으로 해결하는 경우 피해학생과 가해학생 간에 학교폭력이 다시 발생하지 않도록 노력해야 하며, 필요한 경우에는 피해학생·가해학생 및 그 보호자 간의 관계 회복을 위한 프로그램을 운영할 수 있다.

2. 의의

(1) 도입 배경

학교폭력예방법상 일단 학교폭력 사안으로 인지되면 상급 기관인 교육(지원)청에 보고된 후 판단기구인 심의위원회가 소집되는 것이 원칙이다(법 제13조 제2항 제4호, 제5호).[51]

그러나 한편으로는 교육 현장을 중심으로 학교 단계에서 사건을 종결할 수 있는 장치의 요구가 꽤 있었고, 이를 실무상 지침으로 어느 정도 허용하기도 했었다.

(2) 학교장 자체해결의 법제화[52]

실무적으로 논의되고 일부 허용되어 오던 내용을 최근 법 개정을 통해 일정 요건 즉, '사안이 경미하고, 피해학생 측의 처벌불원 의사가 명확한 경우' 즉, '경미·불원'의 경우에는 학교장이 사건을 학교 단계에서 자체 종결할 수 있도록 하였다. 학교폭력으로 인한 갈등이 조기에 종결될 수 있는 통로가 마련된 것이다.

---

51) 이는 심의위원회의 전신인 학교에 설치되었던 학교폭력대책자치위원회 때에도 마찬가지이다.
52) 법률 제16441호, 2019. 8. 20. 일부개정, 2019. 9. 1. 시행.

(3) 별도의 요건과 효과 체계

본래 학교폭력 사안은 심의위원회의 심의를 거쳐야만 종료되었다. 따라서 종료된 사안은 모두 법 제17조 제1항의 조치(피해학생의 경우 법 제16조 제1항의 조치)를 그 효과로 가지고 있었다.

그런데 학교장 자체해결 제도가 시행되면서 예외적인, 또 하나의 독자적 요건 및 효과 체계가 대두하게 된 것이다. 법 제13조의2의 요건을 충족하면 심의위원회를 개최하지 않고서도 사안을 종료하는 전에 없던 절차 구조가 마련된 의의가 있게 되었다.

(4) 학교의 장에게 자체적으로 해결하기 위한 노력의 의무가 있는지

이에 대하여 법원은 "학교폭력이 발생하였을 때 학교의 장이 심의위원회를 개최하기에 앞서 학교폭력예방법 제13조의2에 따라 자체적으로 해결하기 위해 노력할 의무가 있다거나, 제13조의2에 따른 자체해결 절차의 요건을 갖추지 못한 경우에 한하여 심의위원회를 개최할 수 있다고 해석할 근거가 없다"(서울고등법원 2023. 1. 10. 선고 2022누56458 판결)고 보았다.

(5) 가해학생의 절차적 권리 보장과 무관

마찬가지로 법원은 "학교폭력이 발생하였을 때 학교의 장이 심의위원회를 개최하기에 앞서 학교폭력예방법 제13조의2에 따라 자체적으로 해결하기 위해 노력할 의무가 있다고 해석할 근거가 없고, 학교폭력예방법 제13조의2에 따른 학교장의 자체해결 절차는 가해학생의 방어권 등 절차적 권리 보장과는 무관하다"(서울고등법원 2023. 1. 10. 선고 2022누56458 판결)고 밝혔다.

(6) 학교장 자체해결과 관련되어 작성되는 양식

학교장 자체해결 관련하여 작성되는 양식		
연번	명칭	작성자
〈양식3-1〉	학교폭력 전담기구 심의결과 보고서	학교 작성(전담기구)
〈양식3-2〉	학교장 자체해결 동의서 (학교폭력대책심의위원회 미개최 요구 의사 확인서)	피해학생 및 피해학생 보호자
〈양식3-3〉	학교장 자체해결 결과 보고서	학교 작성(학교장) ※ 교육(지원)청 보고 시 첨부
〈양식3-4〉	학교폭력대책심의위원회 개최 요청서	피해학생 및 피해학생 보호자 ※ 학교장이 접수 후 개최 요구 공문에 첨부
〈양식3-5〉	학교폭력대책심의위원회 개최 요구 취소 요청서	피해학생 및 피해학생 보호자 ※ 학교장이 접수 후 개최 취소 요구 공문에 첨부
〈양식3-6〉	학교폭력 아닌 사안의 종결 보고서	학교(전담기구) ※ 교육(지원)청 보고 시 첨부
〈양식3-7〉	학교폭력대책심의위원회 미개최 동의서	피해학생 및 피해학생 보호자 ※ 학교장에게 제출 ※ 학교장은 이를 교육(지원)청 보고

3. 요건

(1) 객관적 요건

> 학교폭력예방법 제13조의2(학교의 장의 자체해결)
> ① 제13조 제2항 제 4호 및 제5호에도 불구하고 다음 각 호에 **모두** 해당하는 경미한 학교폭력에 대하여 피해학생 및 그 보호자가 심의위원회의 개최를 원하지 아니하는 경우 학교의 장은 학교폭력사건을 자체적으로 해결할 수 있다. 이 경우 학교의 장은 지체 없이 이를 심의위원회에 보고하여야 한다.
> 1. 2주 이상의 신체적·정신적 치료가 필요한 **진단서**를 발급받지 않은 경우
> 2. **재산상 피해**가 없는 경우 또는 재산상 피해가 즉각 복구되거나 복구 약속이 있는 경우
> 3. 학교폭력이 **지속적**이지 않은 경우
> 4. 학교폭력에 대한 신고, 진술, 자료제공 등에 대한 **보복행위**(정보통신망을 이용한 행위를 포함한다)가 아닌 경우

경미한 학교폭력이 되는 다음 네 가지 '2주 이상 진단서 미발급', '재산상 피해가 없을 것', '지속적이지 않은 학교폭력일 것', '보복행위가 아닐 것' 사유를 모두 충족해야 한다. 어느 하나라도 갖추지 못하면 경미한 학교폭력에 해당하지 않게 된다.

① 2주 이상의 신체적·정신적 치료가 필요한 진단서를 발급받지 않은 경우(제1호)

법문의 규정은 발급받지 않은 경우라고 되어 있다. 엄격히 보면 미발급과 발급은 받았으나 제출하지 아니한 미제출은 구별된다. 그러나 진단서 발급의 여부는 사실상 제출하기 전까지는 알 수 없기에 여기에서 발급은 제출로 보아도 무방할 것이다. 교육

당국도 "전담기구 심의일 이전에 진단서를 제출하지 않은 경우라면 자체해결 요건을 충족하는 것이다"라고 설명하고 있다.53)

또한 교육 당국은 일단 피해학생 측이 학교에 진단서를 제출했다면 이로써 자체해결 요건은 충족하지 않은 것으로 되고, 이후 의사를 번복하여 진단서를 회수하여도 번복되지 않는다고 설명하고 있는데,54) 이는 사안 발생 초기 피해학생 입장에서 진단서 제출에 여러 사항을 고려해야 함을 시사하고 있다.

② 재산상 피해가 없는 경우 또는 재산상 피해가 즉각 복구되거나 복구 약속이 있는 경우(제2호)

여기에서 재산상 피해에는 신체적·정신적 피해의 치료비용을 포함하는 것으로 보아야 할 것이다. 재산상 피해에 대해서는 다음 세 가지 중 한 가지 조건을 만족하면 되는 것이다.

a. 재산상 피해가 아예 없거나
b. 피해가 있지만 복구되거나
c. 미복구 상태이지만 장래 언젠가에 복구를 실현하는 것(복구 약속)

재산상 피해가 없는 것은 따로 문제 될 게 없으나, 재산상 피해가 있는 경우는 전담기구 심의일을 기준으로 복구되어야 하고 복구 약속이 확인되어야 한다.55) 즉, 피해가 발생한 경우 조속한

---

53) 67면.
54) 67면.
55) 이에 대해서 가이드북은 "재산상 피해의 복구 여부는 전담기구 심의일 이전에 복구되거나 가해학생 보호자가 피해학생 보호자에게 재산상 피해를 복구해 줄 것을 확인해 주고 피해학생 보호자가 인정한 경우"라고 밝히고 있다(가이드북 67면).

피해회복을 위해서나 학교폭력 사태의 불안정한 상태 지속을 방지하기 위해서라도 그 시기가 중요한데, '전담기구 심의일'을 그 기준으로 하겠다는 것이다.56)

또 다른 문제는 '복구 약속의 경우'에 있어 그 약속을 지키지 않은 때이다. 법문의 규정이 장래의 조건 성취를 그 요건으로 하고 있어 야기되는 문제이다. 이에 대해서는 입법적인 보완과 고민이 필요한 부분이기도 하다. 다만 교육 당국은 이처럼 약속이 이행되지 않은 경우를 학교장 자체해결 효력을 취소하고 원래대로 심의위원회 개최를 요청할 수 있는 사항으로 규정하고 있다.57) 즉, 약속 미이행의 금반언에 대한 제재로 사안 종결의 효과를 파기하는 것이다.

③ 학교폭력이 지속적이지 않은 경우(제3호)

지속적이지 않은 학교폭력이었을 것을 요구하는 것이다.

④ 학교폭력에 대한 신고, 진술, 자료제공 등에 대한 보복행위(정보통신망을 이용한 행위를 포함한다)가 아닌 경우(제4호)

---

56) 그러면서도 "전담기구 심의일을 넘기더라도 교육지원청의 심의위원회 개최 전에 재산상 피해가 복구된 경우(복구 약속이 있는 경우도)에는 전담기구 심의를 거쳐 자체해결 요건을 충족하는 것으로 볼 수 있다"라고 하여 구제의 여지를 주고 있다(가이드북 67면).
57) 가이드북 68면.

(2) 주관적 요건

> 학교폭력예방법제 13조의2(학교의 장의 자체해결)
> ① 제13조 제2항 제4호 및 제5호에도 불구하고 다음 각 호에 모두 해당하는 경미한 학교폭력에 대하여 피해학생 **및** 그 보호자가 심의위원회의 개최를 원하지 아니하는 경우 학교의 장은 학교폭력사건을 자체적으로 해결할 수 있다. 이 경우 학교의 장은 지체 없이 이를 심의위원회에 보고하여야 한다.
> ② 학교의 장은 제1항에 따라 사건을 해결하려는 경우 다음 각 호에 해당하는 절차를 **모두** 거쳐야 한다.
> 1. 피해학생**과** 그 보호자의 심의위원회 개최 요구 의사의 **서면** 확인

① 경미한 학교폭력에 대하여 피해학생 및 그 보호자가 심의위원회 개최를 원하지 아니할 것

피해학생 및 그 보호자의 심의위원회 미개최 의사가 필요하다. 여기서 중요한 것은 보통 다른 요건이나 사유처럼 '피해학생 또는 그 보호자'가 아니라 '피해학생 및 그 보호자'로 반드시 학생과 보호자 모두의 의사가 있어야만 하는 것이다. 학생이나 보호자 한쪽의 의사만으로는 요건을 충족하지 못한다.

또한, 동의의 대상은 '경미한 학교폭력에만' 가능하다.[58] 동의 여부는 자유의사이며 경미한 학교폭력이라고 해서 꼭 동의해야 하는 것은 아니다. 피해학생 또는 그 보호자 중 누구라도 미개최에 동의하지 않으면 심의위원회는 개최된다.

---

[58] 위 조항 신설 이후 최근 한 차례 개정하면서, 원래 주관적 요건 이후 객관적 요건의 기술 순서를 현행처럼 객관적 요건을 선행하고 주관적 요건을 후행하는 형태로 바꾸었다(법률 제19741호, 2023. 10. 24. 일부개정, 2024. 3. 1. 시행).

② 피해학생과 그 보호자의 심의위원회 개최 요구 의사의 서면 확인

피해학생과 보호자의 심의위원회 미개최 의사는 반드시 서면의 형태일 것을 요구한다. 서면으로 한정하는 엄격한 방식의 의사표시는 당사자의 의사를 존중한다는 의미와 의사결정의 신중성을 담보한다. 또한, 이를 기록·보존하고 증명하며 학교도 하나의 요식행위로 절차화 할 것을 주문하는 측면이기도 하다.

서면 양식은 「학교장 자체해결 동의서(학교폭력대책심의위원회 미개최 요구 의사 확인서)」(이하 "자체해결 동의서")〈양식3-2〉로 정형화된 양식으로 마련되어 있고, 다음과 같다.

학교장 자체해결 동의서
(학교폭력대책심의위원회 미개최 요구 의사 확인서)

* 사안번호: (　　　　　)학교　2025-(　)호

피해학생	소속학교	학년/반	학생성명	보호자성명

가해학생	소속학교	학년/반	학생성명

사안 조사 내용	사안 내용을 사안조사 보고서를 참고하여 기록 (발생 일시, 사안 내용 등) *(예시) ○○○학생이 4월 29일(목) 오후 3시(하교 시) 학교 후문에서 사탕을 안 준다는 이유로 □□□학생의 오른쪽 다리를 3번 걷어참*

　학교장 자체해결로 처리 시 **추후 위 사안에 대하여 학교폭력대책심의위원회 개최를 요청할 수 없음**을 알고 있습니다. □

　위 사안 조사 내용을 확인하였으며, 이 사안에 대해서 학교폭력대책심의위원회를 개최하지 않고 **학교장 자체해결에 동의합니다.** □

2025년　월　일

피해학생:　　　　　　(인)
피해학생 보호자:　　　　　　(인)

○○학교장 귀중

☞ 2025년도 양식에는 양식 이름을 "학교폭력대책심의위원회 미개최 요구 의사 확인서"로 변경했다.
☞ 2025년도 양식에는 가해학생 보호자성명 기재란을 삭제했다.
☞ 학교장 자체해결로 처리 시 추후 이를 번복할 수 없음을 확인하고 있다.
☞ 피해학생과 피해학생 보호자 모두의 서명과 날인이 필요하다.

자체해결 동의서는 2025년도 양식에서부터 그 부기 명칭을 "학교폭력대책심의위원회 미개최 요구 의사 확인서"라고 변경하였다. 기존에는 미개최가 아닌 개최 요구 의사 확인서로 되어 있어 자칫 혼란의 여지가 있었는데, 이제 그 우려가 줄어드는 타당한 변경이다.59)

(3) 절차 요건

법은 자체해결을 위한 절차로 두 가지를 요구하고 있다.60)

① 피해학생과 그 보호자의 심의위원회 개최 요구 의사의 서면 확인

이는 앞서 본 주관적 요건이기도 하다. 그러나 피해학생과 그 보호자의 의사 표현 방식을 서면으로 하라는 것과 그것을 하나의 절차로 하라는 것은 엄밀히 구별되는 것이다. 어떠한 의사표시를 확인하는 것이 하나의 절차로 존재한다는 것이고, 이는 달리 말하면 행정절차법의 규율 대상이며 절차법상 제 요건을 충족해야 한다는 것을 의미하는 바이기도 하다.

② 학교폭력의 경중에 대한 제14조 제3항에 따른 전담기구의 서면 확인 및 심의

객관적 요건인 폭력의 경미성에 대한 심사를 전담기구가 반드시 서면으로 확인하고 이를 심의하는 별도의 절차를 가지라는 것이다.

---

59) 기존 부기 명칭은 법 제13조의2 제2항 제1호의 표현인 "피해학생과 그 보호자의 심의위원회 개최 요구 의사의 서면 확인"을 그대로 가져왔기에 그렇다.
60) '자체해결 과정 절차'는 '자체해결 후 지체 없이 심의위원회 보고'하는 사후 절차와는 구분된다.

4. 자체해결 부의 여부의 결정

(1) 부의 여부의 결정 권한(학교의 장에게)

전담기구는 가해 및 피해 사실 여부에 관하여 확인한 사항을 학교의 장에게 보고할 의무(시행령 제16조 제2항)와 학교의 장 및 심의위원회의 요구가 있을 때 학교폭력에 관련된 조사결과 등 활동결과를 보고할 의무(법 제14조 제5항)만 부담할 뿐, 자체해결 부의 여부에 관한 최종적 결정을 할 권한을 가지고 있지 않다.

학교장 자체해결의 요건을 갖추게 되면 전담기구는 그 심의 결과를 학교의 장에게 보고하고, 최종결정권자인 학교의 장은 이를 토대로 당해 사안을 학교장 자체해결로 처리할지 여부를 결정한다.

학교폭력 전담기구 심의결과 보고서(이하 "심의결과 보고서")〈양식 3-1〉는 다음과 같다.

학교폭력 전담기구 심의결과 보고서

* 사안번호: (   )학교   2025-(   )호

1. 일 시 :	년 월 일(요일) 시 분
2. 장 소 :	
3. 참 석 자	
	○○○ ○○○ ○○○ ○○○ ○○○ ○○○ ○○○ ○○○
4. 심의 주제 :	사안번호 2025-00호 ( )에 대한 학교장 자체해결 부의 여부 심의

5. 심의 내용 ※ *사안이 여러 건일 경우 사안별로 작성*

※ 사안 조사 내용

-
-
-

※ 필수 확인 사항

- 법률 제13조의2 제1항 제1호~제4호 판단하여 해당 여부 체크

학교장 자체해결 가능 요건	해당 여부 (O, X)
1. 2주 이상의 신체적·정신적 치료를 요하는 진단서를 발급받지 않은 경우	
2. 재산상 피해가 없는 경우 또는 재산상 피해가 즉각 복구되거나 복구 약속이 있는 경우	
3. 학교폭력이 지속적이지 않은 경우	
4. 학교폭력에 대한 신고, 진술, 자료제공 등에 대한 보복행위(정보통신망을 이용한 행위를 포함한다)가 아닌 경우	

- 학교장 자체해결 동의서 제출 여부 체크

피해학생 및 그 보호자의 학교폭력대책심의위원회 개최 요구 의사 확인 (학교장 자체해결 동의서 제출 여부)	(O, X)

6. 결정 사항(예시)
   - 객관적 요건을 모두 충족하며, 학부모의 미개최 동의서가 제출되어 학교장 자체해결 시행
   - 객관적 요건을 모두 충족하였으나, 학부모가 개최요청서를 제출하여 심의위원회 개최를 요청

※ 학교장 자체해결 사안에서도 필요시, 가해학생을 대상으로 피해학생에게 서면으로 사과하거나, 특별교육, 캠페인 활동 등의 교육 프로그램을 운영할 수 있다.(교육 프로그램은 학교폭력 예방법에 의한 가해학생 조치가 아니므로, 학교생활기록부에 기재하거나 유보 건수에 포함되지 않음에 유의)

(2) 학교장 자체해결 요건을 충족한 경우 심의위원회 부의 여부의 가능성(요건을 충족하면 반드시 부의해야 하는지)

학교장 자체해결의 요건을 충족한 경우에도 심의위원회의 개최를 통해 사안을 처리할지 아니면 학교장 자체해결로 처리할지는 학교의 장에게 그 판단 권한이 있다. 이에 대하여 법원도 "학교의 장이 경미한 학교폭력에 대하여 학교폭력예방법 제13조의2에 따라 학교 내에서 자체적으로 해결하기 위해서는 먼저 위 규정이 규정하는 요건이 모두 갖추어져야 하고, 학교의 장이 심의위원회의 개최를 통한 해결보다는 학교 내에서 자체적으로 해결하는 것이 교육적으로 더욱 바람직하다고 판단하는 경우여야 하며, 학교의 장은 이와 같은 판단에 대하여 교육자로서의 합리적 재량권을 행사할 수 있다고 해석함이 타당하다"(서울행정법원 2022. 8. 9. 선고 2021구합80131 판결)고 보았다.[61]

학교의 장이 학교장 자체해결로 사안처리할 것을 결정하고 이를 처리한 경우, 이후 「학교장 자체해결 결과 보고서」(이하 "자체해결 결과 보고서")〈양식3-3〉를 작성하여 교육(지원)청에 학교장 자체해결 결과를 보고한다.

자체해결 결과 보고서는 다음과 같다.

---

[61] 이와 반대인 학교장 자체해결 요건이 갖추어지지도 않았는데, 자체해결로 처리하는 것은 그 자체로 위법·부당하다.

학교장 자체해결 결과 보고서

* 사안번호: (　　　　　　)학교　2025-(　　)호:

	소속학교	학년/반	학생성명	보호자성명
피해학생				
가해학생	소속학교	학년/반	학생성명	보호자성명

사안 조사 내용	사안 내용을 사안조사 보고서를 참고하여 기록 (발생 일시, 사안 내용 등) *(예시) ○○○학생이 4월 29일(목) 오후 3시(하교 시) 학교 후문에서 사탕을 안 준다는 이유로 □□□학생의 오른쪽 다리를 3번 걷어참*
학교장 자체해결 결과	학교폭력 전담기구 심의결과 및 피해학생과 가해학생 사이에 합의된 결과를 기록 (예 : 객관적 요건(4가지) 충족 여부, 피해학생 및 그 보호자의 동의 여부, 양자 간에 화해, 가해학생의 사과와 피해학생의 용서, 관계회복 프로그램 적용 등의 내용) 〈예시〉 ● 피해학생 및 그 보호자가 심의위원회 개최를 원하지 않음 ● 가해학생이 사과를 하였고 피해학생과 보호자가 용서함 ● 가해학생 교육 선도를 위해 학교폭력 예방캠페인 활동 이행 예정

학교장 자체해결 결과를 보고합니다.

2025.OO.OO

OO학교장

☞ 학교장 명의 작성 문서로 교육(지원)청에 보고된다.

5. 효과

(1) 절차법적 효과(절차의 조기 종결)

가장 큰 특징은 사안이 학교 단계에서 마무리된다는 것이다. 그만큼 절차 진행으로 인한 시간과 경제적 소요가 줄어든다. 또한, 이후 절차인 심의위원회가 개최되지 않기에 심의절차에 참여하는 모든 기관과 당사자의 절차 부담이 완화된다.

(2) 실체법적 효과(가해학생 조치의 미발생, 학교생활기록부 미기재)

학교폭력예방법상의 모든 조치는 심의위원회의 심의를 거치면서 결정된다. 역으로 보면 심의위원회를 거치지 않았다는 것은 학교폭력예방법이 예정하고 있는 어떠한 종국적 조치도 발생하지 않는 것을 의미한다. 따라서 학교장 자체해결의 경우 가해학생에 대한 어떠한 조치도 내려지지 않게 되고, 생활기록부의 기재 역시 이루어지지 않는다. 피해학생 보호조치도 마찬가지이다.

심의위원회가 개최되지 않아 당사자에 대한 조치가 내려지지 않았다고 이것이 기왕에 있었던 학교폭력 행위 자체가 없었다는 것을 의미하지는 않는다. 따라서 어떠한 이유로 종결된 사안이 다시 다투어질 수 있고, 심의위원회의 심의절차가 개시된다면 해당 학교폭력 행위에 대해서 조치를 내릴 수 있게 된다.

(3) 관계적 효과

학교장 자체해결은 당사자 간에서도 여러 효과가 있다. 학교폭력으로 빚어진 갈등이 조기 종결되는 긍정적인 효과도 있고,

나아가 자칫 갈등이 증폭되고 피해가 확산하는 것을 방지할 수도 있다. 무엇보다도 중요한 것은 피해학생과 가해학생 모두가 정상적인 학교생활에 조속히 복귀할 수 있다는 것이다.

(4) 학교의 자기 결정력

학교에도 긍정적 측면이 적지 않다. 절차가 학교에 머무르고 있는 동안 사안이 해결된다는 것은 그만큼 학교의 역할이 독자적 의의가 있다는 것이고, 학교에서 발생한 학교폭력이 종국에는 학교에서 마무리되는 절차의 자기 완결적 성과도 거두는 것이다.

6. 특수문제[가해자가 학생이 아닌 사안의 경우]

가해자가 학생이 아니어도 학교폭력이 성립되는 것에는 문제가 없다. 물론 가해자가 학생이 아니어서 학교폭력예방법에 의한 가해자에 대한 실효성 있는 조치는 어렵지만, 피해학생에 대한 보호조치는 여전히 의미가 있다.

이처럼 가해자가 학생이 아닌 학교폭력 사안의 경우 즉, 피해자만 학생인 경우는 원칙적으로 학교장 자체해결 사안이 아니다. 다만, 마치 학교장 자체해결 사안처럼 피해학생 측의 의사로 심의위원회를 개최하지 않을 수 있느냐의 문제로 기술의 편의상 이곳에서 논의하는 것이다.[62]

---

62) 본문 p. 281.

7. 특수문제[학교장 자체해결로 종결된 후 다시 심의위원회 개최(가해학생의 금반언)]

경우에 따라 이미 자체해결로 종결된 사안임에도 다시 심의위원회를 개최 할 필요가 있을 수 있다. 예를 들어, 복구하기로 약속했던 재산적 피해가 제대로 복구되지 않은 경우처럼 '학교장 자체해결의 전제조건' 지켜지지 않은 경우가 대표적일 것이다.

학교폭력예방법은 자체해결로 종결된 사안의 이후 심의위원회 개최에 관한 별도의 조항을 마련하고 있지는 않다.63) 다만, 교육당국은 일정한 경우 개최 가능성을 인정하고 있다.64) 그렇게 된다면 심의위원회가 개최되게 되고, 이는 유보되었던 해당 사건에 대한 심의위원회의 실체 판단이 이루어지는 것이다. 그래서 이 심의위원회의 결정은 사후 불복절차로 다투지 않는 한 그 자체로 종국적 판단이 된다.

이때 심의위원회의 개최를 요청하며 작성하는 「학교폭력대책심의위원회 개최 요청서」〈양식3-4〉는 다음과 같다.

---

63) 이는 향후 입법을 통해서 보완되어야 할 부분이다.
64) 가이드북 68면, 가이드북에서는 그 사유로 ① 해당 학교폭력 사건으로 피해학생 및 그 보호자가 받은 재산상 손해를 가해학생 및 그 보호자가 복구하기로 약속하였으나 이행하지 않은 경우, ② 해당 학교폭력 사건의 조사과정에서 확인되지 않았던 사실이 추가로 확인된 경우 등을 들고 있다(같은 면).

학교폭력대책심의위원회 개최 요청서
(학교장 자체해결로 종결 후 심의위원회 개최를 요청할 수 있는 경우)

* 사안번호: (   )학교   2025-(   )호

신청인	소속학교	학년/반	학생성명	보호자성명

신청사유	요건	해당 여부 (O, X)
	1. 해당 학교폭력사건으로 인한 재산상 손해를 가해학생 및 그 보호자가 복구하기로 약속하였으나 이행하지 않은 경우	
	2. 해당 학교폭력 사건의 조사과정에서 확인되지 않았던 사실이 추가적으로 확인된 경우	
	구체적 사유를 기술	

위와 같이 신청합니다.

2025.00.00.

피해학생: (서명 또는 인)
피해학생 보호자: (서명 또는 인)

[참고] 해당 요청서는 학교장이 접수하여 개최 요구 공문에 첨부함

☞ 학교장 자체해결로 종결된 후 심의위원회 개최를 다시 요청하는 경우다.

위 양식에도 보면 피해학생과 피해학생 보호자 모두의 서명과 날인이 필요하다. 여기에서 개최 요청은 이미 자체해결된 사안의 재개를 구하는 것이다. 미개최 동의 시 법 요건상 피해학생과 피해학생 보호자 둘 다의 의사표시가 있었을 테고, 이를 사후에 취소(또는 철회)하는 것이기에 의사표시자 모두의 의사를 확인하는 것으로 보아야 한다.

예외적인 특수한 경우이고 절차의 성격상 심의위원회 개최의 요청 사유를 무분별로 확대할 수는 없으나, 그 범위에 대해서는 피해학생의 실질적 보호를 위해 다각적인 고민을 할 부분이다.

8. 특수문제[피해학생 측의 부동의로 심의위원회 개최를 요청한 후 다시 개최 요구 취소 요청]

학교장 자체해결의 객관적 요건은 충족되었으나 주관적 요건인 피해학생 측의 심의위원회 미개최 의사가 없어 심의위원회 개최가 요청된 경우, 이 개최 요구를 다시 취소 요청할 수 있느냐의 문제이다.

역시 이에 대해서 법상 별도의 규정이 존재하지는 않는다. 이에 대해 교육 당국은 심의위원회 의결 전까지 취소할 수 있도록 하고 있다.65) 따라서 심의위원회가 이미 의결을 한 상태라면 취소 요청을 할 수 없게 된다. 취소 시한을 설정해 놓은 것이다.

이러한 교육 실무의 태도는 마치 형사절차에서 고소취소와 유사한 구조를 띠고 있다.66)

---

65) 가이드북 88면.

개최 요구의 취소를 요청한다는 것은 결국 학교장 자체해결에 동의한다는 것이다. 「학교폭력대책심의위원회 개최 요구 취소 요청서」(이하 "개최 요구 취소 요청서")〈양식 3-5〉는 다음과 같다.

학교폭력대책심의위원회 개최 요구 취소 요청서

* 사안번호: (　　　　)학교　2025-(　　)호

신청인	소속학교	학년/반	학생성명	보호자성명

이 사안에 대해서 학교폭력대책심의위원회 개최 요구를 취소하며 학교장 자체해결에 동의합니다.

2025.00.00.
　　　　피해학생:　　　　(서명 또는 인)
　　　　피해학생 보호자:　　　　(서명 또는 인)

[참고] 해당 요청서는 학교장이 접수하여 개최 요구 취소 요청 공문에 첨부함

---

66) 친고죄의 고소권자가 고소 제기 후 제1심 판결선고 전까지 그 고소를 취소할 수 있도록 한 형사소송법 제232조 제1항.

참고: 학교장 자체해결 관련 양식 중 피해학생 측이 작성자인 문서

양식 명칭	용도	양식에 따른 심의위원회 개최 여부
학교장 자체해결 관련 양식 중 피해학생 측이 의사 표시자로 작성자인 문서		
학교장 자체해결 동의서 (학교폭력대책심의위원회 미개최 요구 의사 확인서)〈양식3-2〉	피해학생 측의 심의위원회 미개최 의사 확인	심의위원회 미개최
학교폭력대책심의위원회 개최 요청서 〈양식3-4〉	학교장 자체해결 된 사안임에도 특단의 이유로 다시 개최를 요청하는 경우 ※ 일종의 동의의 번복	심의위원회 개최
학교폭력대책심의위원회 개최 요구 취소 요청서 〈양식3-5〉	개최 요구했으나 이후 개최 요구 취소를 요청하는 경우 ※ 고소 취소의 구조	심의위원회 미개최

☞ 모두 학교장 자체해결의 객관적 요건은 갖춘 전제임(피해학생 측 의사가 관건).

Ⅶ 관계회복

1. 관련 법령

학교폭력예방법 제13조의2(학교의 장의 자체해결)
③ 학교의 장은 제1항에 따른 경미한 학교폭력에 대하여 피해학생 및 그 보호자가 심의위원회의 개최를 원하는 경우 피해학생

> 과 가해학생 사이의 관계회복을 위한 프로그램(이하 "관계회복 프로그램"이라 한다)을 권유할 수 있다.
> ④ 국가 및 지방자치단체는 관계회복 프로그램의 개발·보급 및 운영을 위하여 필요한 경우 행정적·재정적 지원을 할 수 있다.
>
> 학교폭력예방법 시행령 제14조의3(학교의 장의 자체해결)
> 학교의 장은 법 제13조의2 제1항에 따라 학교폭력사건을 자체적으로 해결하는 경우 피해학생과 가해학생 간에 학교폭력이 다시 발생하지 않도록 노력해야 하며, 필요한 경우에는 피해학생·가해학생 및 그 보호자 간의 관계 회복을 위한 프로그램을 운영할 수 있다.

2. 관계회복

학교의 장은 경미한 학교폭력에 대하여 피해학생 및 그 보호자가 심의위원회의 개최를 원하는 경우 피해학생과 가해학생 사이의 관계회복을 위한 프로그램을 권유할 수 있다(법 제13조의2 제3항).

Ⅷ 분쟁조정

1. 관련 법령

> 학교폭력예방법 제18조(분쟁조정)
> ① 심의위원회는 학교폭력과 관련하여 분쟁이 있는 경우에는 그 분쟁을 조정할 수 있다.
> ② 제1항에 따른 분쟁의 조정기간은 1개월을 넘지 못한다.
> ③ 학교폭력과 관련한 분쟁조정에는 다음 각 호의 사항을 포함한다.

1. 피해학생과 가해학생간 또는 그 보호자 간의 손해배상에 관련된 합의조정
2. 그 밖에 심의위원회가 필요하다고 인정하는 사항

④ 심의위원회는 분쟁조정을 위하여 필요하다고 인정하는 때에는 관계 기관의 협조를 얻어 학교폭력과 관련한 사항을 조사할 수 있다.

⑤ 심의위원회가 분쟁조정을 하고자 할 때에는 이를 피해학생·가해학생 및 그 보호자에게 통보하여야 한다.

⑥ 시·도교육청 관할 구역 안의 소속 교육지원청이 다른 학생 간에 분쟁이 있는 경우에는 교육감이 직접 분쟁을 조정한다. 이 경우 제2항부터 제5항까지의 규정을 준용한다.

⑦ 관할 구역을 달리하는 시·도교육청 소속 학교의 학생 간에 분쟁이 있는 경우에는 피해학생을 감독하는 교육감이 가해학생을 감독하는 교육감과의 협의를 거쳐 직접 분쟁을 조정한다. 이 경우 제2항부터 제5항까지의 규정을 준용한다.

학교폭력예방법 시행령 제25조(분쟁조정의 신청)

피해학생, 가해학생 또는 그 보호자(이하 "분쟁당사자"라 한다) 중 어느 한 쪽은 법 제18조에 따라 해당 분쟁사건에 대한 조정권한이 있는 심의위원회 또는 교육감에게 다음 각 호의 사항을 적은 문서로 분쟁조정을 신청할 수 있다.

1. 분쟁조정 신청인의 성명 및 주소
2. 보호자의 성명 및 주소
3. 분쟁조정 신청의 사유

학교폭력예방법 시행령 제27조(분쟁조정의 개시)

① 심의위원회 또는 교육감은 제25조에 따라 분쟁조정의 신청을 받으면 그 신청을 받은 날부터 5일 이내에 분쟁조정을 시작해야 한다.

② 심의위원회 또는 교육감은 분쟁당사자에게 분쟁조정의 일시 및 장소를 통보해야 한다.

③ 제2항에 따라 통지를 받은 분쟁당사자 중 어느 한 쪽이 불가피한 사유로 출석할 수 없는 경우에는 심의위원회 또는 교육감

에게 분쟁조정의 연기를 요청할 수 있다. 이 경우 심의위원회 또는 교육감은 분쟁조정의 기일을 다시 정해야 한다.
④ 심의위원회 또는 교육감은 심의위원회 위원 또는 지역위원회 위원 중에서 분쟁조정 담당자를 지정하거나, 외부 전문기관에 분쟁과 관련한 사항에 대한 자문 등을 할 수 있다.

학교폭력예방법 시행령 제28조(분쟁조정의 거부·중지 및 종료)
① 심의위원회 또는 교육감은 다음 각 호의 어느 하나에 해당하는 사유가 발생한 경우에는 분쟁조정의 개시를 거부하거나 분쟁조정을 중지할 수 있다.
1. 분쟁당사자 중 어느 한 쪽이 분쟁조정을 거부한 경우
2. 피해학생 등이 관련된 학교폭력에 대하여 가해학생을 고소·고발하거나 민사상 소송을 제기한 경우
3. 분쟁조정의 신청내용이 거짓임이 명백하거나 정당한 이유가 없다고 인정되는 경우
② 심의위원회 또는 교육감은 다음 각 호의 어느 하나에 해당하는 사유가 발생한 경우에는 분쟁조정을 끝내야 한다.
1. 분쟁당사자 간에 합의가 이루어지거나 심의위원회 또는 교육감이 제시한 조정안을 분쟁당사자가 수락하는 등 분쟁조정이 성립한 경우
2. 분쟁조정 개시일부터 1개월이 지나도록 분쟁조정이 성립하지 아니한 경우
③ 심의위원회 또는 교육감은 제1항에 따라 분쟁조정의 개시를 거부하거나 분쟁조정을 중지한 경우 또는 제2항 제2호에 따라 분쟁조정을 끝낸 경우에는 그 사유를 분쟁당사자에게 각각 통보해야 한다.

학교폭력예방법 시행령 제29조(분쟁조정의 결과 처리)
① 심의위원회 또는 교육감은 분쟁조정이 성립하면 다음 각 호의 사항을 적은 합의서를 작성하여 분쟁당사자와 피해학생 및 가해학생이 소속된 학교의 장에게 각각 통보해야 한다.
1. 분쟁당사자의 주소와 성명
2. 조정 대상 분쟁의 내용

> 가. 분쟁의 경위
> 나. 조정의 쟁점(분쟁당사자의 의견을 포함한다)
> 3. 조정의 결과
> ② 제1항에 따른 합의서에는 심의위원회가 조정한 경우에는 분쟁당사자와 조정에 참가한 위원이, 교육감이 조정한 경우에는 분쟁당사자와 교육감이 각각 서명날인해야 한다.
> ③ 심의위원회의 위원장은 분쟁조정의 결과를 교육감에게 보고해야 한다.

2. 분쟁조정의 주체

분쟁은 심의위원회가 이를 조정하는 것이 원칙이다. 다만, 분쟁 당사자가 심의위원회의 관할을 넘는 경우 예를 들어, 교육지원청이 다른 학생 간의 분쟁은 상급 기관인 교육청의 장인 교육감이 직접, 시·도가 다른 학생 간의 분쟁은 피해학생을 감독하는 교육감이 직접 이를 조정한다(법 제18조 제7항).

교육 당국은 분쟁조정을 담당할 특별소위원회를 교육지원청 심의위원회 구성 시 1개 이상 둘 수 있다고 밝히고 있다.[67]

3. 분쟁조정의 대상

분쟁조정 대상은 두 가지로 첫째, "피해학생과 가해학생간 또는 그 보호자 간의 손해배상에 관련된 합의조정", 둘째 "그 밖에 심의위원회가 필요하다고 인정하는 사항"이다(법 제18조 제3항).

---

67) 가이드북 78면.

4. 분쟁조정의 신청

분쟁조정 신청은 분쟁당사자가 한다. 따라서 피해·가해학생 측 모두 가능하다(시행령 제25조). 신청 당사자는 다음의 「분쟁조정 신청서」〈양식5-1〉를 심의위원회 또는 교육감에 제출하면 된다.

분쟁조정 신청서

* 사안번호: (   )학교   2025-(   )호

학생	성명	(남 / 여)		
	주소	우편번호: (00000))		
	소속		학교 학년 반	
보호자	성명		관계	전화번호
	주소	우편번호: (00000))		
신청사유				

위와 같이 분쟁조정을 신청합니다.

신청일 :   년   월   일
신청인 :   (서명)

5. 분쟁조정의 기한

분쟁조정은 1개월의 기간을 넘지 못한다(법 제18조 제2항). 심의위원회 또는 교육감은 분쟁조정의 신청을 받은 후 5일 이내 분쟁조정을 시작해야 한다(시행령 제27조 제1항).

6. 분쟁조정의 개시 거부 및 중지

(1) 분쟁조정의 개시 거부 및 중지

심의위원회 또는 교육감은 법령에서 정한 어느 하나에 해당하는 사유가 발생한 경우 분쟁조정의 개시를 거부하거나 분쟁조정을 중지할 수 있다(시행령 제28조 제1항).

(2) 분쟁조정 거부·중지의 통보

분쟁조정의 개시를 거부하거나 분쟁조정을 중지한 경우 그 사유를 분쟁당사자에게 각각 서면으로 통보해야 한다(시행령 제28조 제3항).

7. 합의서 작성

심의위원회 또는 교육감은 분쟁조정이 성립하면 합의서를 작성하여 분쟁당사자와 피해학생 및 가해학생이 소속된 학교의 장에게 각각 통보한다(시행령 제29조 제1항).

합의서에는 '분쟁당사자의 주소·성명, 분쟁의 내용, 조정의 결과'를 기재해야 한다(시행령 제29조 제1항 각호). 심의위원회 조정의 경우는 조정 참가 위원이, 교육감 조정의 경우는 교육감이 분쟁당사자와 각각 서명날인해야 한다(시행령 제29조 제2항).

8. 분쟁조정의 종료

'분쟁당사자 간에 합의가 이루어지거나 심의위원회 또는 교육감이 제시한 조정안을 분쟁당사자가 수락하는 등 분쟁조정이 성립한 경우'나 '분쟁조정 개시일부터 1개월이 지나도록 분쟁조정이 성립하지 아니한 경우'에는 분쟁조정을 종료한다(시행령 제28조 제2항).

제4장 심의절차

I 심의의 주체(심의위원회)

1. 설치

(1) 관련 법령

> **학교폭력예방법 제12조**(학교폭력대책심의위원회의 설치·기능)
> ① 학교폭력의 예방 및 대책에 관련된 사항을 심의하기 위하여 「지방교육자치에 관한 법률」제34조 및 「제주특별자치도 설치 및 국제자유도시 조성을 위한 특별법」제80조에 따른 교육지원청(교육지원청이 없는 경우 해당 시·도 조례로 정하는 기관으로 한다. 이하 같다)에 학교폭력대책심의위원회(이하 "심의위원회"라 한다)를 둔다. 다만, 심의위원회 구성에 있어 대통령령으로 정하는 사유가 있는 경우에는 교육감 보고를 거쳐 둘 이상의 교육지원청이 공동으로 심의위원회를 구성할 수 있다.
> ④ 심의위원회의 설치·기능 등에 필요한 사항은 지역 및 교육지원청의 규모 등을 고려하여 대통령령으로 정한다.
>
> **학교폭력예방법 시행령 제13조**(심의위원회의 설치 및 심의사항)
> ① 법 제12조 제1항 단서에서 "대통령령으로 정하는 사유가 있는 경우"란 학교폭력 피해학생과 가해학생이 각각 다른 교육지원청 관할 구역 내의 학교에 재학 중인 경우를 말한다.

(2) 설치

학교폭력예방법에 관련된 사항을 심의하기 위하여 교육지원청에 심의위원회를 둔다.[1] 전담기구와 마찬가지로 학교폭력예방법에 근거하고 있는 법정 기구이다. 심의위원회 이전에는 학교에 설치되었던 학교폭력대책자치위원회가 그 전신이었다.

> 참고: 전국의 시·도교육청 및 교육지원청 현황[2]

구분		서울	부산	대구	인천	광주	대전	울산	세종	경기	강원	충북	충남	전북	전남	경북	경남	제주
기관	본청	1	1	1	1	1	1	1	1	1	1	1	1	1	1	1	1	1
	지원청	11	5	5	5	2	2	2	0	25	17	10	14	14	22	22	18	2

(3) 심의위원회의 지위

① 교육지원청 소속 기구로의 지위

심의위원회는 「지방교육자치에 관한 법률」 및 「제주특별자치도 설치 및 국제자유도시 조성을 위한 특별법」에 따른 교육지원청에 설치된 기구이다(법 제12조 제1항 본문).

② 법률상 필수기구로의 지위

심의위원회는 반드시 설치해야 하는 법률상의 필수기구이다. 대통령령·부령 등으로써는 심의위원회를 폐지할 수 없으며 이를 폐지하는 것은 법률의 개정에 의해서만 가능하다.

---

1) 세종특별자치시는 교육청 산하 교육지원청이 없어 교육청에 설치되어 있다.
2) 2025년 2월 현재.

③ 합의제기구로의 지위

> **학교폭력예방법 제13조**(심의위원회의 구성 · 운영)
> ① 심의위원회는 10명 이상 50명 이내의 위원으로 구성하되…
> 후략…
>
> **학교폭력예방법 시행령 제14조**(심의위원회의 구성 · 운영)
> ② 심의위원회의 위원장은 위원 중에서 교육장이 임명하거나 위촉하는 사람이 되며, 위원장이 부득이한 사유로 직무를 수행할 수 없을 때에는 위원장이 미리 지정하는 위원이 그 직무를 대행한다.
> ⑤ 심의위원회의 회의는 재적위원 과반수의 출석으로 개의하고, 출석위원 과반수의 찬성으로 의결한다.

심의위원회는 위원장과 위원으로 구성되는 합의제기구이다. 심의위원회에서 심의 · 의결 사항을 처리함에 있어서 위원장과 위원은 법적으로 동등한 지위에 있다. 심의위원회를 합의제기구로 한 것은 그 기능에 대한 직무의 능률성 · 신속성보다 업무 처리의 공정성 · 객관성이 더 요구되기 때문이다.

④ 독립적인 심의 · 의결

심의위원회는 법적 · 조직적으로는 교육지원청에 소속되어 있지만, 학교폭력 사안을 처리함에 심의 · 의결 시에는 독립적으로 운영된다. 또한, 심의위원의 구성에 있어 학부모나 판사 · 검사 · 변호사, 경찰공무원 등 외부 전문가도 함께 구성되고 있다.

2. 구성

(1) 구성

> **학교폭력예방법 제12조(학교폭력대책심의위원회의 설치·기능)**
> ① 학교폭력의 예방 및 대책에 관련된 사항을 심의하기 위하여 …중략… 학교폭력대책심의위원회(이하 "심의위원회"라 한다)를 둔다. 다만, 심의위원회 구성에 있어 대통령령으로 정하는 사유가 있는 경우에는 교육감 보고를 거쳐 둘 이상의 교육지원청이 공동으로 심의위원회를 구성할 수 있다.
>
> **학교폭력예방법 제13조(심의위원회의 구성·운영)**
> ① 심의위원회는 10명 이상 50명 이내의 위원으로 구성하되, 전체위원의 3분의 1 이상을 해당 교육지원청 관할 구역 내 학교(고등학교를 포함한다)에 소속된 학생의 학부모로 위촉하여야 한다.
>
> **학교폭력예방법 시행령 제13조(심의위원회의 설치 및 심의사항)**
> ① 법 제12조 제1항 단서에서 "대통령령으로 정하는 사유가 있는 경우"란 학교폭력 피해학생과 가해학생이 각각 다른 교육지원청 관할 구역 내의 학교에 재학 중인 경우를 말한다.
>
> **학교폭력예방법 시행령 제14조(심의위원회의 구성·운영)**
> ① 심의위원회의 위원은 다음 각 호의 어느 하나에 해당하는 사람 중에서 해당 교육장이 임명하거나 위촉한다. 이 경우 제5호의 2에 해당하는 사람은 반드시 포함해야 한다.
> ② 심의위원회의 위원장은 위원 중에서 교육장이 임명하거나 위촉하는 사람이 되며, 위원장이 부득이한 사유로 직무를 수행할 수 없을 때에는 위원장이 미리 지정하는 위원이 그 직무를 대행한다.

심의위원회 구성에 있어 법상 반드시 전체위원회의 3분의 1 이상을 해당 교육지원청 관할 구역 내 학교(고등학교를 포함한다)에 소속된 학생의 학부모로 위촉하여야 한다. 최근 시행령의 개정을 통해 학교전담경찰관을 필수적으로 위원에 포함하도록 했다(시행령 제14조 제1항 후문).3) 법령에는 규정하고 있지 않으나, 실무상 소위원회에도 반드시 학교전담경찰관을 위촉하도록 하고 있다.4)

위원장은 위원 중의 한 사람이 임명 또는 위촉되므로 위원장은 이미 심의위원회의 정수에 포함되어 있음을 알 수 있다.

학교폭력 피해학생과 가해학생이 각각 다른 교육지원청 관할 구역 내의 학교에 재학 중인 경우 교육감 보고를 거쳐 둘 이상의 교육지원청이 공동으로 심의위원회를 구성할 수 있다(법 제12조 제1항, 시행령 제13조 제1항).

(2) 임명·위촉

> **학교폭력예방법 시행령 제14조(심의위원회의 구성·운영)**
> ① 심의위원회의 위원은 다음 각 호의 어느 하나에 해당하는 사람 중에서 해당 교육장이 임명하거나 위촉한다. 이 경우 제5호의 2에 해당하는 사람은 반드시 포함해야 한다.
> ② 심의위원회의 위원장은 위원 중에서 교육장이 임명하거나 위촉하는 사람이 되며, 위원장이 부득이한 사유로 직무를 수행할 수 없을 때에는 위원장이 미리 지정하는 위원이 그 직무를 대행한다.

위원장은 위원 중에서 임명되거나 위촉된다. 또한, 위원과 위원장은 자격 등에 있어 차이가 없고, 위원 누구라도 교육장이 임명·위촉한다면 위원장이 될 수 있다.

---

3) 대통령령 제34233호, 2024. 2. 27. 일부개정, 2024. 3. 1. 시행.
4) 가이드북 87면.

(3) **자격**

> **학교폭력예방법 제13조(심의위원회의 구성·운영)**
> ① 심의위원회는 10명 이상 50명 이내의 위원으로 구성하되, 전체위원의 3분의 1 이상을 해당 교육지원청 관할 구역 내 학교(고등학교를 포함한다)에 소속된 학생의 학부모로 위촉하여야 한다.
>
> **학교폭력예방법 시행령 제14조(심의위원회의 구성·운영)**
> ① 심의위원회의 위원은 다음 각 호의 어느 하나에 해당하는 사람 중에서 해당 교육장이 임명하거나 위촉한다. 이 경우 제5호의2에 해당하는 사람은 반드시 포함해야 한다.
> 1. 해당 교육지원청의 생활지도 업무 담당 국장 또는 과장(법 제12조 제1항에 따라 조례로 정하는 기관의 경우 해당 기관 소속의 공무원 또는 직원으로 한다)
> 1의2. 해당 교육지원청의 관할 구역을 관할하는 시·군·구의 청소년보호 업무 담당 국장 또는 과장
> 2. 교원으로 재직하고 있거나 재직했던 사람으로서 학교폭력 업무 또는 학생생활지도 업무 담당 경력이 2년 이상인 사람
> 2의2. 「교육공무원법」 제2조 제2항에 따른 교육전문직원으로 재직하고 있거나 재직했던 사람
> 3. 법 제13조 제1항에 따른 학부모
> 4. 판사·검사·변호사
> 5. 해당 교육지원청의 관할 구역을 관할하는 경찰서 소속 경찰공무원
> 5의2. 법 제20조의6 제1항에 따라 학교폭력 예방 및 근절을 위해 학교폭력 업무 등을 전담하는 경찰관(이하 "학교전담경찰관"이라 한다)
> 6. 의사 자격이 있는 사람
> 6의2. 「고등교육법」 제2조에 따른 학교의 조교수 이상 또는 청소년 관련 연구기관에서 이에 상당하는 직위에 재직하고 있거나 재직했던 사람으로서 학교폭력 문제에 대하여 전문지식이 있는 사람
> 6의3. 청소년 선도 및 보호 단체에서 청소년보호활동을 2년 이

> 상 전문적으로 담당한 사람
> 7. 그 밖에 학교폭력 예방 및 청소년보호에 대한 지식과 경험이 풍부한 사람

 학부모의 경우에는 해당 교육지원청 관할 구역 내 학교에 소속된 학생의 학부모일 것을 요구한다. 자기 관할 구역의 제한이 있는 것이다. 학생인 자녀가 소속된 학교의 관할 교육지원청 이외의 곳에서도 심의위원회 위원이 될 수 있으나, 이때는 학부모 자격이 아닌 나머지 자격 요건으로 할 때 가능하다.

(4) 임기

> 학교폭력예방법 시행령 제14조(심의위원회의 구성·운영)
> ③ 심의위원회의 위원의 임기는 2년으로 한다. 다만, 심의위원회 위원의 사임 등으로 새로 위촉되는 위원의 임기는 전임위원 임기의 남은 기간으로 한다.

 위원의 임기에 대해서는 시행령에 이를 규정하고 있다. 임기는 2년으로 위원장과 위원의 임기는 다르지 않다. 위원 중에서 위원장을 임명·위촉하므로 당연하다.

(5) 해임·해촉

> 학교폭력예방법 시행령 제14조(심의위원회의 구성·운영)
> ④ 교육장은 제1항 제2호, 제2호의2, 제3호부터 제5호까지, 제5호의2, 제6호, 제6호의2, 제6호의3 및 제7호에 따른 심의위원회의 위원이 제3조의2 각 호의 어느 하나에 해당하는 경우에는

해당 위원을 해임하거나 해촉할 수 있다.

> **학교폭력예방법 시행령 제3조의2(대책위원회 위원의 해촉)**
> 대통령은 법 제8조 제3항 제2호부터 제8호까지의 규정에 따른 대책위원회의 위원이 다음 각 호의 어느 하나에 해당하는 경우에는 해당 위원을 해촉(解囑)할 수 있다.
> 1. 심신장애로 인하여 직무를 수행할 수 없게 된 경우
> 2. 직무와 관련된 비위사실이 있는 경우
> 3. 직무태만, 품위손상이나 그 밖의 사유로 인하여 위원으로 적합하지 아니하다고 인정되는 경우
> 4. 위원 스스로 직무를 수행하는 것이 곤란하다고 의사를 밝히는 경우

해임·해촉에 있어 시행령 제3조의2를 준용하고 있다.

3. 운영

(1) 심의위원회 회의 소집

> **학교폭력예방법 제13조(심의위원회의 구성·운영)**
> ② 심의위원회의 위원장은 다음 각 호의 어느 하나에 해당하는 경우에 회의를 소집하여야 한다.
> 1. 심의위원회 재적위원 4분의 1 이상이 요청하는 경우
> 2. 학교의 장이 요청하는 경우
> 3. 피해학생 또는 그 보호자가 요청하는 경우
> 4. 학교폭력이 발생한 사실을 신고받거나 보고받은 경우
> 5. 가해학생이 협박 또는 보복한 사실을 신고받거나 보고받은 경우
> 6. 그 밖에 위원장이 필요하다고 인정하는 경우

심의위원회의 소집권자는 위원장이다.

(2) 심의위원회의 개의 및 의결

> 학교폭력예방법 시행령 제14조(심의위원회의 구성·운영)
> ② 심의위원회의 위원장은 위원 중에서 교육장이 임명하거나 위촉하는 사람이 되며, 위원장이 부득이한 사유로 직무를 수행할 수 없을 때에는 위원장이 미리 지정하는 위원이 그 직무를 대행한다.
> ⑤ 심의위원회의 회의는 재적위원 과반수의 출석으로 개의하고, 출석위원 과반수의 찬성으로 의결한다.

(3) 회의의 통지

> 학교폭력예방법 제13조(심의위원회의 구성·운영)
> ④ 제2항에 따라 회의가 소집되는 경우 교육장(교육지원청이 없는 경우 해당 시·도 조례로 정하는 기관의 장)은 가해학생·피해학생 및 그 보호자에게 다음 각 호의 사항을 통지하여야 한다.
> 1. 회의 일시·장소와 안건
> 2. 조치 요청사항 등 회의 결과

심의위원회 회의가 소집되는 경우 교육장은 가해학생·피해학생 및 그 보호자에게 통지하여야 할 의무가 있고, 이는 법률상 책무이다. 조문의 형태로 보아 회의 개시 전에 '회의 일시·장소와 안건'을 회의 종료 후에 '심의위원회 조치 요청사항 등이 포함된 회의 결과'를 각각 통지해야 한다.

(4) 의견의 청취

> **학교폭력예방법 제13조(심의위원회의 구성·운영)**
> ⑤ 심의위원회는 심의 과정에서 소아청소년과 의사, 정신건강의학과 의사, 심리학자, 그 밖의 아동심리와 관련된 전문가를 출석하게 하거나 서면 등의 방법으로 의견을 청취할 수 있고, 피해학생이 상담·치료 등을 받은 경우 해당 전문가 또는 전문의 등으로부터 의견을 청취할 수 있다. 다만, 심의위원회는 피해학생 또는 그 보호자의 의사를 확인하여 피해학생 또는 그 보호자의 요청이 있는 경우에는 반드시 의견을 청취하여야 한다.
>
> **학교폭력예방법 제16조의2(장애학생의 보호)**
> ② 심의위원회는 피해학생 또는 가해학생이 장애학생인 경우 심의과정에 「장애인 등에 대한 특수교육법」 제2조 제4호에 따른 특수교육교원 등 특수교육 전문가 또는 장애인 전문가를 출석하게 하거나 서면 등의 방법으로 의견을 청취할 수 있다.
>
> **학교폭력예방법 시행령 제14조(심의위원회의 구성·운영)**
> ⑧ 심의위원회는 필요하다고 인정할 때에는 학교폭력이 발생한 해당 학교 소속 교원이나 학교폭력 예방 및 대책과 관련된 분야의 전문가 등을 출석하게 하거나 서면 등의 방법으로 의견을 들을 수 있다.

① 전문가 의견의 청취

심의위원회는 심의 과정에서 소아청소년과 의사나 아동심리 관련 전문가 등의 의견을 출석 또는 서면 등의 방법으로 청취할 수 있고, 피해학생이 상담·치료 등을 받은 경우에는 해당 전문가 또는 전문의 등의 의견을 청취할 수 있다(법 제13조 제5항). 피해학생 또는 가해학생이 장애학생인 경우 특수교육 전문가 또는 장애인 전문가를 출석하게 하거나 서면 등의 방법으로 의견을 청취할 수 있다(법 제16조의2 제2항).

② 학교 소속 교원의 의견 청취

심의위원회의 필요에 따라 학교폭력이 발생한 해당 학교 소속 교원을 출석하게 하거나 서면 등의 방법으로 의견을 들을 수 있다(시행령 제14조 제8항).

③ 피해학생 또는 보호자 의견의 청취

심의위원회는 학교폭력 사안을 심의하는 데 그 사건의 당사자인 피해학생 또는 그 보호자에게 의견 진술 여부의 의사를 반드시 확인하여야 하고, 확인의 결과 요청이 있는 경우에는 의견을 청취해야만 한다(법 제13조 제5항). 학교폭력 사안의 조치가 내려짐에 있어 반드시 피해학생 측에 의견 진술 기회를 제공하고, 직접 그 의사를 확인까지 하라는 입법자의 의지이다.

(5) **심의방식**

심의위원회의 심의 진행 방식에 대해서는 법령에 규정된 바가 없다. 다만, 이는 교육장에게 유보된 사항이기도 하다(시행령 제14조 제9항). 교육 당국은 대면 심의가 원칙이라고 하면서 다음과 같이 안내하고 있다.5)

"피해 및 가해학생과 그 보호자가 심의위원회에 직접 출석하여 진술해야 한다. 다만, 피해 및 가해학생 측의 요구가 있거나 도서지역의 경우 등 특별한 여건을 고려할 필요가 있는 경우에 전화, 화상, 서면 등의 심의 방식을 활용할 수 있다. 이 경우 심의의 공정성이 최대한 확보될 수 있도록 주의해야 한다."

---

5) 가이드북 88면.

(6) 심의기간

 심의위원회의 개최 시한이나 심의기간에 대한 규정은 따로 법령에 마련되어 있지 않다. 다만, 교육 당국은 심의위원회는 학교의 요청이 있는 경우, 21일 이내에 개최하는 것을 원칙으로 하되 상황에 따라 7일 이내에서 연장이 가능한 것으로 정하고 있다.6) 시험 등 학사일정, 사안조사 과정에서 새로운 증거 발견, 관련학생 및 보호자 의견진술 기회 부여 등 뚜렷한 이유가 있는 경우에만 연기 가능하고, 사실관계 확인이 어려운 경우(경찰 수사 진행 중인 사건, 성폭력 사건 등)에는 기한 내에 심의위원회를 개최한 후, 심의위원회에서 조치결정을 유보하는 의결이 가능하다고 또한 밝히고 있다.7)

(7) 회의록의 작성·보존 및 공개

> **학교폭력예방법 제13조**(심의위원회의 구성·운영)
> ③ 심의위원회는 회의의 일시, 장소, 출석위원, 토의내용 및 의결사항 등이 기록된 회의록을 작성·보존하여야 한다.
>
> **학교폭력예방법 제21조**(비밀누설금지 등)
> ③ 제16조, 제16조의2, 제17조, 제17조의2, 제18조에 따른 심의위원회의 회의는 공개하지 아니한다. 다만, 피해학생·가해학생 또는 그 보호자가 회의록의 열람·복사 등 회의록 공개를 신청한 때에는 학생과 그 가족의 성명, 주민등록번호 및 주소, 위원의 성명 등 개인정보에 관한 사항을 제외하고 공개하여야 한다.

---

6) 가이드북 88면.
7) 가이드북 88면.

법 제21조 제3항의 공개되지 않는 회의 중 '제17조의2의 회의'는 입법의 오류다. 재심제도가 존재하던 시기 제17조의2는 재심청구 조항으로, 현재는 재심제도가 폐지되고 제17조의2도 행정심판 조항으로 바뀌었기에 제17조의2 부분은 개정 과정에서 삭제되었어야 한다. 향후 입법에서 바로 잡아야 할 부분이다.

심의위원회의 전신인 자치위원회 당시 회의록의 공개에 관해 다투어진 바 있었다. 대법원은 이에 대해 "학교폭력대책자치위원회 회의록이「공공기관의 정보공개에 관한 법률」제9조 제1항 제5호의 '공개될 경우 업무의 공정한 수행에 현저한 지장을 초래한다고 인정할 만한 상당한 이유가 있는 정보'에 해당한다"(대법원 2010. 6. 10. 선고 2010두2913 판결)고 판단하였다.8)

> **관련판례** 정보공개거부처분취소
> (대법원 2010. 6. 10. 선고 2010두2913 판결)
>
> 자치위원회에서의 자유롭고 활발한 심의·의결이 보장되기 위해서는 위원회가 종료된 후라도 심의·의결 과정에서 개개 위원들이 한 발언 내용이 외부에 공개되지 않는다는 것이 철저히 보장되어야 할 것인데, **만약 각 참석위원의 발언 내용이 기재된 회의록이 공개된다면** 위원들은 심리적 압박을 받아 자유로운 의사 교환을 할 수 없고 심지어는 당사자나 외부의 의사에 영합하는 발언을 하거나 침묵으로 일관할 우려마저 있어 **자유**

---

8) 이 대법원판결 이후 회의록 작성·보존에 대한 법 제13조 제3항이 신설되고, 피해학생·가해학생 또는 그 보호자의 신청이 있을 때 회의록을 신청자에게 공개하는 법 제21조 제3항 단서 조항이 개정 입법되었다. 법률 제10642호, 2011. 5. 19. 일부개정(2011. 11. 20. 시행).

> 로운 심의 분위기를 해치고 공정성 확보에 지장을 초래할 수 있는 점, … 중략 … 등을 고려하면, 자치위원회가 피해학생의 보호를 위한 조치, 가해학생에 대한 조치, 학교폭력과 관련된 분쟁의 조정 등에 관하여 심의한 결과를 기재한 **회의록은** 정보공개법 제9조 제1항 제5호의 '공개될 경우 업무의 공정한 수행에 현저한 지장을 초래한다고 인정할 만한 상당한 이유가 있는 정보'에 해당한다고 보아야 할 것이다.

4. 권한

(1) 심의와 관련된 권한

> 학교폭력예방법 제12조(학교폭력대책심의위원회의 설치·기능)
> ② 심의위원회는 학교폭력의 예방 및 대책 등을 위하여 다음 각 호의 사항을 심의한다.
> 1. 학교폭력의 예방 및 대책
> 2. 피해학생의 보호
> 3. 가해학생에 대한 교육, 선도 및 징계
> 4. 피해학생과 가해학생 간의 분쟁조정
> 5. 그 밖에 대통령령으로 정하는 사항
>
> 학교폭력예방법 시행령 제13조(심의위원회의 설치 및 심의사항)
> ② 법 제12조 제2항 제5호에서 "대통령령으로 정하는 사항"이란 학교폭력의 예방 및 대책과 관련하여 학교의 장이 건의하는 사항을 말한다.

(2) 조사 권한

> 학교폭력예방법 제12조(학교폭력대책심의위원회의 설치·기능)
> ③ 심의위원회는 해당 지역에서 발생한 학교폭력에 대하여 조사할 수 있고 학교장 및 관할 경찰서장에게 관련 자료를 요청할 수 있다.
>
> 학교폭력예방법 제18조(분쟁조정)
> ④ 심의위원회는 분쟁조정을 위하여 필요하다고 인정하는 때에는 관계 기관의 협조를 얻어 학교폭력과 관련한 사항을 조사할 수 있다.

심의위원회는 해당 지역에서 발생한 학교폭력에 대한 조사 권한이 있고, 학교장 및 관할 경찰서장에게 관련 자료의 요청 권한이 있다. 이러한 권한 규정은 심의위원회가 심의 기능 외에 조사 기능도 수행할 수 있다는 다각화된 기능 수행의 법적 근거가 된다.

법문상 심의위원회의 조사에 있어 그 사유나 시기에 특별한 제한이나 한계를 설정하고 있지 않다. 예를 들어, 심의위원회 심리 전후 언제든지 조사를 개시할 수 있고, 사안에 의문이거나 미진한 부분에 대한 추가 및 보완 조사는 물론 새로운 사실관계나 신규 증거에 대해서도 가능하다. 즉, 심의위원회는 전담기구나 조사관 조사에 구속되지 않음을 의미하는 시사하는 바가 큰 조항이다.

(3) 자료 제출 및 의견 진술 요청 권한

> 학교폭력예방법 제12조(학교폭력대책심의위원회의 설치·기능)
> ③ 심의위원회는 해당 지역에서 발생한 학교폭력에 대하여 조사할 수 있고 학교장 및 관할 경찰서장에게 관련 자료를 요청할 수 있다.

> **학교폭력예방법 제13조(심의위원회의 구성·운영)**
> ⑤ 심의위원회는 심의 과정에서 소아청소년과 의사, 정신건강의학과 의사, 심리학자, 그 밖의 아동심리와 관련된 전문가를 출석하게 하거나 서면 등의 방법으로 의견을 청취할 수 있고, 피해학생이 상담·치료 등을 받은 경우 해당 전문가 또는 전문의 등으로부터 의견을 청취할 수 있다.
>
> **학교폭력예방법 시행령 제14조(심의위원회의 구성·운영)**
> ⑧ 심의위원회는 필요하다고 인정할 때에는 학교폭력이 발생한 해당 학교 소속 교원이나 학교폭력 예방 및 대책과 관련된 분야의 전문가 등을 출석하게 하거나 서면 등의 방법으로 의견을 들을 수 있다.

(4) 분쟁조정에 관한 권한

> **학교폭력예방법 제18조(분쟁조정)**
> ① 심의위원회는 학교폭력과 관련하여 분쟁이 있는 경우에는 그 분쟁을 조정할 수 있다.
> ③ 학교폭력과 관련한 분쟁조정에는 다음 각 호의 사항을 포함한다.
> 1. 피해학생과 가해학생간 또는 그 보호자 간의 손해배상에 관련된 합의조정
> 2. 그 밖에 심의위원회가 필요하다고 인정하는 사항
> ④ 심의위원회는 분쟁조정을 위하여 필요하다고 인정하는 때에는 관계 기관의 협조를 얻어 학교폭력과 관련한 사항을 조사할 수 있다.

(5) 보고에 대한 권한

① '학교장 자체해결'을 한 경우 학교의 장은 지체 없이 이를 심의위원회에 보고하여야 한다(법 제13조의2 제1항).

② 학교의 장이 피해학생에 대한 긴급보호조치를 한 경우 심의위원회에 이를 즉시 보고해야 한다(법 제16조 제1항 단서).

③ 학교의 장이 가해학생에 대한 '학교장 직권의 긴급조치'나 '피해학생 요청의 긴급조치'를 한 경우 심의위원회에 즉시 보고하여 추인을 받아야 한다(법 제17조 제5항, 제6항).

④ 전문상담교사는 심의위원회의 요구가 있는 때에는 학교폭력에 관련된 피해학생 및 가해학생과의 상담결과를 보고하여야 한다(법 제14조 제2항).

⑤ 전담기구는 학교폭력에 대한 실태조사와 학교폭력 예방 프로그램을 구성·실시하며, 심의위원회의 요구가 있는 때에는 학교폭력에 관련된 조사결과 등 활동결과를 보고하여야 한다(법 제14조 제5항).

⑥ 심의위원회의 소위원회는 심의가 끝나면 그 결과를 심의위원회에 보고해야 한다(시행령 제14조의2 제4항).

참고: 심의위원회의 보고에 대한 권한

보고의무자	보고내용	보고대상	비고
학교의 장	학교장 자체해결 결과 보고(§13의2①)	심의위원회	지체 없이
학교의 장	피해학생에 대한 긴급보호 조치(§16①)	심의위원회	즉시
학교의 장	학교장 직권의 긴급조치(§17⑤)	심의위원회	• 보고 및 추인 • 즉시

보고의무자	보고내용	보고대상	비고
학교의 장	피해학생 요청의 긴급조치(§17⑥)	심의위원회	• 보고 및 추인 • 즉시
전문상담 교사	피해학생 및 가해학생과의 상담결과 (§14②)	학교의 장 및 심의위원회	요구 시
전담기구	학교폭력에 관련된 조사결과 등 활동결과 (§14⑤)	학교의 장 및 심의위원회	요구 시
소위원회	소위원회의 심의 결과(시행령 §14의2④)	심의위원회	

(6) 통보에 대한 권한

① 학교폭력 현장을 보거나 그 사실을 알게 된 자의 관계 기관에 대한 신고를 통보받은 학교의 장은 이를 심의위원회에 지체 없이 통보하여야 한다(법 제20조 제3항).

② 심의위원회는 법 제17조 제1항 제2호부터 제9호까지의 조치를 받은 학생이 해당 조치를 거부하거나 기피하는 경우에는 법 제17조 제15항에 따라 교육장으로부터 그 사실을 통보받은 날부터 7일 이내에 추가로 다른 조치를 할 것을 교육장에게 요청할 수 있다(시행령 제22조 제1항).

(7) 추인 권한

학교의 장이 '학교장 직권의 긴급조치'나 '피해학생 요청의 긴급조치'를 한 경우 심의위원회에 즉시 보고하여 추인을 받아야 한다(법 제17조 제5항, 제6항).

5. 소위원회

심의위원회는 최대 50명 이내에서 구성되어 운영되고 있다. 시행령에 따라 심의위원회는 심의 업무를 효율적으로 수행하기 위하여 필요하면 소위원회를 둘 수 있다.9)

> **학교폭력예방법 시행령 제14조의2(소위원회)**
> ① 심의위원회의 업무를 효율적으로 수행하기 위하여 필요하면 심의위원회에 소위원회를 둘 수 있다.
> ② 제1항에 따른 소위원회(이하 "소위원회"라 한다)의 위원은 심의위원회의 위원으로 구성한다.
> ③ 심의위원회는 필요한 경우에는 그 심의 사항을 소위원회에 위임할 수 있으며, 이 경우 소위원회에서 심의·의결된 사항은 심의위원회에서 심의·의결된 것으로 본다.
> ④ 소위원회는 심의가 끝나면 그 결과를 심의위원회에 보고해야 한다.
> ⑤ 제1항부터 제4항까지에서 규정한 사항 외에 소위원회의 설치·운영에 필요한 사항은 교육장이 정한다.

소위원회의 근거 조항인 시행령에는 심의위원회의 경우처럼 학부모 위원의 일정 비율 강제 조항이 없으나, 가이드북에서 "소

---

9) 소위원회제도는 2020년도 도입되었다(대통령령 제30411호, 2020. 2. 25. 일부개정(2020. 3. 1. 시행) 참조).

위원회 역시 3분의 1 이상을 학부모로 위촉하되, 심의(소)위원회의 전문성·공정성 강화를 위하여 학부모위원을 35% 이내로 제한함. 다만, 심의(소)위원회의 규모에 따라 불가피한 경우 35% 이내 제한은 적용하지 않을 수 있음"이라고 하여 소위원회에도 학부모 위원 일정 비율을 강제하고 있음을 알 수 있다.10)

6. 비밀유지의무(비밀 누설의 금지)

교육지원청의 심의위원회 업무 담당자뿐 아니라 심의위원회의 심의위원도 비밀유지의무의 책무가 있다. 이를 위반한 경우 1년 이하의 징역 또는 1천만 원 이하의 벌금에 처한다.

> **학교폭력예방법 제21조(비밀누설금지 등)**
> ① 이 법에 따라 학교폭력의 예방 및 대책과 관련된 업무를 수행하거나 수행하였던 사람은 그 직무로 인하여 알게 된 비밀 또는 가해학생·피해학생 및 제20조에 따른 신고자·고발자와 관련된 자료를 누설하여서는 아니 된다.
> ② 제1항에 따른 비밀의 구체적인 범위는 대통령령으로 정한다.
>
> **학교폭력예방법 제22조(벌칙)**
> 제21조 제1항을 위반한 자는 1년 이하의 징역 또는 1천만원 이하의 벌금에 처한다.
>
> **학교폭력예방법 시행령 제33조(비밀의 범위)**
> 법 제21조 제1항에 따른 비밀의 범위는 다음 각 호와 같다.
> 1. 학교폭력 피해학생과 가해학생 개인 및 가족의 성명, 주민등록번호 및 주소 등 개인정보에 관한 사항
> 2. 학교폭력 피해학생과 가해학생에 대한 심의·의결과 관련된

---
10) 가이드북 87면.

> 개인별 발언 내용
> 3. 그 밖에 외부로 누설될 경우 분쟁당사자 간에 논란을 일으킬 우려가 있음이 명백한 사항

II 심의(조치의 판단)

1. 의의

 학교폭력 사안에 있어 심의는 가장 핵심적인 절차이고, 심의·의결의 결과는 당사자인 가해학생 및 피해학생에게 끼치는 영향이 크다. 심의를 통해 내려지는 피해학생에 대한 보호조치 및 가해학생에 대한 선도조치는 학교폭력 사실에 상응하는 최종 귀결이자 보호 및 선도·교육의 가치 실현의 시작이기도 하다.

2. 심의의 대상(학교폭력의 가부 및 정도)

 심의위원회가 심의하는 것은 당해 학교폭력 사태가 학교폭력이라고 볼 수 있는지(요건의 충족 여부)와 만약 그렇다면, 그에 상응하는 조치는 무엇인가(적정 효과의 부여)이다.

 심의위원회 심의에 있어 학교폭력의 인정 여부가 다투어지는 대표적 예는 '장난이 학교폭력이 되는 경우', '따돌림이 학교폭력에서 말하는 따돌림의 정도에 이르렀는지', '여러 가담자 중 어느 범위까지를 학교폭력에 가담했다고 봐야 하는지' 등이다.

 또한, 학교폭력의 가담자 범위를 살펴보면, 예를 들어 따돌림의 경우에, 단체 대화방 등에서 '이도 저도 안 하고 가만히 있었

거나, 미미한 언사를 한 경우 이를 과연 방조했다고 볼 수 있는 지', '부작위를 따돌림이라고 평가할 수 있는지'가 늘 문제 된다.

3. 심의의 준거 및 기준

(1) 가해학생 조치결정에 있어 피해학생 보호를 직접 고려하는지 (적극)

가해학생 조치를 결정하는 데, 가해행위의 경중으로만 판단할 것인지 아니면 이에 더해 피해학생의 보호 측면까지 고려할 것 인지가 문제 되고, 또 하나 규범적 기준 외에 교육적 가치도 그 기준으로 하는지가 문제 된다. 결론은 학교폭력예방법은 피해학 생의 요보호성을 고려하고, 교육적 가치도 그 기준으로 둔다.

(2) 정상참작 요소를 가해행위 지표와 대등하게 보는지(적극)

가해자의 반성 여부나 피해자의 피해회복 등 소위 정상참작의 요소는 보통 형사법에서는 양형 사유이다. 그래서 주된 판단 이후 부가적 판단 과정에 고려된다. 그런데 학교폭력의 경우는 제1호부터 제9호까지 조치를 결정하는 단계에서 정상참작 요소를 가해행위와 동등한 선에 놓고 판단한다. 가해행위의 고의성, 지속성, 심각성 같은 행위 지표와 가해학생의 반성 정도나 피해학 생과의 화해 정도 같은 정상참작 지표를 동시에 같이 판단하는 것이다. 학교폭력예방법의 독특한 구조라 볼 수 있다.

그래서 행위의 고의성·심각성·지속성 등 행위 지표가 없음에도 반성 정도나 화해 정도 같은 정상 지표로만도 학교폭력으로 인정되어 조치가 결정되는 기이한 현상이 이론적으로 가능하고 현실에서도 종종 나타난다.11) 보통은 행위 지표가 없으면 그건 그 자체로 구성요건을 충족하지 못해서 폭력이 아닌 게 되고, 그렇다면 거기에서 판단은 멈추는 것이 일반적인 것과 비교해서 그렇다는 것이다.

4. 심의위원회의 요건 · 효과 시스템(점수 산정 방식)

(1) 법상

> {법(요건 · 효과)} ▶ 심의위원회는 가해학생에 대하여 아홉 개 중 어느 하나에 해당하는 조치를 교육장에게 요청해야 한다(법 제17조 제1항).

법은 "가해학생에 대하여 … 교육장에게 요청하여야 하며"로 규정되어 있다(법 제17조 제1항 본문). 가해행위에 대하여 그 효과로 조치 중 어느 하나를 반드시 심의 · 의결하라는 것이다. 즉, '학교폭력이면(요건), 가해학생 조치를 부과해야 한다(효과)'이다.

그런데 여기서 문제가 발생한다. 법률만 놓고 볼 때는 학교폭력으로 인정되면(즉, 가해학생이면) 심의위원회는 반드시 조치해야 하는데, 정작 아홉 개 중 어느 조치를 어떻게 선택해야 하는 바에 대해서는 법에 규정이 없어 전적으로 심의위원회의 재량에 맡겨진 형태이다. 이는 피조치자 입장에서는 자기에게 어떠한 조치가 어느 기준으로 부과될지에 대한 예측 가능성이 전혀 없는 것이기도 하다. 그래서 어떠한 기준으로 어느 조치를 선택할

---

11) 이에 대해 법원 실무와 재판부도 의문을 제기하는 현실이다. 또한, 고시에 불과한 별표에 근거해 가해학생 조치가 좌우되는 것에도 재판부는 문제 제기하고 있다.

것인지에 대한 장치가 시행령에 마련되어 이를 보완하고 있다.

(2) 법·시행령상

> {법+[시행령(조치별 적용기준)]} ▶ 심의위원회는 가해학생에 대하여 "고의성·지속성·심각성·선도가능성·반성 정도·화해 정도"를 고려해서 아홉 개 중 어느 하나에 해당하는 조치를 교육장에게 요청해야 한다(법 제17조 제1항, 시행령 제19조).

시행령 제19조는 가해학생에 대한 조치별 적용 기준을 제시하고 있다. 아홉 가지의 조치 중 하나를 정할 때는 이 기준에 따르라는 것이다. 그 기준은 총 여섯 가지로 전부 가해학생에 대한 지표이다.[12] 행위 지표로 가해학생이 행사한 학교폭력의 '고의성', '지속성', '심각성' 세 가지 정상 지표로 '해당 조치로 인한 가해학생의 선도 가능성', '가해학생의 반성 정도', '가해학생 및 보호자와 피해학생 및 보호자 간의 화해의 정도' 세 가지이다.

그래서 법에 시행령까지 연계하여 살피면, "심의위원회는 가해학생에 대하여 '고의성·지속성·심각성·선도가능성·반성 정도·화해 정도'를 고려해서 아홉 개 중 어느 하나를 요청해야 한다"이다. 학교폭력예방법이 시행된 후 상당 기간 이렇게 법과 시행령이 연계된 형태로 가해학생에 대한 조치가 결정되었다.[13]

---

[12] 제5호에서 피해학생의 지표에 관한 것 즉, "피해학생이 장애학생인지 여부"가 별도 기준으로 마련되어 있다. 다만, 여섯 가지 가해학생에 대한 지표는 모든 사건에서 항상 적용되나, 제5호의 기준은 피해학생의 특수한 상황에 한정되기에 그렇지 않다.

[13] 「학교폭력 가해학생 조치별 적용 세부기준 고시」[교육부고시 제2016-99호, 2016. 8. 31. 제정(2016. 9. 1. 시행)]가 제정되어 시행되기 전인 2016년 8월 31일까지이다.

그런데 아직도 문제가 남아있다. 아홉 개의 조치 중 어느 하나를 선택하는 여섯 가지의 구체적 기준이 제시되긴 하였으나, 여섯 가지를 고려한 후 그다음도 여전히 정성적 판단을 해야 하는 곤란한 상황이었다.14) 교육 현장에서는 동종·유사 사안에 대해 비슷한 수위의 조치가 내려지지 않아 우려의 목소리도 있었다.15) 결국 시행령에도 불구하고 좀 더 세부적인 기준의 입법 조치가 고시·별표의 형태로 마련되게 된다.

(3) 법·시행령·고시상

{법+[시행령(조치별 적용기준)+〈고시·별표(세부기준)〉]} ▶ 심의위원회는 가해학생에 대하여 "고의성·지속성·심각성·선도가능성·반성 정도·화해 정도"를 고려한 점수 합산에 따라 아홉 개 중 어느 하나에 해당하는 조치를 교육장에게 요청해야 한다(법 제17조 제1항, 시행령 제19조, 학교폭력 가해학생 조치별 적용 세부기준 고시).

조치별 적용의 세부 기준인 「학교폭력 가해학생 조치별 적용 세부기준 고시」는 여섯 가지 기준을 점수로 정량 지표화하는 것이다. 여섯 가지 중 선도가능성을 제외한 다섯 가지 '고의성, 지속성, 심각성, 반성의 정도, 화해의 정도'를 점수로 산정 합산 후 그 합산 점수에 대응하는 조치를 부여하는 방식이다.

---

14) 물론 그렇다고 하여 정성적 판단을 하는 것이 언제나 타당하지 않은 것도 아니고, 이런 식의 규범 판단이 없는 것도 아니다. 다만, 정성 판단이 가지는 여러 장점에도 불구하고 위원회에 참가하는 대다수의 위원이 법률 전문가가 아닌 입장에서는 다소 부담스러울 수밖에 없었다.
15) 앞의 교육부고시 제정이유 참조.

구체적으로 다섯 가지 각 항목을 개별 0점부터 4점까지 다섯 단계(0점, 1점, 2점, 3점, 4점)로 나눈 후 그중 하나의 점수를 부여한다. 그리고 부여된 다섯 가지 항목의 각 해당 점수를 합산한다. 그러면 결국 어느 사안이나 다섯 가지 항목의 합산 점수가 0점에서 20점 어딘가에 위치하게 된다. 그 위치한 점수대에 해당하는 조치를 부여하는 것이다.

어느 점수대가 어느 위치인지는 조치의 경중에 비례하여 이미 정해져 있다. 가장 낮은 점수대인 0점~3점은 제1호(서면사과) 조치이고, 20점으로 갈수록 학교폭력이 심각한 상태라는 것에 비례하여 16점~20점은 제8호(전학) 또는 제9호(퇴학처분)다.

점수는 0점에서 20점까지를 여섯 구간으로 나누고, 각 조치에 대응시켰다. 가해학생에 대한 조치 아홉 가지 중 일곱 가지는 점수별 대응 방식이고, 제2호 및 제5호 조치는 점수 대응이 아닌 다른 방법을 통해서 결정한다.

항목별 점수

판정점수	기본 판단 요소				
	학교폭력의 심각성	학교폭력의 지속성	학교폭력의 고의성	가해학생의 반성 정도	화해 정도
4점	매우 높음	매우 높음	매우 높음	없음	없음
3점	높음	높음	높음	낮음	낮음
2점	보통	보통	보통	보통	보통
1점	낮음	낮음	낮음	높음	높음
0점	없음	없음	없음	매우 높음	매우 높음

각 조치별 대응점수

조치	1호	2호	3호	4호	5호	6호	7호	8호	9호
	서면사과	접촉금지	학교봉사	사회봉사	특별교육 이수	출석정지	학급교체	전학	퇴학처분
합산점수	0~3점	심의위원회 의결	4~6점	7~9점	심의위원회 의결	10~12점	13~15점	16~20점	16~20점

사례: 학교폭력 출석정지 10일 부과 사안의 조치결정 과정

〈학교폭력으로 제6호 출석정지 10일의 조치를 받은 사안[16]〉

"아이(A군)가 올해 중학교 3학년이 되었는데, 학교에서 같은 반 학생(X군)에게 학교폭력을 행사했나 봐요. 학기 초여서 학교에서 자주 마주칠 일은 없었는데, 같은 학원에 다니고 있었거든요, 거기서 다른 학교 친구인 B와 우리 아이가 주로 학원생 SNS 단체 대화방(소위 단체카톡방)에서 X를 놀리고 약 올리다가 최근 어느 날 B와 합세하여 학원에서 X에게 학교폭력을 행사했다는 겁니다."

"그런데 결국 아이가 심의 결과 출석정지 10일을 받았습니다. 같이 학교폭력을 행사했던 다른 학교 다니는 B군도 출석정지 10일을 받았다고 들었습니다."

---

16) 일상이 법, 92면 사안의 각색.

▶ A군 판정점수

가해학생	고의성	지속성	심각성	반성 정도	화해 정도	총점(조치)	조치 사항
A군	높음 (3점)	높음 (3점)	보통 (2점)	높음 (1점)	보통 (2점)	11점 (6호)	

1단계▶ (각 항목 점수 산정) 고의성(3점), 지속성(3점), 심각성(2점), 반성 정도(1점), 화해 정도(2점)
2단계▶ (점수의 합산) 총 11점
3단계▶ (해당 점수 대응) 출석정지(제6호)
4단계▶ (부가적 판단-가감 판단) 이 사안은 해당 없음
5단계▶ (조치 확정) 출석정지 10일(제6호)
6단계▶ (부가 조치 확정) 특별교육 학생 8시간, 보호자 5시간
7단계▶ (가중·병과 조치 판단) 이 사안은 해당 없음
8단계▶ (최종 조치) 출석정지 10일(제6호), 특별교육이수(학생 8시간, 보호자 5시간)

▶ (6호) 출석정지 10일
▶ (병과) 없음
▶ (부가) 특별교육이수 학생 8시간 보호자 5시간

Ⅲ 심의절차

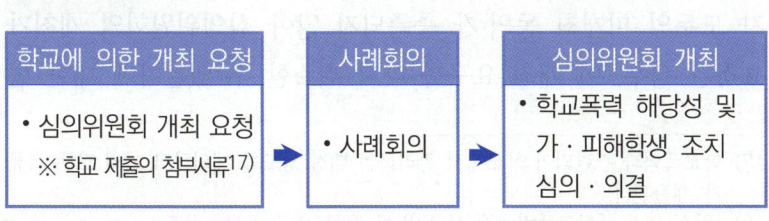

학교에 의한 개최 요청
- 심의위원회 개최 요청
※ 학교 제출의 첨부서류17)

→ 사례회의
- 사례회의

→ 심의위원회 개최
- 학교폭력 해당성 및 가·피해학생 조치 심의·의결

1. 심의위원회 개최 요청

(1) 개최 요청

학교의 장에게는 심의위원회 소집 요청 권한이 부여되어 있다 (법 제13조 제2항 제2호). 그렇다고 심의위원회가 학교장의 요청으로만 소집·개최되는 것은 아니다.

> 참고: 심의위원회 개최 요청에 있어 학교의 제출 서류[18]
>
> - 가해학생 작성 확인서 〈양식2-1〉
> - 피해학생 작성 확인서 〈양식2-1〉
> - 목격학생 작성 확인서 〈양식2-1〉
> - 보호자 확인서 〈2-2〉
> - (피해·가해학생) 긴급조치 보고서 〈양식2-3〉
> - 학교폭력 사안조사 보고서 〈양식2-4〉
> - 피해·가해학생 보호자 개인정보 〈양식2-5〉
> - 학교폭력 전담기구 심의결과 보고서 〈양식3-1〉

(2) 심의위원회 개최 요구의 취소

학교장 자체해결 사안에 있어 자체해결의 객관적 요건인 '사안의 경미성'은 충족하였으나, 주관적 요건인 '피해학생과 그 보호자 모두의 미개최 동의'가 충족되지 않아 심의위원회의 개최가 요청된 경우, 이 개최 요구를 다시 취소할 수 있는가에 대한 법

---

17) 학교폭력과 관련되어 학교에서 관리하는 대장 정도를 제외하고 거의 모든 서류가 제출된다.
18) 〈양식 2-6〉「학교폭력대책심의위원회 개최 요구 공문」참조.

률의 규정은 없다. 교육 당국은 "심의위원회 개최가 요청된 경우에는 피해학생과 그 보호자가 심의위원회 조치 의결 전까지 심의위원회 개최 요구 취소 의사를 학교에 서면으로 표명 시 학교장은 심의위원회 개최 요청을 취소할 수 있다"라고 밝히고 있다.[19]

취소를 위해서는 피해학생과 그 보호자가 서면으로 심의위원회 개최 요구 취소 의사를 표명해야 한다.[20] 이렇게 개최 요청이 취소된 경우에는 마치 처음부터 학교장 자체해결로 처리된 것처럼 간주하여 처리한다.[21][22]

2. 심의위원회의 소집

심의위원회의 소집에 관한 법 제13조 제2항에 따르면 일정한 요건을 갖춘 경우 반드시 회의를 소집하게 되어있다. 회의 소집 권자인 위원장은 이에 대한 재량이 없고, 회의 소집 규정은 의무화 규정이다. 심의위원회의 전신 자치위원회가 심의를 담당하던 때, 현재와 동일한 형태였던 당시 회의 소집 규정에 대해서 헌법재판소는 "이러한 의무화 규정이 헌법에 위반되지 않는다"(헌법재판소 2023. 2. 23. 선고 2019헌바93·254(병합) 결정)고 보았다.

---

[19] 가이드북 88면.
[20] 학교장 자체해결 사안에서 미개최 동의의 의사표시 때와 같은 형식과 절차를 밟고 있다.
[21] 가이드북 88면.
[22] 원래 학교장 자체해결 사안은 지체 없이 심의위원회에 보고하여야 하는 것이 원칙인데, 이미 심의위원회가 심의절차로 넘어간 이후 취소 요청이 있는 경우로 따로 보고 할 필요는 없다고 가이드북은 밝히고 있다(가이드북 88면).

[헌법재판소 결정] "일정한 요건을 갖춘 경우 반드시 자치위원회 회의를 소집하여 가해학생에 대한 조치의 내용을 결정하게 하고, 학교의 장이 이에 구속되도록 한 규정(의무화 규정)이 가해학생의 양심의 자유, 인격권 및 일반적 행동자유권을 침해하는지 여부(소극)"(헌법재판소 2023. 2. 23. 선고 2019헌바93·254(병합) 결정)

> 이 사건 의무화 규정은 학교폭력의 축소·은폐를 방지하고 피해학생의 보호 및 가해학생의 선도 교육을 위하여, 학부모들의 자치위원회 참여를 확대 보장하고 자치위원회의 회의소집과 가해학생에 대한 조치 요청, 학교의 장의 가해학생에 대한 조치를 모두 의무화한 것이다. 학부모들의 참여는 학교폭력의 부당한 축소·은폐를 방지하고 안전한 교육환경 조성에 기여할 수 있으며, 학부모 대표의 공정성 확보나 부족한 전문성을 보완할 수 있는 제도도 마련되어 있다. 또한 자치위원회의 가해학생에 대한 조치 요청이나 학교장의 조치는 모두 학교폭력 사실이 인정되는 것을 전제로 의무화된 것이고, 의무화 규정 도입 당시 학교 측의 불합리한 처리나 은폐가능성을 차단하고 학교폭력에 대한 교사와 학교의 책임을 강화하려는 사회적 요청이 있었으며, 가해학생 측에 의견진술 등 적정한 절차가 보장되고, 가해학생 측이 이에 불복하는 경우 민사소송이나 행정소송 등을 통하여 다툴 수 있다는 점 등을 고려하면, <u>이 사건 의무화 규정이 가해학생의 양심의 자유와 인격권, 일반적 행동자유권을 침해한다고 보기 어렵다.</u>

3. 심의의 개시 및 진행, 종결

(1) 필수적 통지 제도 신설[23]

심의위원회가 소집되는 경우 교육장은 가해학생·피해학생 및 그 보호자에게 통지해야 한다(법 제13조 제4항). 이때 통지 사항은 ① 회의 일시·안건 및 장소, ② 조치 요청사항 등 회의 결과이다. '회의 일시·안건 및 장소'는 심의위원회 개최와 관련된 것으로, 시기적으로 회의 개최 전에 통지해야 하고, '회의 결과'는 물리적으로 회의가 종료된 이후에 이를 통지할 수 있다. 따라서 교육장은 심의위원회 소집과 관련하여 개최 전, 개최 후 이렇게 두 번 통지하게 된다.

최근 신설된 통지 조항은 학교폭력 심의 과정에서 피해학생을 두텁게 보호하기 위하여 만들어진 제도이다.[24]

(2) 심의의 전문성 제고

심의위원회는 심의의 전문성을 제고하기 위하여 학교폭력 사안의 심의 과정에 전문가의 의견을 청취할 수 있다. 처음에는 '학교폭력 예방 및 대책과 관련된 분야의 전문가'라고 시행령에 다소 포괄적으로 규정하였다(시행령 제14조 제8항).[25] 이후 법률에 규정하면서 학교폭력 당사자의 심리적 원인을 분석해 적절한 조치를 결정하기 위한 '아동심리 관련 전문가'와 피해학생이 상담·치료를 받은 경우에는 '해당 전문가·전문의'로부터 의견을

---

23) 법률 제19942호, 2024. 1. 9, 일부개정(2024. 3. 1. 시행).
24) 법제처 개정이유 참조.
25) 대통령령 제30441호(2020. 2. 25. 일부개정(2020. 3. 1. 시행))로 도입되었다.

청취할 수 있도록 세분화하여 구체화했다(법 제13조 제5항).26)

(3) 심의 과정에 있어 피해학생의 절차 보장

① 심의위원회 소집 요청권(법 제13조 제2항 제3호)

② 심의위원회 소집 시 통지 제도(법 제13조 제4항)

③ 상담·치료 받은 경우 전문가의 의견청취(법 제13조 제5항 본문)

④ 심의위원회의 필수적 의견 청취 제도(법 제13조 제5항 단서)

⑤ 피해학생 보호조치결정 전 의견진술 기회(법 제16조 제2항)

⑥ 피해학생 보호조치 시행에 있어 피해학생 보호자의 동의 요구(법 제16조 제3항)

⑦ 장애학생인 피해학생의 보호(법 제16조의2 제2항)

⑧ 분쟁조정 시 통보 제도(법 제18조 제5항)

⑨ 관할 구역 달리하는 학생 간 분쟁조정 시 피해학생을 감독하는 교육감이 분쟁조정(법 제18조 제7항)

(4) 장애학생의 경우 절차 보장

> 학교폭력예방법 제16조의2(장애학생의 보호)
> ② 심의위원회는 피해학생 또는 가해학생이 장애학생인 경우 심의과정에「장애인 등에 대한 특수교육법」제2조 제4호에 따른 특수교육교원 등 특수교육 전문가 또는 장애인 전문가를 출석하게 하거나 서면 등의 방법으로 의견을 청취할 수 있다.

---

26) 법률 제17668호(2020. 12. 22. 일부개정(2021. 6. 23. 시행))로 도입되었다.

장애학생인 경우에는 심의위원회는 피해학생뿐 아니라 가해학생의 경우도 특수교육 전문가나 장애인 전문가의 의견을 청취할 수 있다(법 제16조의2 제2항).

4. 심의절차의 특색

(1) 변호인 등 법률조력인의 참여

행정절차에 있어 당사자 즉, 처분의 상대방은 변호사를 대리인으로 선임할 수 있고, 대리인으로 선임된 변호사는 당사자 등을 위하여 행정절차에 관한 모든 행위를 할 수 있다(행정절차법 제12조 제1항 제3호, 제2항, 제11조 제4항 본문). 심의위원회의 심의에 참석하는 당사자인 피해학생 및 가해학생의 경우도 변호사를 대리인으로 선임할 수 있고, 이를 통해 진술 기회의 보장이나 자기방어에 있어 법률 조력을 받을 수 있다.

가해학생의 경우에 있어서 자신에게 내려지는 조치는 징계에 상응하는 불이익 조치이다. 특히나 강제 전학 같은 중한 조치에 있어서는 실질에 있어 초·중등교육법상의 징계보다 불이익의 정도가 결코 작다고 볼 수 없고, 심지어 강제 전학 조치를 받은 이후에도 졸업 후 4년까지는 학교생활기록부에 전학 조치의 기재가 삭제되지 않게 된다. 이러한 측면에서 보면 가해학생은 자기 행위에 상응한 적합한 조치를 위해서라도 심의 과정에 방어권 행사가 절실하게 된다. 대법원도 " 행정절차법령의 규정과 취지, 헌법상 법치국가원리와 적법절차원칙에 비추어 징계와 같은 불이익처분절차에서 징계심의 대상자에게 변호사를 통한 방어권의 행사를 보장하는 것이 필요하고, 징계심의 대상자가 선임한 변호사가 징계위원회에 출석하여 징계심의 대상자를 위하여 필요한 의견을 진술하는 것은 방어권 행사의 본질적 내용에 해당하므로, 행정청은 특별한 사정이 없는 한 이를 거부할 수 없다"(대법원 2018. 3. 13. 선고 2016두33339 판결)고 하였다.

실무에서도 특별한 경우가 아닌 한 대리인으로 선임된 변호사가 심의위원회에 참가 의사를 알리고 위임장 등을 제출하면, 심의에 참여하고 동석할 수 있다.

(2) 가·피해학생 당사자 불참의 경우

① 대면 방식 참여가 불가능한 경우

심의위원회 심의는 직접 출석하는 대면 심의가 원칙이다. 실체 진실의 발견이나 사안을 대하는 당사자의 입장이나 태도의 확인을 위해서도 그렇다. 다만, 불가능한 여러 상황이 있을 수 있다. 최근 코로나 팬데믹을 겪으면서 대면 참여 여부가 크게 불어졌던 문제였는데, 그 이전에도 지리적 여건이나[27] 기후[28] 등 객관적 불가피 상황뿐 아니라 당사자의 피치 못할 사정도 자주 발생해 왔다.

대면 심의가 불가능한 경우를 대비해 전화나 화상, 서면 심의 방식 등이 실무적으로 모색되고 있다. 절차 참여 방식의 다양성 확보 차원에서 앞으로 점점 여러 공정하고 효율적인 방안이 마

---

[27] 도서 지역의 경우 배편도 수월하지 아니할 뿐 더러 풍랑 등으로 아예 이동이 상당 기간 불가능한 경우도 있다.
[28] 폭설이나 태풍 등으로 인한 교통과 왕래가 현저히 불가능한 경우 등.

련되어야 할 것이다. 예전처럼 심의위원회가 학교에 설치되어 심의 장소가 주거지에 가까워 장소적 접근이 가능하던 때와는 달리 현재처럼 교육지원청 단위로 심의위원회가 설치·운영되는 원거리 상황에서는 이에 대한 대비가 더 필요하다. 이는 참여 학생의 학습권 확보와도 무관하지 않다.

② 참여 일체가 불가능한 경우

참여 일체가 불가능한 경우란 거의 모두 심의위원회 자체를 거부하거나 기피하는 경우가 대부분일 것이다. 특정 절차 예를 들어, 형사절차의 공판 개정처럼 당사자의 참여가 절차 개시의 필수 전제인 경우가 있다.[29] 그러나 가장 엄격한 방어권 보장이 준수되어야 하는 형사절차에서도 그 예외가 없는 것이 아니고,[30] 불출석하는 경우에도 출석 없이 절차를 진행하기도 한다.[31]

학교폭력예방법상 규정이 없는 부분이나 형사절차의 예 등을 참조하여 최대한 피해학생 및 가해학생의 진술 기회를 보장하는 방법의 모색이 실무적으로 필요하리라 본다.

5. 절차의 당사자

(1) 피해학생 및 가해학생의 절차당사자 지위

학교폭력 사건의 양 당사자는 가해학생과 피해학생이다. 학교폭력 사안의 사법적 처리는 크게 민사절차(민사법의 적용), 형사

---

[29] 형사절차에서는 피고인의 출석이 공판 개정의 요건이다(형사소송법 제276조).
[30] 형사소송법 제277조 등.
[31] 형사소송법 제277조의2.

절차(형사법의 적용), 행정절차(학교폭력예방법의 적용)로 나뉘고, 이에 대한 소송도 민사소송, 형사소송, 행정소송으로 나뉜다.

하나의 학교폭력 사건으로 앞의 세 절차가 진행된다고 할 때, 가해학생 측과 피해학생 측은 민사절차에서만 대립하는 양 당사자로 대석 할 뿐, 형사절차나 행정절차에서 절차상 대석 구도로 만나게 되는 일은 흔하지 않다.

학교폭력예방법상 사안처리 과정에서도 마찬가지로 양측이 절차의 당사자로 대석 하는 일은 거의 없다. 더군다나 법·제도의 취지상 피해학생의 보호 필요성이 강하게 요청되므로 조사 과정뿐 아니라 심의 과정에서도 격리 조치가 강조되고, 절차의 분리가 필수로 취해진다. 심의위원회가 그 회의를 진행할 때도 역시 피해학생과 가해학생은 서로 마주치지 않도록 심의 전 과정에 있어 절차를 최대한 분리하여 진행하고 있다. 학교폭력 사안의 특이성과 성년과 다른 미성년 학생의 특수성을 감안할 때 필요한 태도이다.32)

(2) 분쟁당사자의 지위

학교폭력예방법상 법률 문구에 '당사자'라는 언급이 보이지 않는다. 다만, 시행령에 '분쟁당사자'가 나타나는데, 심의위원회 위원의 기피신청이나 비밀유지의무에 있어 비밀의 범위 정도를 제외하고는 모두 분쟁조정과 관련되어 등장한다.

---

32) 다만, 그래서인지 학교폭력예방법상 마련된 분쟁조정 제도가 활성화되지 못하고 있다. 조정은 그 성격상 분리 또는 격리와는 친하기 어려운 제도이다. 더군다나 피해학생에 대한 접촉금지 등의 제2호 조치가 모든 학교폭력 사안의 초기부터 선제적으로 내려지는 최근은 더욱 그렇다.

학교폭력예방법상 분쟁당사자의 지위	
분쟁조정에 있어 분쟁당사자 (시행령 제25조 등)	피해학생, 가해학생 또는 그 보호자(이하 "분쟁당사자"라 한다) 중 어느 한 쪽은 법 제18조에 따라 해당 분쟁사건에 대한 조정권한이 있는 심의위원회 또는 교육감에게 다음 각 호의 사항을 적은 문서로 분쟁조정을 신청할 수 있다
심의위원회 기피권자로서 분쟁당사자 (시행령 제26조 제2항)	학교폭력과 관련하여 심의위원회를 개최하는 경우 또는 분쟁이 발생한 경우 심의위원회의 위원에게 공정한 심의를 기대하기 어려운 사정이 있다고 인정할 만한 상당한 사유가 있을 때에는 분쟁당사자는 심의위원회에 그 사실을 서면으로 소명하고 기피신청을 할 수 있다.
비밀의 범주관련 분쟁당사자 (시행령 제33조 제3호)	법 제21조 제1항에 따른 비밀의 범위는 다음 각 호와 같다. 3. 그 밖에 외부로 누설될 경우 분쟁당사자 간에 논란을 일으킬 우려가 있음이 명백한 사항

6. 학교폭력예방법상 가해학생 및 보호자에 대하여 의견진술의 기회를 부여하는 규정의 취지

"학교폭력예방법이 가해학생 및 보호자에 대하여 의견진술의 기회를 부여하는 규정의 취지는, 가해학생에 대한 조치를 취하기 전 당사자에게 변명과 유리한 주장을 하거나 자료를 제출할 기회를 부여함으로써 위법 사유의 시정 가능성을 고려하고 조치의 신중과 적정을 기하여 가해학생 측의 방어권을 보장하고자 함에 있다."[33]

---

[33] 서울행정법원 2023. 1. 19. 선고 2022구합67432 판결 등 다수.

Ⅳ 가해학생에 대한 조치의 결정

1. 결정 기준 및 방법

(1) 개요

학교폭력예방법은 가해학생에 대한 조치를 단계적으로 정하면서 각 조치별 적용 기준을 대통령령에 위임하고 있다(법 제17조 제1항). 위임을 받은 시행령 제19조는 그 고려 요소로서, 가해학생이 행사한 학교폭력의 심각성·지속성·고의성, 가해학생의 반성 정도, 해당 조치로 인한 가해학생의 선도 가능성, 가해학생 및 보호자와 피해학생 및 보호자 간의 화해의 정도, 피해학생이 장애학생인지 여부 등을 들고 있다. 그리고 다시 시행령 제19조의 위임을 받아 '학교폭력 가해학생 조치별 적용 세부기준'(교육부고시)이 마련되어 그 기준을 좀 더 구체화, 세분화하고 있다.

(2) 가해학생에 대한 조치별 적용 기준 판단 시 확인 사항의 실무례

시행령 제19조의 적용기준과 관련하여 구체적으로 어떠한 부분들을 가지고 이를 판단하는지 그 확인 사항에 대해 교육 당국은 다음과 같은 예시를 제시하고 있다.[34]

---

[34] 가이드북 138~139면 참조.

조치별 적용 기준 (시행령 제19조)	확인 사항
고의성	• 폭력행위 전 피·가해학생 간 마찰 여부 • 폭력행위의 사전계획 여부 • 폭력행위가 발생한 장소에 있게 된 이유 • 피해학생의 거부가 있었는데도 폭력행위를 했는지 • 주변의 만류에도 불구하고 폭력행위를 지속했는지 • 폭력행위의 결과에 대한 예측 여부
지속성	• 폭력행위 자체의 지속 및 반복 여부 • 사이버폭력 행위의 지속 여부
심각성	• 성폭력 여부 및 피해의 정도 • 폭력 유형의 복합성 여부 및 정도 • 집단폭행 여부 및 집단폭행의 주도 여부 • 폭력행위에 사용된 도구의 특성 • 폭력행위가 발생한 장소 및 시간의 특성 • 언어폭력 또는 사이버폭력 행위의 위험 정도 • 폭력행위로 인하여 발생한 피해의 정도
해당 조치로 인한 가해학생의 선도 가능성	• 학교폭력대책심의위원회서 받은 조치가 있었는지 • 학교장 자체해결로 처리된 적 있었는지 여부 • 사안발생(접수) 전·후 평소 생활태도의 변화 • 기본 판단요소 점수에 따른 조치가 가해학생 선도·교육에 충분한 교육적 조치인지 및 피해학생 보호에 충분한 초지인지 • 기본 판단요소 점수에 따른 조치가 실질적으로 이행될 수 있는지, 실효성이 있는지
가해학생의 반성 정도	• 조사과정의 성실한 참여 및 잘못 인정 여부 • 심의위원회 과정의 성실 참여 및 잘못 인정 여부 • 가해학생의 피해복구 노력 및 재발방지 의지 정도 • 맞신고 제기 여부(보복 등 악용 여부 등)
화해 정도	• 가해학생(보호자)의 피해학생(보호자) 사과 여부 • 상호 간 손해배상이나 분쟁조정이 되었는지 여부 • 피해학생의 가해학생에 대한 처벌 의사 정도 • 관계회복 또는 관련 프로그램 참여 의사 여부

(3) 조치별 적용 기준을 대통령령에 위임한 것의 포괄위임금지원칙 위배 여부(소극)

[헌법재판소 결정] 헌법재판소 2023. 2. 23. 선고 2019헌바93·254(병합) 결정.

> 가해학생에 대한 각 조치별 적용 기준을 학교폭력의 태양이나 심각성, 피해학생의 피해 정도나 가해학생에 미치는 교육적 효과 등 여러 가지 요소를 종합적으로 고려하여 정하는 것이 피해학생의 보호와 가해학생의 선도 및 교육에 보다 효과적인 방법이 될 수 있으므로, 대통령령에 위임할 필요성이 인정된다. 또한, 구 학교폭력예방법 제17조는 가해학생에 대한 조치의 경중 및 각 조치의 병과 여부 등 조치별 적용 기준의 기본적인 내용을 법률에서 직접 규정하고 있으므로, 이 사건 조치별 적용기준 위임규정에 따라 대통령령에 규정될 내용은 자치위원회가 가해학생에 대한 조치의 내용을 정함에 있어 고려해야 할 학교폭력의 태양이나 정도, 피해학생의 피해 정도나 피해 회복 여부, 가해학생의 태도 등 세부적인 기준에 관한 내용이 될 것임을 충분히 예측할 수 있다. 따라서 이 사건 조치별 적용 기준 위임규정은 포괄위임금지원칙에 위배되지 않는다.

2. 별표를 통한 양정(점수의 산정 및 부과)

(1) 점수별 산정 방식

가해학생 조치는 한마디로 말하면 점수에 해당하는 조치 대응 후 가감 고려 후 확정한다. 다섯 가지 지표의 합산 점수가 나오면 기계적으로 합산 점수에 해당하는 조치에 대응한 후 가감 요소가 있으면 거기서 아래위로 가감하여 확정하고, 가감 요소가 없으면 대응했던 조치를 그대로 확정한다.

(2) 선도가능성을 부가적 판단 요소인 가중·감경 요소로만 규정 것의 위법 여부

학교폭력예방법 시행령 제19조 제3호에서 '해당 조치로 인한 가해학생의 선도 가능성'을 가해학생의 반성 정도 등 나머지 각 호와 별개의 요소로서 병렬적으로 규정하고 있음에도, 고시 별표에서 위 선도가능성을 기본 판단 요소가 아니라 부가적 판단 요소로 가중·감경 요소로만 정하고 있다.

그래서 고시 별표가 시행령 제19조에 반하는 것은 아닌지에 대한 의문이 있을 수 있다. 이에 대해 법원은 "학교폭력예방법 시행령 제19조는 '법 제17조 제1항의 조치별 적용 기준은 다음 각 호의 사항을 고려하여 결정하고, 그 세부적인 기준은 교육부장관이 정하여 고시한다.'라고 규정하고 있을 뿐이고, 위 제19조 각 호의 사항을 반드시 동일한 비중으로 고려하여 세부적인 기준을 정하여야 한다고 해석할 근거가 없다"(서울고등법원 2023. 1. 10. 선고 2022누56458 판결)라고 하면서, 고시 별표에서 선도가능성을 기본 판단 요소가 아니라 부가적 판단 요소로서 가중 감경 요소로 설정한 것이 학교폭력예방법 시행령 제19조에 반한다고 볼 수도 없다고 밝혔다.

V 처분권자

1. 처분권자

(1) 처분권자

　심의위원회의 심의·의결 결과로 정해지는 가해학생 및 피해학생 조치의 처분권자는 교육지원청의 교육장이다. 그리고 교육장은 행정청이기도 하다.

　교육장이 처분권자인 것은 사립학교와의 관계에서 중요한 의미가 있다.

(2) 소송의 상대방

　가해학생 및 피해학생 조치를 다툼에 있어 소송의 상대방은 처분권자인 교육장이고, 이는 공·사립학교 학생에게 동일하다.

2. 사립학교의 경우

(1) 처분의 성격 전환 효과

　사립학교의 학생은 일반적으로 학교와 사법적 관계로 그 지위나 신분에 대해서 민사절차로 이를 다투는 것이 원칙이다. 그러나 학교폭력 사안과 관련되어서는 그 종국 처분에 있어 처분권자가 학교장이 아니다. 즉, 학교와의 관계에서 어떠한 조치가 결정되는 것이 아니기에 학교와의 관계가 애초에 고려 대상이 아니다. 학교폭력예방법상 학교폭력 사안은 공·사립을 막론하고 ① 행정기관에서 ② 심의 등 공적 절차를 거쳐 ③ 행정청인 교육장에 의해 조치를 받게 되는바 공립은 물론 사립학교 학생의 경우에도 행정법상 처분의 상대방이 된다. 따라서 사립학교 학생도 자신에게 내린 조치를 처분으로 하여 이를 다툴 수 있다.

이처럼 사립학교 학생의 경우 조치를 내리는 주체가 학교장이 아니라 교육장이기에 자신에게 내려지는 조치의 성격이 전환되는 효과를 입게 된다. 실례로 2020년 3월 1일 법률 제16441호의 개정 이전까지는 학교에 설치된 자치위원회에서 심의·의결을 거친 후 가해학생 및 피해학생 조치가 학교장에 의해서 내려졌는데, 당시에는 공립학교와 사립학교에 있어 이 조치를 다투는 절차가 공·사법 구분의 원래 모습대로 이루어져 사립학교 학생은 이를 민사소송에 의지 할 수밖에 없었다.[35]

(2) 행정심판과 행정소송

사립학교 학생도 행정심판과 행정소송을 제기할 수 있다. 이는 두 가지 근거에서 가능하다. 먼저 전술했듯이 사립학교 학생에게 내려진 가해학생 및 피해학생 조치는 행정법상 처분이다. 따라서 행정심판법 및 행정소송법 규정에 의해서 이를 심판과 소송절차로 다툴 수 있다. 또 하나는 이를 아예 법률에 규정하고 있기도 하다. 학교폭력예방법 제17조의2(행정심판) 및 제17조의3(행정소송)은 교육장이 내린 조치에 대해서 행정심판과 행정소송을 제기할 수 있도록 하고 있다.

---

[35] 물론 이때도 사립학교 학생이라도 가해학생 재심과 피해학생 재심제도를 통해 일정 조치는 처분의 전환 효과를 기대할 수 있었다. 자세한 내용은 이희관, "재심제도의 문제점 및 개선방향", 학교폭력예방법 개선방향 심포지엄(대한변호사협회), 2014. 5. 21. 참조.

제5장 조치의 이행

I 조치결정의 통보

1. 학생 측에 대한 통보

(1) 서면 통보 원칙(조치결정 통보서)

교육장(처분권자)은 심의위원회의 조치결정 후, 피해학생 측과 가해학생 측에 서면으로 조치결정을 통보한다. 조치결정에 대한 별도의 법 규정이 학교폭력예방법상 마련된 것은 아니나, "행정청이 처분을 할 때에는 다른 법령등에 특별한 규정이 있는 경우를 제외하고는 문서로 하여야 하며, 당사자 등의 동의가 있거나 전자문서로 신청한 경우에는 전자문서로 할 수 있다"고 행정절차법은 정하고 있다(행정절차법 제24조 제1항).

따라서 실무에서는 「조치결정 통보서」로 통보하고 있다. '조치결정 통보서'는 가해학생 또는 피해학생이 다수인 경우 학생별로 따로 조치결정을 기재하여 통보한다.

(2) 처분의 이유 제시

조치결정 통보에는 내려진 조치뿐 아니라, 조치가 내려진 근거와 이유가 함께 제시되어야 한다(행정절차법 제23조). 따라서 '조치결정 통보서'에 '조치결정의 이유'가 함께 기재되고 있다.

(3) 불복절차의 안내

조치결정 통보에는 또한 그 처분(조치)에 관하여 행정심판 및 행정소송을 제기할 수 있는지 여부, 그 밖에 불복을 할 수 있는지 여부, 청구절차 및 청구기간, 그 밖에 필요한 사항을 알려야 한다(행정절차법 제26조). '조치결정 통보서'에 별도의 항목으로 불복절차에 대한 안내가 기재된다.

2. 학교장에 대한 통보

(1) 조치결정 통보

교육장은 조치결정 후 학교에 공문으로 조치결정을 통보한다. 만약, 가해학생이 조치를 통보받은 날로부터 3개월 이내에 미이행할 경우, 학교장은 미이행 학생 명단을 교육장(심의위원회)에게 보고한다.[1]

(2) 조치의 이행에 있어 학교장의 지위 및 역할

학교장은 가해학생에 대한 조치나 피해학생에 대한 조치에 있어 가해학생이 해당 조치를 잘 이행하고, 피해학생의 보호 조치가 제대로 진행될 수 있도록 협조하는 역할과 지위를 가진다.[2]

또한, 조치를 이행한 후에는 교육(지원)청에 그 결과를 보고해야 한다(법 제19조 제3항).

---

1) 가이드북 92면.
2) 소송 실무에 있어 재판부도 대체로 조치의 이행·집행에 있어 그 처분의 집행권자는 교육장으로 보면서 학교장의 지위를 이렇게 본다.

⏣ 조치의 이행강제

1. 교육장 조치결정에 대한 이행강제

(1) 이행강제

가해학생이 법률 제17조 제1항 제2호부터 제9호까지의 처분에 따른 조치를 거부하거나 기피하는 경우 심의위원회는 추가로 다른 조치를 할 것을 교육장에게 요청할 수 있다(법 제17조 제15항).

(2) 조치 미이행 처리 절차에 대한 실무의 태도

가해학생이 조치를 미이행한 경우 제재의 근거는 있으나 이를 구체적으로 어떠한 절차로 어떻게 규율할지에 대해서는 법령상 규정이 없다. 따라서 이는 오로지 실무의 몫이다. 교육 당국은 이에 대해서 다음과 같이 안내한다.[3]

① 제2호 조치 미이행(위반)의 경우

학교의 장은 새로운 학교폭력 사안으로 처리하여 접수한다.

② 제3호 내지 제9호 조치 미이행의 경우

교육장(심의위원회)은 학교장의 보고를 받고 21일 이내에 해당 가해학생 및 그 보호자에게 조치를 1개월 이내에 이행할 것과 미이행 시 추가 조치가 있음을 서면으로 안내한다.

---

[3] 가이드북 103면.

2. 학교장의 긴급조치에 대한 이행강제

(1) 이행강제

학교의 장이 긴급조치를 내려 가해학생에 대한 조치 중 제4항부터 제6항까지를 한 때에는 가해학생과 그 보호자에게 이를 통지하여야 하며, 가해학생이 이를 거부하거나 회피하는 때에는 학교의 장은 초·중등교육법 제18조에 따라 징계하여야 한다(법 제17조 제10항).

(2) 초·중등교육법상 징계

초·중등교육법상의 징계는 다음과 같은 다섯 가지이다(초·중등교육법 제18조, 동법 시행령 제31조).

- 학교내의 봉사
- 사회봉사
- 특별교육이수
- 1회 10일 이내, 연간 30일 이내의 출석정지
- 퇴학처분

3. 출석정지 이행이 다음 학년도까지 이어지는 경우

가해학생에 대해서 내려진 출석정지 조치(제6호)의 이행이 다음 학년도까지 이어지게 되는 경우도 있다.4) 물리적 기간의 부족으로 학년이 끝날 때까지 출석정지의 조치를 다 못 채웠거나, 다른 사정 등에 의해 미이행된 경우이다. 여기서 그 미이행 부분의 이행과 관련하여 다음 학년도 학교생활기록부 기재는 어떻게 할 것인가 문제가 발생한다. 다음 학년도의 상황이 동일 학교급인지에 따라 두 가지 경우로 살펴본다.

(1) 동일 학교급의 경우(학년만 바뀌는 경우)5)

당해 학년도 출결상황의 '특기사항'란에 조치결정 통보 시 받은 출석정지 일수를 기재한다. 다음 학년도 출결상황의 '특기사항'란에는 사유를 입력하지 않고 공란으로 둔다.

(2) 상급학교 진학의 경우(학교가 바뀌는 경우)6)

조치결정 통보를 받은 학교에서 상급학교로 출석정지 잔여 일수 안내 및 이행 협조 요청 공문을 시행하여 상급학교에서 관련 사항을 확인할 수 있도록 한다. 상급학교에서는 '학교폭력 조치상황 관리'란7)에 사유를 입력하지 않고 공란으로 둔다.

---

4) 학교에 있어서는 연도(年度)의 기준이 학년도로 우리의 경우 보통 3월부터 시작해서 후속 연도 2월까지이다.
5) 가이드북 103면.
6) 앞의 가이드북 같은 면.
7) 2024. 3. 1.부터 학교생활기록부내 3개 항목(행동특성 및 종합의견, 출결상황 특기사항, 인적·학적사항 특기사항)에 조치별로 분산 기재하던 방식을 개선하여 '학교폭력 조치상황 관리'란에 일원화하여 기록한다(가이드북 103면).

학교폭력, 법이 다스리다:
따돌림에서 딥페이크까지

제**6**편
불복절차

1 개관(조치 → 행정심판 → 행정소송)

1. 행정심판과 행정소송을 통한 불복

행정심판 전치주의가 미적용되기에 행정심판과 행정소송을 같이 또는 따로따로 제기해도 되고, 순차적으로도 가능하고 동시도 가능하다.[1]

학교폭력예방법은 행정심판과 행정소송에 관한 자체 규정을 가지고 있다. 물론 이러한 별도의 행정심판 규정이나 행정소송 규정이 없어도 행정심판법 또는 행정소송법에 근거하여 행정심판을 청구하고 행정소송을 제기할 수 있음은 당연하다. 학교폭력예방법이 마련하고 있는 행정심판과 행정소송에 관한 규정은 학교폭력 사안에만 필요한 행정심판·행정소송의 특칙을 마련할 수 있다는 것에 더 의의가 있다. 실제로도 여러 특칙을 가지고 있다.

연혁적으로 보면 2020년 3월 1일 시행으로 행정심판 규정을 도입한 후,[2] 이후 2024년 3월 1일 시행으로 행정소송(법 제17조의3), 집행정지(법 제17조의4), 재판기간에 관한 특칙(법 제17조의5) 규정을 순차 입법화하였다.[3]

---

1) 2020년 3월 1일 이전까지는 학교폭력예방법상 재심제도가 존재했다. 현재는 재심제도가 폐지되고 행정심판으로 일원화하였다(법 제17조의2).
2) 법률 제16441호(2019. 8. 20. 일부개정(2020. 3. 1. 시행)).
3) 법률 제19741호(2023. 10. 23. 일부개정(2024. 3. 1. 시행)).

2. 불복의 대상

(1) 가해학생 입장

학교폭력예방법상 가해학생이 다투는 대상은 가해학생 조치이다. 물론 이 외에도 다툴 것이 전혀 없는 것은 아니겠으나, 자신에 대한 불이익 조치이자 학교생활기록부 기재 대상이기도 한 법 제17조 제1항 상의 조치를 다투는 실익이 있다.

(2) 피해학생 입장

피해학생도 법률 제16조 제1항의 피해학생 조치를 다툴 수 있다. 눈에 띄는 것은 피해학생 자신에 대한 조치뿐 아니라 가해학생의 조치도 다툴 수 있다는 것이다.

Ⅱ 행정심판

1. 관련 법령

> 학교폭력예방법 제17조의2(행정심판)
> ① 교육장이 제16조 제1항 및 제17조 제1항에 따라 내린 조치에 대하여 이의가 있는 피해학생 또는 그 보호자는 「행정심판법」에 따른 행정심판을 청구할 수 있다.
> ② 교육장이 제17조 제1항에 따라 내린 조치에 대하여 이의가 있는 가해학생 또는 그 보호자는 「행정심판법」에 따른 행정심판을 청구할 수 있다.
> ③ 행정심판위원회는 피해학생 또는 그 보호자 및 피·가해학생의 소속 학교에 제2항에 따른 행정심판의 청구 사실을 통지하고 「행정심판법」 제20조에 따른 심판참가에 관한 사항을 문서로 안

내하여야 한다.
④ 제1항 및 제2항에 따른 행정심판청구에 필요한 사항은 「행정심판법」을 준용한다.

학교폭력예방법 제17조의4(집행정지)

① 행정심판위원회 및 법원이 제17조 제1항에 따른 조치에 대하여 「행정심판법」 제30조 또는 「행정소송법」 제23조에 따른 집행정지 결정을 하려는 경우에는 피해학생 또는 그 보호자의 의견을 청취하여야 한다. 다만, 피해학생 또는 그 보호자가 의견진술의 기회를 포기한다는 뜻을 명백히 표시한 경우 등에는 의견청취를 아니할 수 있다.
② 교육감 또는 교육장은 행정심판위원회 또는 법원으로부터 집행정지 신청 사실 및 그 결과를 통보받은 경우 피해학생 또는 그 보호자 및 피·가해학생의 소속 학교에 그 사실 및 결과를 통지하여야 한다.
③ 제17조 제1항에 따른 조치에 대한 집행정지 신청이 인용된 경우, 피해학생 및 그 보호자는 학교의 장에게 가해학생과의 분리를 요청할 수 있고, 학교의 장은 전담기구 심의를 거쳐 가해학생과 피해학생을 분리하여야 한다.
④ 제1항에 따른 의견청취의 절차, 방법, 예외 등에 필요한 사항은 「행정심판법」 제30조에 따른 집행정지의 경우에는 대통령령으로 정하고, 「행정소송법」 제23조에 따른 집행정지의 경우에는 대법원규칙으로 정한다.

학교폭력예방법 시행령 제24조(피해학생 진술권 보장)

① 행정심판위원회가 법 제17조의4 제1항 단서에 따라 의견청취를 하지 않을 수 있는 경우는 다음 각 호와 같다.
1. 피해학생 또는 그 보호자가 의견진술의 기회를 포기한다는 뜻을 명백히 표시한 경우
2. 피해학생 또는 그 보호자가 이미 해당 사건에 관하여 충분히 의견을 진술하여 다시 진술할 필요가 없다고 인정되는 경우
3. 그 밖에 행정심판위원회가 피해학생 또는 그 보호자의 의견청취가 현저히 곤란하다고 인정하는 경우

② 행정심판위원회는 법 제17조의4 제1항 본문에 따라 피해학생 또는 그 보호자의 의견을 청취하는 경우에는 피해의 정도 및 결과, 가해학생에 대한 조치에 관한 의견, 그 밖에 해당 사건에 관한 의견을 진술할 기회를 주어야 한다.
③ 행정심판위원회는 피해학생 또는 그 보호자가 가해학생 또는 그 보호자를 대면하여 진술할 경우 충분히 진술할 수 없다고 인정하는 경우에는 가해학생 또는 그 보호자를 퇴장하게 한 후 진술하게 하거나 피해학생 또는 그 보호자에게 서면으로 의견을 제출하게 할 수 있다.

행정심판법 제20조(심판참가)
① 행정심판의 결과에 이해관계가 있는 제3자나 행정청은 해당 심판청구에 대한 제7조 제6항 또는 제8조 제7항에 따른 위원회나 소위원회의 의결이 있기 전까지 그 사건에 대하여 심판참가를 할 수 있다.
② 제1항에 따른 심판참가를 하려는 자는 참가의 취지와 이유를 적은 참가신청서를 위원회에 제출하여야 한다. 이 경우 당사자의 수만큼 참가신청서 부본을 함께 제출하여야 한다.
③ 위원회는 제2항에 따라 참가신청서를 받으면 참가신청서 부본을 당사자에게 송달하여야 한다.
④ 제3항의 경우 위원회는 기간을 정하여 당사자와 다른 참가인에게 제3자의 참가신청에 대한 의견을 제출하도록 할 수 있으며, 당사자와 다른 참가인이 그 기간에 의견을 제출하지 아니하면 의견이 없는 것으로 본다.
⑤ 위원회는 제2항에 따라 참가신청을 받으면 허가 여부를 결정하고, 지체 없이 신청인에게는 결정서 정본을, 당사자와 다른 참가인에게는 결정서 등본을 송달하여야 한다.
⑥ 신청인은 제5항에 따라 송달을 받은 날부터 7일 이내에 위원회에 이의신청을 할 수 있다.

행정심판법 제37조(절차의 병합 또는 분리)
위원회는 필요하면 관련되는 심판청구를 병합하여 심리하거나 병합된 관련 청구를 분리하여 심리할 수 있다.

2. 의의

(1) 규정 마련의 의의

학교폭력예방법은 별도로 행정심판 청구에 관한 규정을 가지고 있다(법 제17조의2). 그런데 원래 행정심판이란 "행정청의 위법 또는 부당한 처분이나 부작위로 침해된 국민의 권리 또는 이익을 구제하고, 아울러 행정의 적정한 운영을 꾀하기 위한 행정기관의 심판 절차"를 의미한다(행정심판법 제1조). 그래서 법 제17조 제1항의 가해학생 조치나 법 제16조 제1항의 피해학생에 대해 내리는 조치는 모두 행정청인 교육장의 처분이므로 별도의 학교폭력예방법의 행정심판 규정이 없어도 응당 행정심판의 대상으로 다툴 수 있는 것이다(행정심판법 제3조 제1항).

오히려 동조의 의의는 행정심판을 청구할 수 있는가의 가부보다는 학교폭력 사안에 있어 행정심판법 규정 외의 별도 필요를 일종의 특칙으로 마련한 것으로 보아야 할 것이다.[4] 따라서 법 제17조의2 및 제17조의4 이외의 행정심판청구에 필요한 사항은 여전히 행정심판법 규정을 준용한다(법 제17조의2 제4항).

(2) 행정심판 기관

행정심판은 해당 시·도교육청 행정심판위원회에 청구한다.

---

[4] 청구인적격의 확대 등 실제로도 그러하다.

3. 청구인적격

(1) 의의

 청구인적격이란 심판청구의 청구인이 되어 재결을 받을 수 있는 법적 자격으로 취소심판의 경우 처분의 취소 또는 변경을 구할 법률상 이익이 있는 자가 제기할 수 있다(행정심판법 제13조 제1항 전문).5)

 이러한 행정심판법의 일반적 전제하에 학교폭력예방법은 별도의 청구인적격에 대한 독자 규정을 가지고 있다. 그래서 가해학생 조치나 피해학생 조치를 다투는 경우 학교폭력예방법에 따라 청구인적격을 취득하면 된다.

(2) 학교폭력예방법상 청구인적격의 확대(보호자에게 청구인적격 인정)

 학교폭력예방법은 행정심판의 청구인적격을 일반적인 경우보다 확대했다. 법상 청구인은 "피해학생, 가해학생 및 그 각 보호자"로 규정되어 있다. 조치의 당사자뿐 아니라 그 보호자에게까지 청구인적격을 확대한 것이다. 따라서 보호자의 경우 친권자로 자녀를 대리해서가 아니라 직접 당사자가 되어 심판청구를 제기할 수 있다.

 보호자가 자녀 교육에 관하여 법률상 이해관계를 가지고 있음을 반영한 법률의 태도이다.

---

5) 무효등확인심판이나 의무이행심판의 경우도 법률상 이익을 요구하고 있다(동조 제2항, 제3항 참조).

(3) '보호자' 개념

학교폭력예방법은 학생의 보호자에게 행정심판 청구의 청구인 적격을 인정하면서도 학교폭력 정의 규정에 별도의 '보호자'에 대한 개념을 가지고 있지 않다. 따라서 청구인적격이 인정되는 보호자의 범주를 어떻게 볼 것인가가 문제로 남는다.

다만, 교원지위법에 일부 보호자에 대한 설명이 되고 있어 이를 참조해 보면, 당해 법률에서는 보호자를 "친권자, 후견인 및 그 밖에 법률에 따라 학생을 부양할 의무가 있는 자를 말한다."라고 하고 있다(교원지위법 제19조).[6]

4. 행정심판 대상에 따른 행정심판의 유형

다투고자 하는 심판 대상의 유형에 따라 총 세 가지 형태의 행정심판이 가능하다. 피해학생이나 가해학생이나 자기 자신을 피조치자로 해서 내린 처분에 대해서 다툴 수 있다. 이 외에 피해학생은 가해학생의 조치도 다툴 수 있다. 즉, 가해학생은 자기 것만, 피해학생은 자기 것과 가해학생의 것에 대한 행정심판 청구가 가능한 것이다.[7] 이는 타인에게 내려진 처분을 다툴 수 있는가에 대한 문제를 아예 입법적으로 해결한 것이기도 하다. [8)9)10)]

---

[6] 인접 법률에, 보호자에 대한 규정이 있어 참조하거나 유추할 수는 있으나 이를 넘어 행정심판 또는 행정소송의 당사자 확정에 있어 이를 그대로 차용할 수 있을지는 또 별개의 문제이다.
[7] 이는 행정소송도 동일하다.
[8] 따라서 현행 법체계에서는 피해학생이 가해학생에게 내려진 조치를 다툼에 있어 원고적격이나 법률상이익 인정 여부에 대한 논의 실익은 이론적으로만 의의가 있다.
[9] 학교폭력예방법 이전 행정법상의 문제로 행정심판법은 행정소송과 달리 위법한

(1) 피해학생 측

① 교육장이 내린 법 제16조 제1항 조치에 대한 행정심판(법 제17조의2 제1항)

② 교육장이 내린 법 제17조 제1항 조치에 대한 행정심판(법 제17조의2 제1항)

(2) 가해학생 측

교육장이 내린 법 제17조 제1항 조치에 대한 행정심판(법 제17조의2 제2항)

(3) 절차 병합

교육장이 내린 가해학생에 대한 조치는 가해학생도 행정심판으로 다툴 수 있고, 피해학생도 행정심판으로 다툴 수 있다. 그래서 동일한 조치에 대해 가해학생도 행정심판을 청구하고, 피해학생도 동시에 청구하게 되면, 하나의 조치에 대해 두 개의 행정심판 절차가 진행되는 상황이 빚어지게 된다.

예를 들어, 가해학생이 제6호 출석정지 10일의 조치를 받았는데, 가해학생은 이 조치가 너무 과하기에 부당하다고 하면서 피해학생은 반대로 너무 가볍다고 하면서 행정심판을 각각 청구한

침해뿐 아니라 부당한 침해에 대해서도 다툴 수 있는데(행정심판법 제1조), 행정심판 청구인적격을 행정소송의 원고적격과 동일하게 '법률상 이익이 있는 자에게만 인정하고 있는 것(행정심판법 제13조)에 대한 입법상 과오 여부에 대한 논의가 계속 있다.
10) 물론, 행정소송과 달리 행정심판은 위법한 침해뿐 아니라 부당한 침해에 대해서도 다툴 수 있기에 입법의 필요성에는 양자의 온도차가 있다. 피해학생 보호의 측면에서 일응 그 취지를 찾아볼 수 있다.

경우이다. 만약 각각의 행정심판의 결론이 가해학생이 청구한 행정심판의 결과와 피해학생이 청구한 행정심판의 결과가 다르다면 이는 그 자체로 모순·저촉이다. 따라서 이러한 경우는 행정심판위원회가 행정심판법상의 병합 제도(행정심판법 제37조)를 이용하여 양 심리를 병합하는 등의 방법으로 문제를 해결하면 될 것이다.11)

(4) 사립학교의 경우

행정심판은 학교를 가리지 않는다. 행정심판법상 행정청의 처분은 행정심판을 청구할 수 있는데(행정심판법 제3조 제1항), 교육장은 행정청이므로 교육장이 내린 조치에 대해서도 행정심판법 규정에 근거하여 행정심판 청구가 가능하다(처분성의 획득). 또한, 학교폭력예방법상 교육장이 내린 조치는 행정심판으로 다툴 수 있다(법 제17조의2 제1항, 제2항).

결국 어떤 근거에 의하더라도 사립학교의 학생(또는 그 보호자)은 행정심판 청구인으로 똑같이 법 제17조의2의 제1항과 제2항에 따른 행정심판을 청구할 수 있다. 이때 피청구인은 교육장이다.

---

11) 절차의 병합이 가능한 경우에 그렇다.

5. 행정심판 청구기간

심판청구는 소정의 청구기간 내에 제기해야 한다. 학교폭력예방법은 별도의 행정심판 청구기간을 두고 있지 않다. 행정심판법에 따라 교육장의 조치에 이의가 있는 경우 처분(교육장의 조치)이 있음을 알게 된 날부터 90일 이내(행정심판법 제27조 제1항), 처분이 있었던 날부터 180일 이내에 청구하여야 한다(행정심판법 제27조 제3항). 청구기간은 불변기간으로 이 두 기간 중 어느 하나라도 도과하면 행정심판을 제기하지 못한다. 행정심판청구기간이 경과했는지 여부는 행정심판위원회의 직권 조사 사항이다.

(1) 처분이 있음을 알게 된 날

처분이 있음을 알게 된 날이란 통지·공고 기타의 방법으로 교육장의 조치가 있음을 현실적으로 안 날을 의미한다. 격지자(알기까지 다소의 시간이 필요한 자)에게 서면 통지하는 경우는 그 서면이 상대방에게 도달한 날을 의미하므로, 교육장 명의의 조치결정 통보서가 송달되기 전에는 학생 또는 보호자가 우연히 미리 알게 되어도 청구기간은 진행하지 않는다.

(2) 처분이 있었던 날

처분이 있었던 날이란 교육장 명의의 조치결정 통보서가 당사자에게 도달하여 해당 조치가 성립한 날을 의미한다. 처분이 있은 날이란 대외적으로 표시되어 효력이 발생한 날을 의미한다. 도달주의 원칙상 처분은 원칙적으로 상대방에게 도달하여야만 효력을 발생한다. 따라서 도달하기만 하면 처분의 존재를 알았든 몰랐든 180일이 지나면 다툴 수 없다. 법적안정성을 확보하기 위한 것이다.

6. 행정심판 통지 제도

행정심판위원회는 가해학생이 교육장이 내린 가해학생 조치에 대해서 행정심판을 청구한 경우 이 청구 사실을 통지하고, 행정심판법 제20조에 따른 심판참가에 관한 사항을 문서로 안내하여야 한다(법 제17조의2 제3항).

7. 행정심판에 있어 집행정지의 특칙

(1) 의의

행정심판의 청구는 처분의 효력이나 그 집행 또는 절차의 속행에 영향을 주지 않는다(행정심판법 제30조 제1항). 우리 행정심판법이나 행정소송법은 '집행부정지원칙'을 취함과 동시에 예외적으로 일정한 경우에 집행정지를 인정하고 있다. 따라서 처분의 효력이나 그 집행 또는 절차의 속행을 정지하려면 행정심판위원회의 집행정지 결정이 있어야 한다.

그런데 학교폭력예방법은 행정심판의 집행정지에, 행정심판법에 없는 특칙을 만들었다. 가해학생 조치에 대한 집행정지 결정 전후에 있어 피해학생 보호의 취지로 법에 도입되었다.

(2) 가해학생 조치에 대한 집행정지 결정 시 피해학생 측 의견의 청취

행정심판위원회가 가해학생에 대한 조치에 대하여 행정심판법에 따른 집행정지 결정을 하려는 경우에는 피해학생 또는 그 보호자의 의견을 청취하여야 한다(법 제17조의4 제1항 본문). 다만, 피해학생 또는 그 보호자가 의견진술의 기회를 포기한다는 뜻을 명백히 표시한 경우나 피해학생 또는 그 보호자가 이미 해당 사건에 관하여 충분히 의견을 진술하여 다시 진술할 필요가 없다고 인정되는 경우 등에는 의견청취를 아니할 수 있다(법 제17조의4 제1항 단서, 시행령 제24조 제1항).

행정심판위원회가 피해학생 또는 그 보호자의 의견을 청취하는 경우, 피해의 정도 및 결과, 가해학생에 대한 조치에 관한 의견, 그 밖에 해당 사건에 관한 의견을 진술할 기회를 주어야 한다(시행령 제24조 제2항).

한편, 행정심판위원회는 피해학생 또는 그 보호자가 가해학생 또는 그 보호자를 대면하게 되면 충분히 진술할 수 없다고 인정하는 경우, 가해학생 또는 그 보호자를 퇴장하게 한 후 진술하게 하거나 피해학생 또는 그 보호자에게 서면으로 의견을 제출하게 할 수도 있다(시행령 제24조 제3항).[12]

---

[12] 서면으로 의견을 제출한 경우 행정심판위원회는 가해학생 측에게 피해학생등의 의견서 또는 서면으로 제출되었다는 취지를 서면, 전화, 휴대전화 문자전송 등의 방법으로 통지할 수 있다(행정소송규칙 제10조의2 제7항 참조).

(3) 집행정지 신청 및 그 결과의 통보

교육감 또는 교육장은 행정심판위원회 또는 법원으로부터 집행정지 신청 사실 및 그 결과를 통보받은 경우 피해학생 또는 그 보호자 및 피·가해학생의 소속 학교에 그 사실 및 결과를 통지하여야 한다(법 제17조의4 제2항).

(4) 가해학생 조치의 집행정지 인용 결정에 따른 가해학생과 피해학생의 분리

가해학생 조치에 대한 집행정지 신청이 인용된 경우, 피해학생 및 그 보호자는 학교의 장에게 가해학생과의 분리를 요청할 수 있고, 학교의 장은 전담기구 심의를 거쳐 가해학생과 피해학생을 분리한다(법 제17조의4 제3항).

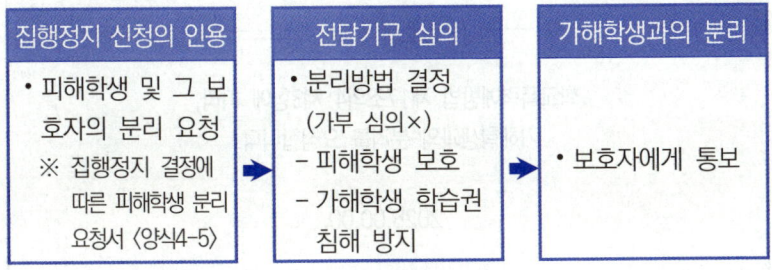

집행정지 신청의 인용 취지에 비추어 볼 때, 집행정지의 효력이 유지되는 기간 한도 내에서 분리의 기한을 정하면 될 것이다. 또한, 분리나 격리를 통해 일정 부분 피해학생을 보호하려는 취지이지 가해학생의 학습권을 제한하거나 봉쇄하려는 것이 아닌 만큼 분리 기간 중에라도 가해학생의 학습권이나 교육활동의 자유가 침해되는 것은 방지되어야 한다.

「집행정지 결정에 따른 피해학생 분리 요청서」〈양식4-5〉는 다음과 같다.

집행정지 결정에 따른 분리 요청서

* 사안번호: (   )학교   2025-(   )호

	소속학교	학년/반	학생 성명	보호자 성명
피해학생				
가해학생				
분리 요청 이유				

학교폭력예방법 제17조의4 제3항에 따라,
가해학생과의 분리를 요청합니다.

2025.00.00.

피해학생   (서명 또는 인)
피해학생 보호자   (서명 또는 인)

OO학교장 귀중

※ 교육지원청으로부터 받은 '조치결정 통보서' 첨부

☞ 학교장에게 제출한다.

III 행정소송

1. 관련 법령

학교폭력예방법 제17조의3(행정소송)
① 교육장이 제16조 제1항 및 제17조 제1항에 따라 내린 조치에 대하여 이의가 있는 피해학생 또는 그 보호자는 「행정소송법」에 따른 행정소송을 제기할 수 있다.
② 교육장이 제17조 제1항에 따라 내린 조치에 대하여 이의가 있는 가해학생 또는 그 보호자는 「행정소송법」에 따른 행정소송을 제기할 수 있다.
③ 교육장은 피·가해학생 또는 그 보호자 및 피·가해학생의 소속 학교에 제1항 및 제2항에 따른 행정소송의 제기 사실을 통지하고 「행정소송법」 제16조에 따른 소송참가에 관한 사항을 문서로 안내하여야 한다.
④ 제1항 및 제2항에 따른 행정소송 제기에 필요한 사항은 「행정소송법」을 준용한다.

학교폭력예방법 제17조의4(집행정지)
① 행정심판위원회 및 법원이 제17조 제1항에 따른 조치에 대하여 「행정심판법」 제30조 또는 「행정소송법」 제23조에 따른 집행정지 결정을 하려는 경우에는 피해학생 또는 그 보호자의 의견을 청취하여야 한다. 다만, 피해학생 또는 그 보호자가 의견진술의 기회를 포기한다는 뜻을 명백히 표시한 경우 등에는 의견청취를 아니할 수 있다.
② 교육감 또는 교육장은 행정심판위원회 또는 법원으로부터 집행정지 신청 사실 및 그 결과를 통보받은 경우 피해학생 또는 그 보호자 및 피·가해학생의 소속 학교에 그 사실 및 결과를 통지하여야 한다.
③ 제17조 제1항에 따른 조치에 대한 집행정지 신청이 인용된 경우, 피해학생 및 그 보호자는 학교의 장에게 가해학생과의 분리를 요청할 수 있고, 학교의 장은 전담기구 심의를 거쳐 가해학

생과 피해학생을 분리하여야 한다.
④ 제1항에 따른 의견청취의 절차, 방법, 예외 등에 필요한 사항은 「행정심판법」 제30조에 따른 집행정지의 경우에는 대통령령으로 정하고, 「행정소송법」 제23조에 따른 집행정지의 경우에는 대법원규칙으로 정한다.

학교폭력예방법 제17조의5(재판기간에 관한 규정)
교육장이 제17조 제1항에 따라 내린 조치에 대하여 이의가 있는 가해학생 또는 그 보호자가 「행정소송법」에 따른 행정소송을 제기한 경우 그 행정소송 사건의 재판은 다른 재판에 우선하여 신속히 하여야 하며, 그 판결의 선고는 제1심에서는 소가 제기된 날부터 90일 이내에, 제2심 및 제3심에서는 전심의 판결의 선고가 있은 날부터 각각 60일 이내에 하여야 한다.

행정소송규칙 제10조의2(「학교폭력예방 및 대책에 관한 법률」 제17조의4에 따른 집행정지 시 의견 청취) ① 법원이 「학교폭력예방 및 대책에 관한 법률」 제17조의4 제1항에 따라 집행정지 결정을 하기 위하여 피해학생 또는 그 보호자(이하 이 조에서 "피해학생등"이라 한다)의 의견을 청취하여야 하는 경우에는 심문기일을 지정하여 피해학생등의 의견을 청취하는 방법으로 한다. 다만, 특별한 사정이 있는 경우에는 기한을 정하여 피해학생등에게 의견의 진술을 갈음하는 의견서를 제출하게 하는 방법으로 할 수 있다.
② 법원은 제1항에 따른 의견청취 절차를 진행하기 위하여 필요한 경우에는 집행정지 결정의 대상이 되는 처분등을 한 행정청에 피해학생등의 송달받을 장소나 연락처, 의견진술 관련 의사 등에 관한 자료를 제출할 것을 요구할 수 있다.
③ 법원은 제1항 본문에 따라 심문기일을 지정하였을 때에는 당사자와 피해학생등에게 서면, 전화, 휴대전화 문자전송, 전자우편, 팩시밀리 또는 그 밖에 적당하다고 인정되는 방법으로 그 심문기일을 통지하여야 한다.
④ 법원은 필요하다고 인정하는 경우에는 비디오 등 중계장치에 의한 중계시설을 통하거나 인터넷 화상장치를 이용하여 제1항 본문의 심문기일을 열 수 있다.

⑤ 법원은 필요하다고 인정하는 경우에는 가해학생 또는 그 보호자를 퇴정하게 하거나 가림시설 등을 이용하여 피해학생등의 의견을 청취할 수 있다.
⑥ 제3항에 따라 심문기일을 통지받은 피해학생등은 해당 사건에 대한 의견 등을 기재한 서면을 법원에 제출할 수 있다.
⑦ 피해학생등이 제1항 단서의 의견서 또는 제6항의 서면을 제출한 경우 법원은 당사자에게 피해학생등의 의견서 또는 서면이 제출되었다는 취지를 서면, 전화, 휴대전화 문자전송, 전자우편, 팩시밀리 또는 그 밖에 적당하다고 인정되는 방법으로 통지하여야 한다.
⑧ 법원은 다음 각 호의 어느 하나에 해당하는 경우에는 피해학생등의 의견을 청취하지 아니할 수 있다.
1. 피해학생등이 의견진술의 기회를 포기한다는 뜻을 명백히 표시한 경우
2. 피해학생등이 정당한 사유 없이 심문기일에 출석하지 아니하거나 제1항 단서에서 정한 기한 내에 의견의 진술을 갈음하는 의견서를 제출하지 아니하는 경우
3. 피해학생등의 의견을 청취하기 위하여 임시로 집행정지를 하는 경우
4. 그 밖에 피해학생등의 의견을 청취하기 어려운 부득이한 사유가 있는 경우
⑨ 당사자와 소송관계인은 청취한 피해학생등의 의견을 이용하여 피해학생등의 명예 또는 생활의 평온을 해치는 행위를 하여서는 아니 된다.

행정소송규칙 제13조(피해자의 의견 청취)
① 법원은 필요하다고 인정하는 경우에는 해당 처분의 처분사유와 관련하여 다음 각 호에 해당하는 사람(이하 '피해자'라 한다)으로부터 그 처분에 관한 의견을 기재한 서면을 제출받는 등의 방법으로 피해자의 의견을 청취할 수 있다.
3. 「학교폭력예방 및 대책에 관한 법률」 제2조 제4호의 피해학생 또는 그 보호자

2. 의의

학교폭력예방법은 행정소송 제기 등에 관한 행정소송 관련 규정을 마련하고 있다. 이외의 행정소송에 관한 것은 행정소송법의 적용을 받는다. 별도로 행정소송에 관한 조항을 만든 이유는 행정심판에서와 마찬가지로 학교폭력 사안의 행정소송에 있어 행정소송법 규정 외의 별도 필요를 일종의 특칙으로 마련한 것으로 여겨진다.

3. 원고적격

(1) 학교폭력예방법상 원고적격

학교폭력예방법은 제17조의3을 신설하면서 소송을 제기할 수 있는 원고적격을 "피해학생, 가해학생 및 그 각 보호자"로 정하고 있다(법 제17조의3 제1항, 제2항). 동 조항이 신설된 2024년 3월 1일을 기준으로 하여 학생의 경우는 물론 그 보호자도 친권자로서 소송의 대리가 아닌 직접 원고로서 소송을 제기할 수 있는 것이다.

(2) 원고적격의 확대

학교폭력예방법은 특별히 별도의 조문으로 학교폭력 관련 소송의 원고적격을 처분의 당사자인 피해학생, 가해학생뿐 아니라 그 각 보호자에게 확대하고 있는바 보호자가 자녀 교육에 관하여 법률상 이해관계를 가지고 있음을 반영하고 있다. 이는 행정심판의 경우도 마찬가지이다. 다만, '보호자' 개념이 학교폭력예방법 정의 규정에 등장하고 있지 않은 점은 행정심판의 예와 마찬가지로 여전히 문제로 남는다.

(3) 행정심판과 행정소송의 당사자가 다른 경우 제소기간의 준수 여부

2020년 3월 1일에 시행된 현행 행정심판 규정(법 제17조의2)에 의해 학생의 보호자도 청구인으로 직접 행정심판을 청구할 수 있었다. 그리고 행정심판 이후 행정소송을 제기함에 있어서는 2024년 3월 1일 전까지는 행정소송에 관한 현행 규정(제17조의3)이 신설되기 전이어서 학생의 보호자는 원고가 될 수 없었기에 당사자를 바꿔 학생을 원고로 소송을 제기하였다. 이처럼 행정심판과 행정소송의 당사자가 다른 경우 제소기간 준수 여부를 어느 당사자를 기준으로 판단할 것인지의 문제가 소송 실무에서 있어 왔다.[13]

최근 현행 학교폭력예방법의 원고적격 확대 취지를 고려해 제소기간 준수 여부를 폭넓게 해석한 사례가 있기도 했다.[14]

4. 행정소송 대상에 따른 행정소송의 유형

다투고자 하는 대상의 유형에 따라 총 세 가지 형태의 행정소송이 가능하다. 자기 자신을 피조치자로 해서 내린 처분에 대해서 다투는 것은 피해학생이나 가해학생이나 동일하다. 이 외에

---

13) 상대적으로 행정소송의 당사자를 기준으로 제소기간 준수 여부를 판단한 사례가 다수로 알려져 있다.
14) 서울고등법원 2024. 10. 25. 선고 2024누35042 판결.

피해학생은 가해학생의 조치도 소송으로 다툴 수 있다. 즉, 가해학생은 자기 것만, 피해학생은 자기 것과 가해학생의 것에 대한 이의 제기가 가능한 것이다. 타인의 처분을 다툴 수 있는가에 대한 문제를 역시 입법적으로 해결한 것이다.

교육장이 내린 조치는 가해학생에 대한 조치, 피해학생에 대한 조치는 두 종류에 대해서 제기 가능한 유형의 행정소송은 모두 세 가지가 가능하다.

① 교육장이 내린 법 제16조 제1항 조치에 대한 피해학생 측의 행정소송(법 제17조의3 제1항)

② 교육장이 내린 법 제17조 제1항 조치에 대한 피해학생 측의 행정소송(법 제17조의3 제1항)

③ 교육장이 내린 법 제17조 제1항 조치에 대한 가해학생 측의 행정심판(법 제17조의3 제2항)

5. 사립학교의 경우

행정심판과 마찬가지로 행정소송도 학교를 가리지 않는다. 사립학교의 학생 및 그 보호자는 원고로서 법 제17조의3 제1항, 제2항의 행정소송을 제기할 수 있다.

6. 행정소송 통지 제도 신설

교육장은 피·가해학생 또는 그 보호자 및 피·가해학생의 소속 학교에 제1항 및 제2항에 따른 행정소송의 제기 사실을 통지하고「행정소송법」제16조에 따른 소송참가에 관한 사항을 문서로 안내하여야 한다(법 제17조의3 제3항). 행정심판은 통지의 주체가 행정심판위원회지만 행정소송에 있어서는 교육장이다.

7. 행정소송에 있어 집행정지 특칙

(1) 의의

학교폭력예방법은 제17조의4(집행정지)를 신설하여 행정심판뿐 아니라 행정소송에 적용하고 있다. 행정소송 절차에 있어 동조의 의의는 피해학생 측의 의견청취절차를 신설한 것에 있다. 즉, 의견진술의 기회 포기, 정당한 사유 없는 불출석 등 부득이한 사유가 없는 한 원칙적으로 피해학생 측 의견을 청취하여야 한다.15)16)

(2) 의견의 청취

법원이 「학교폭력예방 및 대책에 관한 법률」 제17조의4 제1항에 따라 집행정지 결정을 하기 위하여 피해학생 또는 그 보호자의 의견을 청취하여야 하는 경우에는 심문기일을 지정하여 피해학생등의 의견을 청취하는 방법으로 한다. 다만, 특별한 사정이 있는 경우에는 기한을 정하여 피해학생 또는 그 보호자에게 의견의 진술을 갈음하는 의견서를 제출하게 하는 방법으로 할 수 있다(행정소송규칙 제10조의2 제1항).

---

15) 소송 실무상 일반 행정사건의 집행정지에 비해 결정까지 상대적으로 많은 시일이 소요된다.
16) 임시 집행정지가 필요한 경우가 많으므로, 신청 초기 단계부터 조치의 집행 시기 또는 이행 기한을 재판부에 적극적으로 소명할 필요도 있다.

법원은 필요하다고 인정하는 경우에는 가해학생 또는 그 보호자를 퇴정하게 하거나 가림시설 등을 이용하여 피해학생 또는 보호자의 의견을 청취할 수 있다(행정소송규칙 제10조의2 제5항).

심문기일을 통지받은 피해학생 또는 보호자는 해당 사건에 대한 의견 등을 기재한 서면을 법원에 제출할 수 있다(행정소송규칙 제10조의2 제6항).

피해학생 또는 보호자가 제1항 단서의 의견서 또는 제6항의 서면을 제출한 경우 법원은 당사자에게 의견서 또는 서면이 제출되었다는 취지를 서면, 전화, 휴대전화 문자전송, 전자우편, 팩시밀리 또는 그 밖에 적당하다고 인정되는 방법으로 통지하여야 한다(행정소송규칙 제10조의2 제7항).

(3) 집행정지 신청 및 그 결과의 통보

교육감 또는 교육장은 행정심판위원회 또는 법원으로부터 집행정지 신청 사실 및 그 결과를 통보받은 경우 피해학생 또는 그 보호자 및 피·가해학생의 소속 학교에 그 사실 및 결과를 통지하여야 한다(법 제17조의4 제2항).

(4) 가해학생 조치의 집행정지 인용 결정에 따른 가해학생과 피해학생의 분리

가해학생 조치에 대한 집행정지 신청이 인용된 경우, 피해학생 및 그 보호자는 학교의 장에게 가해학생과의 분리를 요청할 수 있고, 학교의 장은 전담기구 심의를 거쳐 가해학생과 피해학생을 분리한다(법 제17조의4 제3항).

집행정지 신청의 인용	전담기구 심의	가해학생과의 분리
• 피해학생 및 그 보호자의 분리 요청 ※ 집행정지 결정에 따른 피해학생 분리 요청서〈양식4-5〉	• 분리방법 결정 　(가부 심의×) 　- 피해학생 보호 　- 가해학생 학습권 침해 방지	• 보호자에게 통보

8. 재판기간에 관한 특칙

교육장이 법 제17조 제1항에 따라 내린 조치에 대하여 이의가 있는 가해학생 또는 그 보호자가 「행정소송법」에 따른 행정소송을 제기한 경우 그 행정소송 사건의 재판은 다른 재판에 우선하여 신속히 하여야 하며, 그 판결의 선고는 제1심에서는 소가 제기된 날부터 90일 이내에, 제2심 및 제3심에서는 전심의 판결의 선고가 있은 날부터 각각 60일 이내에 하여야 한다(법 제17조의5).

학교폭력, 법이 다스리다:
따돌림에서 딥페이크까지

제 **7** 편

학교폭력예방법 개정 현황

제1장 2020년 개정

I 개정 취지 및 배경

학교폭력예방법은 2012년 큰 폭의 개정 이후 소소한 변화를 거치다가, 2020년에 다시 제도의 주요 부분을 수정·보완하며 체재를 정비하였다.[1] 당시 개정은 학교폭력의 요건·효과에 관한 것보다는 주로 조치의 결정절차와 이 조치에 대한 불복절차와 관련된 규정에 관한 것이다.

II 개정의 주요 부분

1. 학교장 자체해결의 법제화

개정법은 제13조의2 조항을 신설하여 그간 실무적으로 인정되어 오던 학교장 자체해결 사안을 법제화했다.[2][3]

---

1) 법률 제16441호, 2019. 8. 20. 일부개정 법률안 등.
2) 법 제13조의2는 법률 제16441호 중 시행일이 2019년 9월 1일이다.
3) 이때 신설 후 법률 제19741호(2023. 10. 24. 일부개정(2024. 3. 1. 시행))로 요건이 변경·추가되고, 관계회복 프로그램 조항이 신설되는 등 일부 변화가 있었다.

2. 전담기구의 존치 및 심의 기능 추가

(1) 심의 기능 추가

전통적인 전담기구의 조사 기능 이외에 학교장 자체해결 부의 여부에 대한 심의 기능을 가지게 되었다(법 제14조 제4항).4)

(2) 구성원 형태의 변화(학부모를 필수 구성원으로 인입)

심의 기능이 추가되면서 동시에 전담기구에 학부모를 필수 구성원으로 인입하고, 그 비율도 구성원의 3분의 1 이상으로 의무화했다(법 제14조 제3항). 전담기구 운영과 결정에 있어 독립성, 객관성, 신뢰성 제고되는 의의가 있었다.

3. 조치의 판단 주체 변경

(1) 자치위원회 폐지 심의위원회 신설

기존 학교에 설치되어 있던 심의기구로 자치위원회 제도를 폐지하고 이를 교육지원청으로 상향 이관하여 심의위원회가 이를 담당하도록 하였다. 또한, 심의위원회는 사안에 대한 직접 조사권을 갖게 되었다.

(2) 소위원회 신설

심의위원회가 그 규모가 커지고 관할 구역도 학교 단위가 아닌

---

4) 법 제13조의2 제2항 제2호의 학교폭력 경중에 대한 심의는 같은 법으로 개정되었지만, 시행일에 있어서는 2019. 9. 1.로 이에 앞선다.

지역 단위로 확대됨에 따라 심의의 절대량이 증가할 수밖에 없는 상황에서 심의의 효율성과 적정한 안건 분배의 필요성 등에 기인하여 소위원회 제도가 마련되게 되었다(시행령 제14조의2).

4. 처분권자 변경

(1) 처분권자

처분권자가 학교의 장에서 교육장으로 변경되었다. 심의위원회 결정에 따른 처분문서 예를 들어, '조치결정 통보서'등은 처분명의가 교육장으로 작성된다.

(2) 행정심판 및 행정소송의 당사자

행정청인 교육장이 가해학생 조치나 피해학생 조치의 다툼에 있어 행정심판의 피청구인, 행정소송의 피고가 된다.

(3) 공·사립 일원화(사립학교의 경우도 학교폭력 결정에 대한 처분성을 획득)

5. 재심제도를 폐지하고 행정심판을 통해 일원화

(1) 재심제도 폐지의 영향

① 개정법에 의해 가장 큰 영향을 받는 경우 : 전학·퇴학 조치를 받고 이를 다투려는 가해학생

② 개정법에 의하더라도 영향을 받지 않는 경우 : 제1호 내지 제7호 조치를 받고 이를 다투려는 가해학생

(2) 시·도교육청 행정심판의 증가(기관의 일원화 및 사립학교 학생의 행정심판 청구범위 확대)

이전에는 피해학생이 재심을 청구한 재심의 결과를 다투려면 시·도교육청 행정심판위원회가 아닌 중앙행정심판위에 심판청구를 하였는데, 재심제도가 폐지되면서 이제 가해학생 및 피해학생 모두 시·도교육청 행정심판위로 오게 되었다. 또한, 사립학교의 경우 가해학생 조치 제1호부터 제9호까지 모두 행정심판으로 올 수 있는 길이 열려 행정심판 모집단이 증가하게 되었다.

6. 보호자에게 행정심판 청구인적격 인정

행정심판법상 '법률상이익'의 인정 여부 논의 등과 무관하게 아예 학교폭력예방법에서 학교폭력 관련 행정심판의 청구인적격을 학생의 보호자까지 확대하였다(법 제17조의2 제1항, 제2항).

7. 학교의 장의 의무 확대[5]

개정 전	개정 후
제19조(학교의 장의 의무) 학교의 장은 교육감에게 학교폭력이 발생한 사실 및 제16조, 제16조의2, 제17조, 제17조의2 및 제18조에 따른 조치 및 그 결과를 보고하고, 관계 기관과 협력하여 교내 학교폭력 단체의 결성예방 및 해체에 노력하여야 한다.	제19조(학교의 장의 의무) ① 학교의 장은 제16조, 제16조의2, 제17조에 따른 조치의 이행에 협조하여야 한다.(신설) ② 학교의 장은 학교폭력을 축소 또는 은폐해서는 아니 된다.(신설) ③ 학교의 장은 교육감에게 학교폭력이 발생한 사실과 제13조의2에 따라 학교의 장의 자체해결로 처리된 사건, 제16조, 제16조의2, 제17조 및 제18조에 따른 조치 및 그 결과를 보고하고, 관계 기관과 협력하여 교내 학교폭력 단체의 결성예방 및 해체에 노력하여야 한다.

8. 교육장에 대한 지방교육차지 특례 조항 신설

교육장은 「지방교육자치에 관한 법률」 제35조에도 불구하고 이 법에 따른 고등학교에서의 학교폭력 피해학생 보호, 가해학생 선도·교육 및 피해학생과 가해학생 간의 분쟁조정 등에 관한 사무를 위임받아 수행할 수 있다(법 제21조의2).

---

[5] 이후 법률 제19741호(2023. 10. 24. 일부개정(2024. 3. 1. 시행))로 재차 개정된다.

교육장의 '수임 권한'이 확대된다는 것은 곧 교육지원청의 역할과 기능이 확장되는 것을 의미한다. 실례로 이 법 개정 이후 교육지원청에 학교폭력제로센터가 만들어지고, 시행령 조항만의 신설에 의지해 학교폭력 사안처리의 조사 기능을 맡아서 수행하게 되었다.6)

■ 개정 전후 주요 절차의 비교

1. 사안처리 절차

(1) 조사·심의·조치의 이행 각 절차가 분절되어 있고, 이를 담당하는 주체도 각각 전담기구, 심의위원회, 학교장으로 별개인 것은 동일하다.

(2) 개정 전에는 사안처리의 모든 절차가 학교에서 이루어지는 형태로 절차의 주재와 진행을 전적으로 학교에서 담당했다. 주체는 다르나 조사, 심의, 집행의 주체가 학교에 설치되어 있던 것이다.

(3) 개정 후는 사안처리에 있어 핵심인 심의 역할이 학교 상급기관인 교육지원청으로 이관되어 교육지원청이 심의절차 전반을 주재하고 판단자로 역할을 하게 되었고, 학교는 절차의 한 당사자로 참여하는 지위만을 가지게 되었다.

---

6) 시행령 개정만으로 교육장 또는 교육지원청이 조사 권한을 가지고 조사 기능을 수행할 수 있는지의 법률 정합성 여부는 여기서는 논외로 한다.

(4) 다만, 학교는 학교장 자체해결의 주체가 되면서 절차의 조기 종결 효과가 학교에서도 발생하게 되었고, 학교의 장은 사안처리의 한 일면에 있어 독자적인 지위와 권한을 가지게 되었다.

2. 불복절차

불복절차의 변화	
재심제도 폐지 이전	재심제도 폐지 이후
조치 → 재심 → 행정심판 → 행정소송	조치 → 행정심판 → 행정소송

(1) 개정 전(재심제도 폐지 이전)

재심에서 행정소송까지 단계적 구도를 가지면서도 각 단계에 있어 전(前) 단계가 필수적전치는 아니었다.

(2) 개정 후(재심제도 폐지 이후)

기본 구도는 이때부터 현재까지 유효하다.

제2장 2024년 개정

Ⅰ 개정 취지 및 배경

2020년 3월 주로 절차 관련 규정의 대폭 개정이 있었고, 다시금 2024년 3월 학교폭력 정의규정을 비롯한 요건과 효과에 대한 일부 내용과 피해학생의 절차에 있어 실효적 구제 방안을 강화하는 개정이 이루어졌다.

Ⅱ 개정의 주요 부분

1. 학교폭력에 사이버폭력을 포함하고 사이버폭력 정의 신설

개정 전	개정 후(2024. 3. 1. 시행)
제2조(정의) 이 법에서 사용하는 용어의 정의는 다음 각 호와 같다. 1. "**학교폭력**"이란 학교 내외에서 학생을 대상으로 발생한 상해, 폭행, 감금, 협박, 약취·유인, 명예훼손·모욕, 공갈, 강요·강제적인 심부름 및 성폭력, 따돌림, 사이버 따돌림, 정보통신망을 이용한 음란·폭력 정보 등에 의하여 신체·정신 또	제2조(정의) 이 법에서 사용하는 용어의 정의는 다음 각 호와 같다. 1. "**학교폭력**"이란 학교 내외에서 학생을 대상으로 발생한 상해, 폭행, 감금, 협박, 약취·유인, 명예훼손·모욕, 공갈, 강요·강제적인 심부름 및 성폭력, 따돌림, 사이버폭력 등에 의하여 신체·정신 또는 재산상의 피해를 수반하는 행위를 말한다.

개정 전	개정 후(2024. 3. 1. 시행)
는 재산상의 피해를 수반하는 행위를 말한다. 1의2. "따돌림"이란 학교 내외에서 2명 이상의 학생들이 특정인이나 특정집단의 학생들을 대상으로 지속적이거나 반복적으로 신체적 또는 심리적 공격을 가하여 상대방이 고통을 느끼도록 하는 일체의 행위를 말한다. 1의3. "사이버 따돌림"이란 인터넷, 휴대전화 등 정보통신기기를 이용하여 학생들이 특정 학생들을 대상으로 지속적, 반복적으로 심리적 공격을 가하거나, 특정 학생과 관련된 개인정보 또는 허위사실을 유포하여 상대방이 고통을 느끼도록 하는 일체의 행위를 말한다.	1의2. "따돌림"이란 학교 내외에서 2명 이상의 학생들이 특정인이나 특정집단의 학생들을 대상으로 지속적이거나 반복적으로 신체적 또는 심리적 공격을 가하여 상대방이 고통을 느끼도록 하는 일체의 행위를 말한다. 1의3. "사이버폭력"이란 정보통신망(「정보통신망 이용촉진 및 정보보호 등에 관한 법률」 제2조 제1항 제1호의 정보통신망을 말한다)을 이용하여 학생을 대상으로 발생한 따돌림과 그 밖에 신체·정신 또는 재산상의 피해를 수반하는 행위를 말한다.

(1) 요건의 개정

사이버폭력 규정을 신설하였다.

(2) 기존과 실질에 있어서는 동일

기존 사이버 따돌림과 정보통신망을 이용한 행위를 사이버폭력 하나로 묶어 명칭 한 것이다. 그러면서 사이버 따돌림 정의 규정을 삭제하였다.

2. 교육감의 책무 강화

(1) 교육청에 설치된 전담부서의 업무 확대

　교육감은 시·도교육청에 학교폭력의 예방·대책 및 법률지원을 포함한 통합지원을 담당하는 전담부서를 설치·운영하여야 한다(법 제11조 제1항). 전담부서의 업무에 법률지원을 추가하고 그 성격도 통합지원으로 변경하였다.

(2) 통합지원 전문기관 설치 의무화(법 제11조 제9항)

(3) 전담기구 구성원의 전문성 향상 교육 규정의 신설
　　(법 제11조 제10항)

(4) 학교의 장 및 교감 대상 교육 의무화 규정의 신설
　　(법 제11조 제13항)

3. 학교폭력 업무 담당자 지원 및 면책 규정 신설
　　(법 제11조의4)

4. 심의위원회 및 행정심판, 행정소송에 있어 필수적 통지 제도 신설

통지	통지의무자	통지내용	통지대상
심의위원회 개최	교육장	심의위원회 회의가 소집되는 경우 회의 일시·장소 등을 통지(§13④)	가해학생 측 피해학생 측
행정심판 청구	행정심판위원회	행정심판의 청구 사실을 통지§(17의2③)	피해학생 측 피·가해학생 소속 학교 ※ 피해학생 측만 통지
행정소송 제기	교육장	소속 학교에 행정소송의 제기 사실을 통지(§17의3③)	피해학생 측 가해학생 측 피·가해학생 소속 학교 ※ 피·가해학생 양측 통지
집행정지 신청	교육감·교육장	행정심판위원회 또는 법원으로부터 집행정지 신청 사실 및 그 결과를 통보받은 경우 그 사실 및 결과를 통지(§17의4②)	피해학생 측 피·가해학생 소속 학교 ※ 피해학생 측만 통지

5. 학교장 자체해결 사안의 요건 등 정비

학교폭력예방법 제13조의2(학교의 장의 자체해결)
① 제13조 제2항 제4호 및 제5호에도 불구하고 다음 각 호에 **모두 해당하는 경미한 학교폭력**에 대하여 **피해학생 및 그 보호자가 심의위원회의 개최를 원하지 아니하는 경우** 학교의 장은 학교폭력사건을 자체적으로 해결할 수 있다. 이 경우 학교의 장은 지체 없이 이를 심의위원회에 보고하여야 한다.
1. 2주 이상의 신체적·정신적 치료가 필요한 진단서를 발급받지 않은 경우
2. 재산상 피해가 없는 경우 또는 재산상 피해가 즉각 복구되거나 복구 약속이 있는 경우
3. 학교폭력이 지속적이지 않은 경우
4. 학교폭력에 대한 신고, 진술, 자료제공 등에 대한 **보복행위**(정보통신망을 이용한 행위를 포함한다)가 아닌 경우
② 학교의 장은 제1항에 따라 사건을 해결하려는 경우 다음 각 호에 해당하는 절차를 **모두** 거쳐야 한다.
1. **피해학생과 그 보호자**의 심의위원회 개최 요구 의사의 서면 확인
2. 학교폭력의 경중에 대한 제14조 제3항에 따른 **전담기구의** 서면 확인 및 심의
③ 학교의 장은 제1항에 따른 경미한 학교폭력에 대하여 피해학생 및 그 보호자가 심의위원회의 개최를 원하는 경우 피해학생과 가해학생 사이의 관계회복을 위한 프로그램(이하 "관계회복 프로그램"이라 한다)을 권유할 수 있다.
④ 국가 및 지방자치단체는 관계회복 프로그램의 개발·보급 및 운영을 위하여 필요한 경우 행정적·재정적 지원을 할 수 있다.
⑤ 그 밖에 학교의 장이 학교폭력을 자체적으로 해결하는 데에 필요한 사항은 대통령령으로 정한다.

⑴ 객관적 요건 정비

경미한 학교폭력의 한 사유인 재산상 피해에 "재산상 피해 복구 약속"을 추가하였고, 하지 말아야 할 보복행위에 정보통신망을 이용한 행위를 포함했다.

⑵ 관계회복 프로그램의 신설(법 제13조의2 제3항)

6. 보복행위에 정보통신망을 이용한 행위도 포함

학교폭력예방법이 금지하는 보복행위에 정보통신망을 이용한 행위를 포함했다.

보복행위에 정보통신망을 이용한 행위를 포함하는 경우
• 학교장 자체해결 충족 요건 중 하나인 금지하는 보복행위(§13의2①⑷)
• 제2호 조치 중 가해학생이 하지 말아야 할 보복행위(§17①⑵)
• 가해학생 조치가 병과·가중되는 사유인 보복행위(§17②)

7. 피해학생 지원 제도 정비

⑴ 피해학생 지원 조력인 제도(법 제16조의3 신설)

⑵ 사이버폭력 피해자 지원 제도(법 제16조의4 신설)

8. 긴급조치 정비

긴급조치의 종류			개정형태	변화 내용	범위	비고
피해학생 긴급조치	§16①	임의적	변경입법	제3호 추가	제1호 제2호 제3호 제6호	보호조치 확대
가해학생 긴급조치	§17④	필수적	신규입법	학교폭력 인지 시 제2호 조치	제2호	학교폭력 인지 시 가해학생에 대해 무조건 시행
	§17⑤	임의적	변경입법	제2호 삭제, 제7호 추가	제1호 제3호 제5호 제6호 제7호	하나 빼고, 하나 넣고
	§17⑥	임의적	신규입법	피해학생 요청 시 제6, 제7호	제6호 제7호	전담기구 심의 거쳐 시행

※ 가해학생 긴급조치는 기존 한 종류에서 세 종류로 확장되었다.

2024년 개정 입법에서 긴급조치에 대한 대대적인 정비가 있었다.

(1) **피해학생 긴급조치의 범위 추가**

긴급조치 범위에 제3호를 추가하여 피해학생 보호조치를 확대하였다. 학급교체를 제외한 모든 보호조치가 가능해졌다(법 제16조 제1항).

(2) 가해학생 긴급조치의 종류 확대

기존 가해학생에 대한 긴급조치는 학교장 직권의 긴급조치는 한 종류였는데, 학교폭력 인지 시 필수적 긴급조치와 피해학생 요청에 의한 긴급조치가 신설되면서 총 세 가지 종류의 긴급조치로 확대되었다.

(3) 가해학생 긴급조치의 필수적·임의적 구분

기존 학교장 직권의 긴급조치는 학교장의 재량이었으나. 학교폭력 인지 시 긴급조치가 필수·의무적 성격으로 입법되면서 가해학생에 대한 긴급조치는 그 성격에 있어 필수적 조치와 임의적 조치로 구분되게 되었다.

(4) 학교폭력 인지 시 필수적 긴급조치 마련(법 제17조 제4항)

(5) 피해학생 요청에 의한 긴급조치의 마련(법 제17조 제6항)

9. 전담기구 심의사항 추가

기존 학교장 자체해결에 있어 부여되어 있던 심의 기능 외에 '피해학생 요청에 의한 긴급조치의 심의'와 '행정심판 및 행정소송 집행정지 인용 결정에 따른 가해학생과 피해학생 분리에 관한 심의' 기능이 추가 되었다.

10. 가해학생 조치 지연 또는 미이행 시 상급 기관인 교육감 신고제도 신설[1]

피해학생 및 그 보호자는 법 제9항, 제10항 및 제15항에 따른 조치 또는 징계가 지연되거나 이행되지 아니할 경우 교육감에게 신고할 수 있으며, 신고하는 경우 교육감은 지체 없이 사실 여부를 확인하기 위하여 대통령령으로 정하는 바에 따라 교육장 또는 학교의 장을 조사하여야 한다(법 제17조 제16항).

11. 행정소송규정 신설 및 재판기간의 특칙 신설

(1) 원고적격 확대

소송을 제기할 수 있는 당사자로 피해학생, 가해학생 및 그 각 보호자로 처분의 당사자인 학생은 물론 그 보호자도 직접 원고로 소송을 제기할 수 있도록 원고적격을 확대하였다(법 제17조의3 제1항, 제2항). 보호자가 자녀 교육에 관하여 법률상 이해관계를 가지고 있음을 반영한 입법적 결과이다.

(2) 피해학생이 가해학생 조치에 대해 행정소송 제기 가능

행정심판과 마찬가지로 피해학생은 자기 자신에 대한 조치뿐 아니라 가해학생에게 내려진 조치에 대해서도 소송으로 다툴 수 있도록 하였다(법 제17조의3 제1항).

---

1) 제19942호로 신설되었다.

(3) 재판기간의 특칙

교육장이 법 제17조 제1항에 따라 내린 조치에 대하여 이의가 있는 가해학생 또는 그 보호자가 「행정소송법」에 따른 행정소송을 제기한 경우 그 행정소송 사건의 재판은 다른 재판에 우선하여 신속히 하여야 하며, 그 판결의 선고는 제1심에서는 소가 제기된 날부터 90일 이내에, 제2심 및 제3심에서는 전심의 판결의 선고가 있은 날부터 각각 60일 이내에 하여야 한다(법 제17조의 5).2)3)

12. 행정심판, 행정소송에 있어 집행정지 특칙 신설

(1) 행정심판·행정소송 집행정지 결정에 있어 피해학생 측 의견의 청취(법 제17조의4 제1항)

(2) 집행정지 신청 사실 및 결과에 대한 의무적 통지(법 제17조의4 제2항)

(3) 집행정지 신청 인용 결정 시 피해학생과 가해학생의 분리(법 제17조의4 제3항)

---

2) 학교폭력 사안의 여러 특수성을 감안할 때, 권고적 규정으로 살펴야 할 것이다. 사안이 첨예하게 다투어지는 것은 물론, 학교의 시험기간이나 졸업 등 학사일정의 고려도 있을 수 있다.
3) 소송 실무에서는 행정소송과 별개로 수사관서에서 형사절차가 진행되고 있는 경우 피해학생 측이나 가해학생 측을 막론하고 수사 결과나 소년보호사건의 결과를 기다려 보고 행정소송을 진행해 달라고 요청하는 경우가 적지 않다.

제3장 2025년 개정

1 개정 취지 및 배경

2020년 3월 주로 절차 관련 규정의 대폭 개정이 있었고, 다시금 2024년 3월 사이버폭력 규정 신설과 피해학생의 실효적 구제 방안의 강화, 행정소송과 집행정지에 있어 특칙 규정을 마련하는 전폭 개정이 이루어진 후, 2025년에는 조사관 제도의 법정화 및 사이버폭력에 딥페이크 영상 등의 제작·반포 행위를 포함하는 입법의 변화가 있었다.

연번	연혁 (제정일)	시행일	주요내용
1	제20724호 2025. 1. 31.	2025. 8. 1.	• 사이버폭력 정의 규정에 딥페이크 영상 등을 제작·반포하는 행위 추가(제2조 제1의3호) • 사이버폭력의 피해자 지원의 촬영물에 "영상물, 합성물, 가공물" 추가(§16의4①)
2	제20670호 2025. 1. 21.	2025. 5. 22.	• 기본계획수립 시 교육감 의견 반영(§6②) • 교육감이 시행계획을 수립·시행(§6③)
		2025. 1. 21.	• 교육감·교육장의 학교폭력 조사·상담자 위촉 근거 마련, 조사 등의 권한 근거 마련(§11의2④) • 조사·상담자 결격사유(§11의2⑥) 및 조사·상담자 위촉 시 범죄경력조회(§11의2⑦) • 조사·상담자의 권한 표시 증표(§11의2⑨) • 조사 등 결과 학교장 및 보호자에게 통보 의무(§11의2⑩)

Ⅱ 개정의 주요 부분

1. 조사관 제도의 법정화

2023년 3월부터 시행해 오던 교육(지원)청 학교폭력제로센터 소속의 학교폭력 조사·상담자(조사관)의 법적 근거를 시행령이 아닌 법률로 규정하였다.

(1) 상담·조사자의 법적 근거 및 권한 행사의 근거 마련

교육감 및 교육장은 학교폭력 피해학생 상담 및 가해학생 조사 등을 위하여 관계 직원을 지정하여 조사·상담업무를 수행하게 하거나 조사·상담에 대한 지식과 경험이 풍부한 전문가를 학교폭력 조사·상담자로 위촉하여 활용할 수 있고(법 제11조의2 제4항 전단), 그 관계 직원 및 학교폭력 조사·상담자로 하여금 현장조사·문서열람 등을 하게 하거나 피해학생·가해학생·목격학생·관련교사·보호자 등 관계인에게 출석·진술·조사협조 및 자료제출을 요청하게 할 수 있다(동항 후단).

(2) 조사·상담자의 결격사유 법정화

① 국가공무원법상 공무원 임용 결격 해당자(법 제11조의2 제6항 제1호)

② 아동·청소년 대상 성범죄·성폭력범죄·아동학대관련범죄의 벌금형 확정 후 10년이 지나지 않았거나 금고 이상의 형 또는 치료감호 집행의 종료·유예·면제된 후 10년이 지나지 아니한 자(법 제11조의2 제6항 제2호)

2. 사이버폭력 범위의 확대

(1) 개정의 모습

개정 전	개정 후(2025. 8. 1. 시행)
제2조(정의) 이 법에서 사용하는 용어의 정의는 다음 각 호와 같다. 1의3. "사이버폭력"이란 정보통신망(「정보통신망 이용촉진 및 정보보호 등에 관한 법률」 제2조 제1항 제1호의 정보통신망을 말한다)을 이용하여 학생을 대상으로 발생한 따돌림과 그 밖에 신체·정신 또는 재산상의 피해를 수반하는 행위를 말한다.	제2조(정의) 이 법에서 사용하는 용어의 정의는 다음 각 호와 같다. 1의3. "사이버폭력"이란 정보통신망(「정보통신망 이용촉진 및 정보보호 등에 관한 법률」 제2조 제1항 제1호의 정보통신망을 말한다)을 이용하여 학생을 대상으로 발생한 따돌림과 딥페이크 영상 등(인공지능 기술 등을 이용하여 학생의 얼굴·신체 또는 음성을 대상으로 성적 욕망 또는 불쾌감을 유발할 수 있는 형태로 편집·합성·가공한 촬영물·영상물 또는 음성물을 말한다)을 제작·반포하는 행위 및 그 밖에 신체·정신 또는 재산상의 피해를 수반하는 행위를 말한다.

(2) 사이버폭력에 딥페이크 포함(법률 제20724호)

사이버폭력 정의 규정과 촬영물 삭제 지원 대상 규정에 딥페이크 영상을 포함하도록 하였다. 기존 학교폭력예방법상 사이버폭력은 따돌림 등만 규정하고 있을 뿐 딥페이크 영상을 구체적으로 포함하지 못하여 이로 인해 딥페이크 영상 삭제 등 국가의 사이버폭력 피해자 지원방안에서 사각지대로 남을 우려가 있어 이에 사이버폭력의 정의에 딥페이크를 포함해 그 폭력성을 명확히 하고 촬영물 삭제 지원의 대상에 딥페이크 영상을 포함함으로써 허위영상물로부터 학생들을 더욱 보호하려는 취지다.[1]

Ⅲ 개정 전후 주요 절차의 비교

1. 조사관 제도의 법적 근거 정비

이전까지 학교폭력 사안처리에 있어 사실관계 확인의 조사 역할을 전적으로 수행하던 전담기구 이외에도 사안조사의 역할과 권한이 교육(지원)청 소속 조사관(법상 용어는 조사자)에게 부여되었다. 조사관은 신분과 조직에 있어 교육(지원)청에 속하고 있어 기본적으로 교육지원청의 감독과 통할을 받을 뿐 학교와는 대내적 관계가 아닌 대외적 관계이다.

2. 학교 조사 기능의 변화

2023년 조사관에 의한 조사 제도가 시행된 이후 실무상 다소 부침이 있었지만, 2025년 3월부터는 법 규정처럼 양 조사가 병존하는 형태로 정착되리라 본다.[2] 학교폭력 사안은 결국 학생이 생활하는 학교로 귀결된다는 기본적인 이치는 여전하기에 전담기구의 조사 기능이 새로운 활력을 맞이할지 두고 볼 일이다.

---

1) 개정안 제안이유 참조.
2) 2025년도 가이드북에서 이에 대한 구체적인 반영을 하였고, 조사관 조사가 원칙이라고 언급하던 2024년 가이드북 해당 부분의 기재를 2025년 가이드북을 발간하면서 삭제하였다.

부록

판례색인

대법원 1991. 1. 29. 선고 90도2153 판결 ·················· 68
헌법재판소 1991. 4. 1. 선고 89헌마160 결정 ·················· 134
대법원 2001. 3. 9. 선고 2001도277 판결 ·················· 68
대법원 2003. 1. 10. 선고 2000도5716 판결 ·················· 68
대법원 2010. 6. 10. 선고 2010두2913 판결 ·················· 354
대전지방법원 2012. 11. 28. 선고 2012구합3479 판결 ·················· 13
헌법재판소 2013. 10. 24. 선고 2012헌마832 결정 ·················· 165
서울행정법원 2014. 6. 20. 선고 2014구합250 판결 ·················· 69
서울행정법원 2015. 11. 19. 선고 2015구합67250 판결 ·················· 22
헌법재판소 2016. 4. 28. 선고 2012헌마630 결정 ·················· 190
대법원 2018. 3. 13. 선고 2016두33339 판결 ·················· 376
서울행정법원 2018. 5. 3. 선고 2017구합67186 판결 ·················· 66, 70, 83
헌법재판소 2019. 4. 11. 선고 2017헌마140 결정 ·················· 61, 66
헌법재판소 2019. 4. 11. 선고 2017헌바140 결정
·················· 27, 120, 123, 148, 149
서울행정법원 2022. 8. 9. 선고 2021구합80131 판결 ·················· 326
서울행정법원 2023. 1. 19. 선고 2022구합67432 판결 ·················· 380
서울행정법원 2023. 4. 6. 선고 2022구합80640 판결 ·················· 66
서울고등법원 2023. 1. 10. 선고 2022누56458 판결 ·················· 314, 383
헌법재판소 2023. 2. 23. 선고 2019헌바93·254(병합) 결정
·················· 134, 135, 136, 138, 140, 154, 372, 382
서울고등법원 2024. 10. 25. 선고 2024누35042 판결 ·················· 411

이희관(李喜官) 변호사(LHK 법률사무소)

[약 력]
- 제51회 사법시험 합격
- 연세대학교 중어중문학과 졸업
- 인천광역시교육청 변호사(전)
- 남양주도시공사 감사실장(전)
- 경복대학교 겸임교원(전)
- 한국조정학회 정회원(현)
- 한국엔터테인먼트법학회 정회원(현)
- 서울가정법원 가사조정위원(전)
- 서울가정법원 국선보조인(전)
- 서울시교육청 행정심판위원(현)
- 제41기 사법연수원 수료
- 연세대학교 법학전문대학원 박사과정 수료
- 법무법인 자우(전)
- 사법연수원 법률아카데미 강사(현)
- 대한상사중재원 중재인(현)
- 한국행정법학회 운영이사(현)
- 서울중앙지방법원 외부조정위원(현)
- 서울가정법원 국선후견인(전)
- 서울시청 공익변호사단(전)
- 서울시교육청 자문변호사(현)
- 인천시교육청 시·도교권보호위원회 위원(전)
- 전국 시·도교육청 재직변호사 협의체 초대 회장(전)
- 대한변호사협회 법제위원회 위원(현) • 대한변호사협회 인권위원회 위원(현)
- 서울지방변호사회 교육위원회 위원(전) • 송파경찰서 선도심사위원회 위원(현)

[출 강]
- 사법연수원 출강 「소년보호재판실무 법관연수」(2021~현재)
- 사법연수원 출강 「교사 사법교육 직무연수」(2022~현재)
- 법원공무원교육원 출강 「가사조사관 교육과정」(2017~현재)
- 대한변호사협회 변호사연수원 출강 「학교폭력·성년후견 특별연수」(2020)

[학술·발표]
- 「학교폭력 근절을 위한 법령해설 및 체제 연구」(공동 연구, 2013)
- "교원의 교육활동 보호 제도에 관한 연구"(석사학위 논문, 2013)
- "교육활동 침해 학생에 대한 징계 및 전학조치의 가부", 교육활동 보호제도의 현황과 과제 심포지엄(2016)
- "재심제도의 문제점 및 개선방향", 학교폭력예방법 개선방안 심포지엄(2014)
- "학교폭력의 재심에 관한 고찰", 현장중심 학교폭력 대책 수립을 위한 토론회(2013)

[저 서]
- 일상이 법 in 코로나 시대(공저, 2020, 행인출판사)

학교폭력, 법이 다스리다: 따돌림에서 딥페이크까지

발 행 일 : 2025년 03월 24일
저　　자 : 이 희 관
발 행 인 : 이 인 규
발 행 처 : 행인출판사
주　　소 : 서울시 관악구 신림로29길 8, 112동 405호
출판등록 : 2018.02.02. 제2018-6호
www.baracademy.co.kr / e-mail: baracademy@naver.com / Fax: 02-6008-1800

저자와 협의하여
인지를 생략함

정가 : 28,000원　　　　ISBN: 979-11-91804-12-6(13360)

* 파본은 구입하신 서점에서 바꿔드립니다
* 본 서는 저작권법에 의하여 보호를 받는 저작물이므로 무단 전재와 복제를 금합니다.